[新版]
グロービス

MBA
ファイナンス
FINANCE

グロービス経営大学院 [編著]

ダイヤモンド社

まえがき

　ファイナンスと言うと、「自分は営業マンなので関係ない」と言われたことがある。「銀行員なので使わないんですよ」というブラックユーモアを銀行に勤める友人から直接聞いたこともある。「それではいったい誰がファイナンスをやるの？」ということになってしまう。そこで「何のためにファイナンスを学ぶのか」というところから、話を始めよう。

　ビジネスの経験を積めば誰でも感じることだが、実際のビジネスはわからないことだらけである。例えば、新製品のプロジェクトを立ち上げて世界に打って出ることを考えよう。このプロジェクトが成功するかどうかの決定的要因の一つとして、為替レートが挙げられる。しかし、1年後に1ドルが何円になっているかは誰もわからないのだ。その他にも、景気の動向、市場規模の見通し、競合他社の出方など、わからないことがいろいろと出てくるはずだ。そのような状況の中で意思決定を行わなければならないところに、ビジネスの難しさと醍醐味がある。そのため、ビジネスのプロフェッショナルは、「ビジネスを理解したい」という根源的な欲求を感じるようになるはずだ。

　実際のところ、ビジネスを理解していないと不都合なことが起こる。まず、上司を説得することができない。上司を説得できなければ会社を動かすことができない。また、部下を指導することも難しい。ビジネスの方針を明快に説明できないと、実務経験の乏しい部下はどうやって行動すればよいかわからないからだ。

　そこで、ビジネスを理解するためにはどうしたらよいか、という課題に至る。まず必要なことは、ビジネスを分析することである。ビジネスの分析は大きく分けると、定性的分析と定量的分析になる。定性的分析とは、誰が、何を、いつ、どのようにやるか、という5W1Hの世界である。ここにおいて頼りになる武器が「経営戦略論」である。経営戦略論を活用することでビジネスの定性的分析が可能になる（ヒト、モノ、カネという捉え方をすれば、人材・組織論もある。ここでは「組織は戦略に従う」というアルフレッド・D・チャンドラーの有名な主張に従う）。われわれの日常の業務の大半はこ

れで済ませることができるはずだ。

　ところが、ビジネスは最終的にはいくら儲かるのか、あるいは、儲けるための元手がいくら必要か、というお金のことを避けて通れない。それが定量的分析である。そこにおいてなくてはならない武器がファイナンスだ。ファイナンス理論を活用することで、いくら儲かるのか、ということが初めてわかるのである。

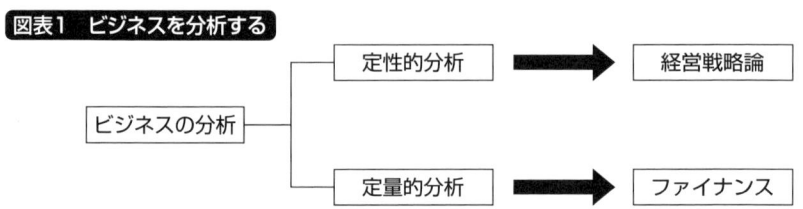

図表1　ビジネスを分析する

　定量的分析と言われただけではイメージが浮かばないだろうから、ファイナンス理論を学ぶことで得られる具体的な効能をリストアップしてみよう。営業担当者であれ、エンジニアであれ、さらに言えば銀行員であっても、このようなテーマが自分の業務にまったく関係がないと断言できる21世紀のビジネスパーソンはいないはずだ。

- ビジネスのリスクを定量的に把握する
  　われわれが直感的に認識しているビジネスのリスクを、定量的に把握することに成功したことがファイナンス理論の大きな成果である。
- リスクに応じて、プロジェクトや事業が達成すべきリターンの目標値を設定する
  　リスクを定量化することで、それに対応するリターンを決めることができる。
- プロジェクトや事業の経済的価値を評価する
  　リスクとリターンの関係を定量的に把握することで、プロジェクトの経済的価値がわかる。それによって、プロジェクトのGo／No Goの判断ができる。
- M&Aを行うときに買収価格を計算する
  　投資をするプロジェクトの対象が会社になるとM&Aになる。
- 株価の理論値を計算する
  　企業の買収は株式を買うことによって行われるので、買収価格がわかれば株価を算定することができる。
- 投資に要する資金について、自己資金と借金の最適な組み合わせを判断する
  　投資対象のリスクに応じて、自己資金（株主資本）と借金（他人資本）の組み合わせ方を考える。

- 資本構成(株主資本比率)の妥当性を判断する
  自己資金と借金の最適な組み合わせを会社全体に適用すると、最適資本構成の考え方となる。
- 連結ベースで一元的な経営判断をする
  会計学の収益性指標を使って連結経営を行うことは不可能である。
- リストラやスピード経営を実践する
  アメリカ企業のダイナミズムを象徴する積極的なリストラやスピード経営の考え方の根底には、ファイナンス理論がある。
- 配当や自社株買いの判断をする
  株主に対する利益還元策として増配と自社株買いという2つのオプションがあり、その是非を判断する。
- デリバティブ(金融派生商品)の評価をする
  先物、オプション、スワップ、転換社債、ワラント債からMSCB(Moving Strike Convertible Bond、転換価格修正条項付き転換社債型新株予約権付き社債)といった新手の金融商品の設計・価値評価をする。

これらの課題は今日の企業経営において決定的に重要なテーマとなるが、いずれもファイナンス理論でしか答えられないということを強調しておこう。

ファイナンス理論の全体像

アメリカのビジネススクールにおいてファイナンスは、「インベストメント(投資)」と「コーポレートファイナンス(企業財務)」の2つに分かれていて、教科書もそのようなタイトルになっている。両者は独立した理論というわけではなく、対象とする企業活動によって守備範囲を分けていると言ってよい。

株式や社債などの金融資産への投資を対象とするのが「インベストメント」である。資本市場において、生保やファンドなどの機関投資家や個人投資家は、企業の発行する株式や社債に投資することでリターンを得ようとしている。これらの金融資産の価格や期待リターンの評価を行うのがインベストメントで、この分野には、ポートフォリオ理論、CAPM(Capital Asset Pricing Model)、オプション理論などがある。

投資家による金融資産への投資は、企業のマネジメントから見た場合は資本の調達ということになる。企業の発行する株式や社債を投資家が買えば、その代金が資本として企業の手に入るからだ。そうやって調達した資本を研究開発や生産設備などに投資することで、企業は有形・無形の実物資産を形成する。そして実物資産を有効に活用してリ

図表2　企業経営とファイナンス理論の体系

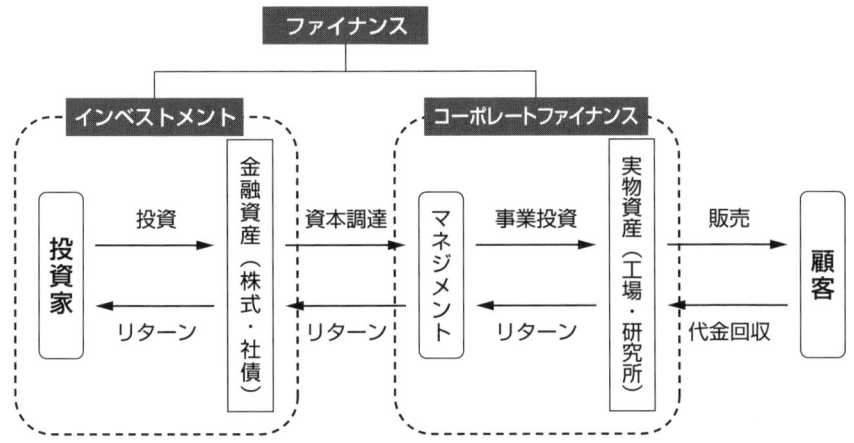

ターンを回収する。これが企業経営である。

　企業経営においては、どのように資本を調達すればよいか、実物資産に対する投資はどのように判断すればよいか、事業で得たリターンをどのように投資家に還元すればよいか、ということが課題となる。これらの課題を扱うのが「コーポレートファイナンス」である。コーポレートファイナンスの分野には、DCF（Discounted Cash Flow）、MM（モジリアーニ-ミラー）理論、最適資本構成、配当政策などがある。

　インベストメントの世界は、金融資産を運用するファンドマネジャーなどが担当する、どちらかと言うと専門的な世界である。これに対して、企業経営を対象とするコーポレートファイナンスはわれわれが日常的に業務でかかわっている領域である。本書は「ビジネスを理解する」ということに力点を置いているので、コーポレートファイナンスを中心としてファイナンス理論を解説する。

　ただし、コーポレートファイナンスもインベストメントの理論を基礎としているので、コーポレートファイナンスを通してファイナンス理論全体の理解が深められるように設計している。

●───コーポレートファイナンスの役割

　企業経営に深く関与するコーポレートファイナンスの役割を図で表すと、**図表3**のようになる。

図表3　コーポレートファイナンスの役割

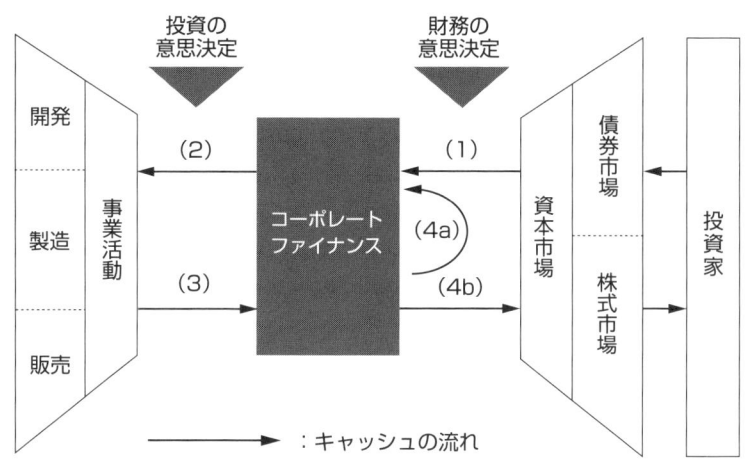

出所：Richard A. Brealey 他, *Principles of Corporate Finance*, McGraw-Hill, 1991, P.4に基づく。

　図表3は企業の経営をキャッシュ（お金）の流れという視点で見たものだ。実際のビジネスの手順に沿って説明すると、（1）企業が資本市場において元手となるキャッシュを投資家から調達する。最初は株式によって調達し、ビジネスが安定してくると借入や社債といった負債を活用するようになる。（2）調達したキャッシュを事業運営のために必要な資産に投資する。（3）資産を有効に活用して（＝事業活動）、リターン（＝キャッシュ）を回収する。（4a）リターンの一部を事業活動のために再投資する。（4b）残りのキャッシュを投資家に返す。

　このように見ると、企業経営とはキャッシュの流れと捉えることができる。また、キャッシュのインプット（＝投資）とアウトプット（＝リターン）と捉えることもできる。そこにおいては2つの意思決定が求められる。一つはどのような投資を行うかという「投資の意思決定」である。そして、もう一つがどのようにして資本を調達し、リターンを配分するかという「財務の意思決定」である。

　この図表からもわかるように、コーポレートファイナンスは企業経営の要に位置していると言える。そのため、コーポレートファイナンスを学ぶことで、企業経営の核心が理解できるようになるのだ。だからこそ、ファイナンス理論は一部の専門家のためのものではなく、すべてのビジネスのプロフェッショナルにとって役に立つ武器になるのである。

●───── **若干の注意事項**

　本書は経営の観点からファイナンス理論を理解することに力点を置いている。そのため、あまり技術的な細部にはこだわらずに、ファイナンス的な物の見方をつかんでもらいたいと思う。それが本書を読むうえで最も大事なポイントである。そういう意味から言うと、解説の中に若干複雑な数式も出てくるが、読み飛ばしてもらってもまったく問題はない。数式が理解できなくても、その経営的な意味合いがわかればよい。
　逆に、数式がわかってもその経営的意味合いが理解できなければナンセンスである。数式を挙げているのは、あくまでもファイナンス理論の背景には数式で証明できる根拠があるということを示すためだ。ファイナンス理論に対して「本当にそうなの？」と疑いを持つ人は数式で確認していただきたい、ということである。

　もう一つ注意すべき点は、ファイナンス理論とアメリカ流経営についてである。ファイナンス理論は1960年ごろからアメリカで急激に発展を遂げたので、いわばMade in USAの考え方である。そのため、アメリカの企業がファイナンス理論を最も積極的に活用しており、ファイナンス理論を紹介する本書の記述もアメリカ流経営にアクセントを置いたものになっている。この点について反発を覚える読者もいると思うので、簡単にコメントをしておく。
　筆者のスタンスは、「白い猫でも黒い猫でも、鼠を獲るのがいい猫だ」と言った鄧小平と同じである。つまり、ファイナンス理論という武器を有効に活用して、社会に対して経済的価値を積極的に創造するのがよい経営スタイルだ、と考える。ファイナンス理論はあくまでも武器であり、それを善用するも悪用するも経営者次第ということである。そういう観点から言うと、アメリカ流経営に無用の反発を覚えるのは得策ではないと思う。例えば、社会経済性本部が発表した2007年度版の労働生産性の国際比較によると、日本の労働生産性は先進国のG7（日、米、英、独、仏、伊、加）の中で最下位だった。一方、トップはアメリカである。これは日本のビジネスパーソンがサボっているというよりも、経営力の差であると考えたほうが妥当であろう。こうした厳しい現実を踏まえたうえで、グローバルな競争環境において日本流経営がアメリカ流経営に勝てる、と自信を持って言える経営者は多くはないはずだ。

●───── **本書の構成**

　本書は11章で構成されている。第1章から第7章までを第1部「ファイナンスの基本」とし、ファイナンスの基礎となる考え方について説明する。具体的には、事業の収

益性、キャッシュフロー、現在価値、リスク、リスクとリターン、資本コスト、バリュエーションの7つである。

　第7章で紹介するNPVは、**図表4**で示すように、ファイナンスの基本となる項目をすべて含んでいる。NPVを計算するためには、まず「キャッシュフロー」を求める。そのキャッシュフローを「現在価値」の考え方を使って割り引く。その際用いる割引率として「資本コスト」を用いる。資本コストとは、経営者にとっては元手となる資金のコストであるが、投資家から見るとリスクを伴う投資に対して期待するリターン（収益率）となる。

　このようにファイナンスの基本的な概念がNPVの中にすべて反映されているので、NPVが理解できればファイナンス理論の考え方は理解した、と思ってもよいだろう。この**図表4**は第7章で再度掲載するので、それまでの理解を踏まえて、改めてその意味合いを味わってほしいと思う。

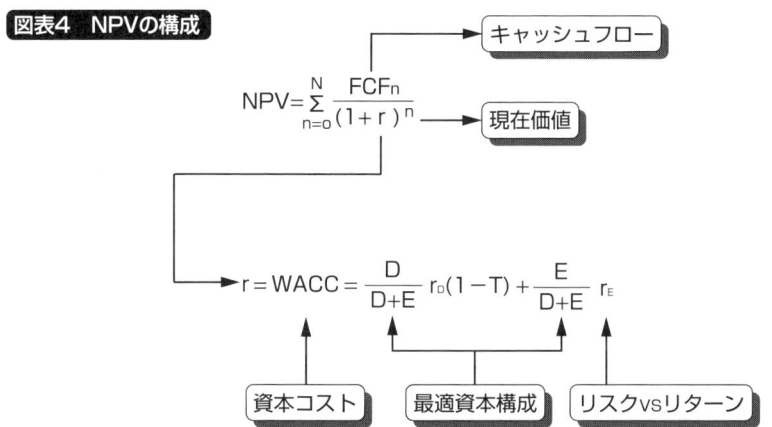

図表4　NPVの構成

　次に、第8章から第11章までを第2部「ファイナンス概念の応用」として、第1部で学んだ概念を実務に応用することを考える。第8章では、M&Aや事業売却、株価の算出、連結経営などに欠かせない「企業価値」の考え方を説明する。第9章は、「財務政策」として、最適資本構成、配当政策、自社株買いなど、バランスシートの右側について考える。第10章は、「オプション」について考える。オプションはファイナンス理論の最先端のテーマであるが、高等数学を駆使するのでブラックボックスと扱われることが多い。そういうこともあってか、投機的取引による巨額の損失が発生するたびに、オプションの考え方を使ったデリバティブが新聞紙上で犯人と疑われる。そのため、世間的に

はあまりよい印象を与えていないのが残念だ。

　本書ではできる限り高等数学に頼らないで、オプションの原理と応用を平易に説明する。また、オプションの考え方を事業投資へ応用したリアルオプションについても簡単に触れることにする。第11章は、「経営戦略とファイナンス」として、ファイナンスの考え方をどのように経営戦略に活用すればよいかについて検討する。ファイナンスと経営戦略を統合的に理解して、初めてビジネスの本質が見えてくるはずだ。

●───旧版との違いについて

　今回の新版と旧版との構成の違いについて簡単に説明しておこう。旧版が出た1999年当時の日本では、ファイナンスという言葉も概念もまだ十分に認知されていなかったので、ファイナンスの世界を紹介することに力点を置いた。そのためファイナンスに関するテーマを、できるだけ広くカバーしようとした。

　幸いなことに、10年の歳月を経てファイナンスに対する認知度も上がってきたので、この新版においては、ファイナンスの理論的な考え方にフォーカスすることにした。その結果、理論と実践との間に距離感がある資金調達の実務に関する章を省略して、巻末の付録にまとめた。また、デリバティブについても省略し、証券化も巻末の付録にそのエッセンスを簡単に紹介するにとどめた。その理由は、このテーマを理論的に説明すると高等数学が登場し、実務的に説明するとそれを実際に担当する専門家にしか通じない、ということになって、本書が想定する一般のビジネスプロフェッショナルのニーズに合わないと判断したからである。

　以上の設計方針を踏まえて、この新版では、ファイナンス理論に対する問題意識を活性化させるためのイントロダクションという位置付けで「第1章　事業の収益性」を新たに設けた。また、ファイナンス理論の根本概念であるリスクとリターンの関係をよりわかりやすく説明するために、リスクの説明を独立させて「第4章　リスク」とした。旧版の「第5章　投資の価値計算」については、バリュエーション（Valuation）という言葉が日本でも市民権を得たと判断し、「第7章　バリュエーション」とした。そして、新たにAPV（Adjusted Present Value：修正現在価値）によるバリュエーションのアプローチを付け加えた。

　旧版の「第8章　資金調達」は上記の理由で、理論にフォーカスしたこの新版では省略し、巻末に付録の形でまとめた。その代わりに、負債コストの理論的な説明を「第10章　オプション」で行っている。

　旧版の「第9章　デリバティブ」と「第10章　証券化」は上記の理由で省略した。

その代わりに、「第10章　オプション」を新たに設けた。ここで言うオプションとはデリバティブ（金融派生商品）としてのオプションではなく、オプション理論を指している。そして、その応用例として新たにリアルオプションを説明している。これによって、この10年の間に注目を集めるようになった新しい事業の経済性評価のアプローチであるAPVとリアルオプションを解説することになった。

　なお、本書の執筆に当たり、アビームM&Aコンサルティング株式会社の辻田真実子さんから、109ページから111ページの資本コストについて貴重なアドバイスを受けた。また、グロービス・マネジメント・スクールの受講者からはファイナンスの「ここがわかりにくい」という数々のフィードバックを受けた。この場を借りてお礼を申し上げたい。構成や内容についてアドバイスをいただいたグロービスの嶋田毅氏、星野優氏、そして本書の上梓にご尽力いただいたダイヤモンド社のDIAMONDハーバード・ビジネス・レビュー編集部にも改めて感謝申し上げたい。

　各章の冒頭にはビジネスの現場でファイナンス理論がどのように使われるかということを活写したケースを付けている。ケースは作り話ではなく、筆者が経験した実話を基にしているので、リアリティを感じてもらえると思う。冒頭で、営業マンなのでファイナンスは関係ない、という声を紹介したが、ケースを読めばプロを目指すすべてのビジネスパーソンにファイナンスが必要だということがわかると思う。
　筆者は社会人になって最初の10年は営業一筋のサラリーマン生活を送っていた。それがシカゴ大学でファイナンス理論の洗礼を浴びて、驚天動地のショックと感動を覚えたのだった。だからこそ営業担当者にもファイナンスが不可欠だと断言できる。そして、ファイナンス理論を学べば、売り込みが成功するかどうかは、顧客の企業価値の極大化と自社の企業価値の増加という2つの条件をクリアできるかどうかで決まる、ということに営業担当者も気付くはずだ。本書によって筆者のようにファイナンスの魅力に目覚め、一人でも多くのファイナンスのファンが生まれると幸いである。

執筆者を代表して　山本和隆

● 目次

まえがき

第1部 ファイナンスの基本

第1章 事業の収益性 2

1 …… **儲かるとは？** 3
2 …… **財務諸表のファイナンス的見方** 10
　　　B/S（バランスシート、貸借対照表）の仕組み
　　　B/Sの項目とキャッシュフローの関係
　　　運転資本
　　　P/L（損益計算書）の仕組み
　　　〈コラム〉「どうして利益を上げないといけないの？」

第2章 キャッシュフロー 24

1 …… **キャッシュフローの定義** 26
　　　キャッシュフロー算出の原則：With vs Without
　　　埋没コスト（Sunk Cost）
　　　機会費用（Opportunity Cost）
　　　間接費
2 …… **キャッシュフロー概念と企業経営** 33
　　　リストラのメカニズム
　　　スピード経営を実践する
　　　〈コラム〉Only Yesterday

第3章　現在価値　44

1 ……　現在価値の考え方　45
2 ……　現在価値の計算例　48
   複数のプロジェクトを比較する
   スプレッドシートを使って現在価値を計算する
3 ……　永続価値　50
4 ……　リースの経済性評価　53
   〈コラム〉意外に受け入れられていない現在価値の考え方

第4章　リスク　58

1 ……　誰がリスクを負担するか　59
2 ……　リスクの定義　62
   リスクの分類
3 ……　リスクとポートフォリオ　66
〈補論〉第5章のための統計学の基礎知識　67
   用語集

第5章　リスクとリターン　74

1 ……　ポートフォリオによるリスクのコントロール　75
   リターンの期待値とリスクを測る
   ポートフォリオのリスクとリターン
   ポートフォリオのメカニズムを解明する
   ポートフォリオ選択モデル
2 ……　ポートフォリオの拡張　83
3 ……　CAPM（Capital Asset Pricing Model）　86
   確実性等価の考え方
   リスクを表す係数：β（ベータ）
   CAPMの公式
   CAPMの解明

4 ⋯⋯ **株価をめぐるその他の理論** 96
　　　効率的市場仮説
　　　効率的市場仮説の3つの形態とその帰結
　　　〈コラム〉βは死んだ？

第6章　資本コスト 104

1 ⋯⋯ **資本コスト** 105
　　　資本コストの定義式
　　　資本コストの計算例：NECの資本コスト
　　　資本コストの算定に関する注意事項
　　　財務レバレッジとβの関係
　　　〈コラム〉コアコンピタンス経営と資本コスト

第7章　バリュエーション 118

1 ⋯⋯ **NPV** 119
　　　NPVによる投資プロジェクトの評価例
　　　〈ケース〉インダストリープラスチック（IP）社の新規事業
　　　NPVの注意事項

2 ⋯⋯ **APV（Adjusted Present Value、調整現在価値）** 132
　　　APVの考え方
　　　APVの計算例
　　　WACC法とAPV法の使い方

3 ⋯⋯ **IRRとEVA** 136
　　　IRR（Internal Rate of Return）
　　　EVA（Economic Value Added：経済的付加価値）

4 ⋯⋯ **その他の注意を要する指標** 142

〈補論⑴〉無借金と仮定するNPVの計算方法の妥当性について　144

〈補論⑵〉NPVとAPVの関係　146

第2部 ファイナンス概念の応用

第8章 企業価値 152

1 …… 企業価値の考え方 153
2 …… 株価の理論値 155
　　　株価とPER
　　　連結経営の方法論
　　　経営の多角化と企業価値
3 …… M&A（企業の合併・買収） 164
　　　M&Aが生み出す価値の源泉
　　　M&Aのターゲットになりやすい企業
　　　M&Aは本当に価値を創造するか
　　　〈コラム〉ファイナンス理論のジョーク

第9章 財務政策 172

1 …… 最適資本構成 173
　　　事業の特性と資本構成
2 …… 利益還元政策 178
　　　配当の企業価値に対する影響
　　　シグナリング理論
　　　自社株買いの企業価値に対する影響
　　　株主に報いる方法
　　　利益還元政策と事業のライフサイクル
　　　〈コラム〉MM理論とピザ

第10章 オプション 186

1 …… NPVの前提の限界 187
2 …… オプション 189
　　　オプションとは

オプションの機能と具体例
オプションのペイオフダイアグラム

3 …… **オプション価格の算定** 193
二項過程モデルによるオプション価格の算定
ヘッジレシオ
プットの価格の算出
プット・コール・パリティ
ブラック-ショールズの公式
オプションの価値を決める要因

4 …… **リアルオプション** 203
リアルオプションとは
リアルオプションの算定
NPV vs リアルオプション

5 …… **負債コスト（r_D）をオプションの考え方で捉える** 207

〈補論〉 格付け 211

第11章 …… 経営戦略とファイナンス 214

1 …… **経営戦略とファイナンス** 215
戦略分析
オプションの視点
リスクの本質

2 …… **コーポレートガバナンス（企業統治）** 223
日本のコーポレートガバナンス
株主重視の経営の背景
敵対的買収を巡る論点
〈コラム〉買収劇の鑑賞の手引き

付　録 …… 資金調達 230

1 …… **資金調達方法を選ぶ基準** 230
2 …… **負債による調達** 231
借入による調達のバリエーション

3 ……　**株式発行による調達**　233
　　　　株式による調達のバリエーション
　　　　株式関連調達
4 ……　**資金計画の立案**　235
5 ……　**インベスター・リレーションズ（IR）**　236
　　　　ＩＲの手法
6 ……　**証券化**　238
　　　　証券化のメリット、デメリット

　　　　あとがき　243
　　　　参考文献　245
　　　　索引　247

第1部

ファイナンスの基本

第1章　事業の収益性

Point

事業の収益性を会計学の指標を使って判断することは難しい。ファイナンスの考え方を使って、初めて事業の収益性を判断することが可能になる。

Case

　産業財を事業ドメインとする日之出製作所は、業界のトップ企業として永らく高収益企業の代名詞として世間の賞賛を得ていた。そんな日之出製作所も世界的な景気後退の影響を受けて、業績に変調を来たしていた。時を同じくして社長に就任したのが技術畑出身の小坪だった。小坪はこうした事態の打開を図るべく、役員を招集して箱根でオフサイトキャンプを開催した。

　冒頭で小坪は次のように述べた。「忙しい中わざわざ集まってもらったのは、この難局を乗り切るための方向性を打ち出すためだ。もはや頑張るだけで問題が解決する時代ではないのは明らかだ。みなさん自身が社長になったつもりで自由に意見を言ってもらいたい」

　口火を切ったのは、購買出身の遠山常務だった。「ここは徹底したコストダウンが必要だと思います。危機に瀕した日産自動車に乗り込んだカルロス・ゴーンが真っ先にやったのも問答無用のコスト削減でしたからね。コストダウンによって会社を筋肉質にして、利益を確保すべきだと思いますが」

　遠山の発言に賛同する一派からは、「コストダウンは当然のこととして、さらに研究開発や新規事業といった聖域への投資にもメスを入れるべきではないでしょうか」という意見が出された。

　それに対して異論を唱えたのが営業出身の森田常務だった。「コストダウンはどこの会社でも必死にやっているはずだ。よその会社と同じことをやって成功するなんてことは、ビジネスの世界ではありえない。逆に、今こそ拡大均衡を目指すべきではないか。実際に、日之出が今日のように世界の日之出と一目置かれるようになったのも、オイル

ショックで他社が投資を手控える中で鹿島工場の建設を断行したからであり、第2次オイルショックの大不況のときにヨーロッパの大手企業のGV社をM&Aで傘下に収めたからではないか」

これをきっかけに異論反論の応酬が続いた。

「コストダウンの方向で行くと確かに短期的な収益性は向上するでしょう。しかし、長期的には縮小均衡になってしまう危険性があります。どんなときでも事業機会を積極的にモノにしていかないと、長期的に成長するチャンスを失ってしまう。それではわれわれは株主の期待に応えられないではないか」

「その通りだ。さらに言えば、苦しいときにこそ社員に夢が必要だと思う。そういう意味から、新規事業への投資を抑えるのはいかがなものか」

「ただでさえ成功するかどうかわからないのが新規事業でしょう。このような状況で新規事業に突っ込んで行ったら、それこそ株主からも蛮勇と言われるのではないでしょうか」

「緊急事態の今は短期的な対応を優先すべきだ。今日の飯が食えないときに明日の飯もあったものじゃない」

「いやいや、腹が減っては戦はできぬ。今日飯を食って力を付けてこそ、明日の活力が維持できるというものだ」

「だからと言って、毒入りの飯を食って明日があるものか」

議論がおかしな方向に向かい出したので、金庫番の田代専務が議論を制した。「定性的な話では議論にならない。数字を使って説明してくれないか」

役員の議論に静かに耳を傾けていた社長の小坪だが、どの意見にも一理はあると思った。

「儲けるのが社長の仕事とは言うが、事はそう単純には行かないな。数字の話になったら、よっぽど心して見ないといけないぞ」と心の中でつぶやくのだった。

理論

1● 儲かるとは？

「ビジネスの目的は儲けることにある」と言われても異論はないだろう。ところがやっかいなことに、儲かっているかどうかを正しく判断することはそれほど容易ではない。例えば、次ページの**図表1-1**の3つのプロジェクトのうち、どれが最も収益性が高いと思うだろうか。

図表1−1　プロジェクトの収益性比較（1）

(単位：億円)

	A	B	C
売上	100	100	100
総コスト	60	80	90
営業利益	40	20	10
税金（40%）	16	8	4
純利益	24	12	6

　プロジェクトAがいちばん高収益だとする人が多いだろう。そのように判断する根拠は、純利益を売上高で割った売上高利益率（ROS：Return On Sales）*[注1]にある。ROSはAが24%（＝24÷100）、Bが12%（＝12÷100）、Cが6%（＝6÷100）となる。これについて異論はないだろう。ところが、そこに次のようなプロジェクトDが現れたらどうだろうか。

図表1−2　プロジェクトの収益性比較（2）

(単位：億円)

	A	B	C	D
売上	100	100	100	300
総コスト	60	80	90	255
営業利益	40	20	10	45
税金（40%）	16	8	4	18
純利益	24	12	6	27

　そうするとDがいいという意見も出てくるだろう。そのように判断する根拠は、利益の絶対額である。利益率では劣っても利益額が大きいほうがよい、というのもリーズナブルな見解であろう。このような単純なケースでも、事業の収益性を判断するのが意外に悩ましいことがわかる。

　これだけの情報ではとても事業の収益性は判断できない、というもっともな意見の持

ち主もいるだろう。そこで、追加情報としてプロジェクトを行うために必要な投資金額を開示しよう。依然としてAが最も高収益だろうか（話を単純にするためにDは省略する）。

図表1－3　プロジェクトの収益性比較（3）

(単位：億円)

	A	B	C
売上	100	100	100
総コスト	60	80	90
営業利益	40	20	10
税金（40％）	16	8	4
純利益	24	12	6
必要投資金額	200	50	50

　こうなるとプロジェクトBが最も高収益だと言う人が出てくるだろう。そう判断する根拠は、投資金額に比較してどれだけ利益が上がるかという投資利益率である。会計学の指標で言えば、総資産利益率（ROA：Return On Asset）あるいは株主資本利益率（ROE：Return On Equity）ということになる。純利益を投資金額で割った投資利益率*注2は、Aが12％（＝24÷200）、Bが24％（＝12÷50）、Cが12％（＝6÷50）となる。

　投資金額は貸借対照表（Balance Sheet：以下B/S）を見なければわからないから、これはB/Sを基にして収益性を考えたということになる。

　以上から、損益計算書（Profit & Loss Statement：以下P/L）は事業の一側面しか表しておらず、それだけでは事業の収益性がよく見えないことがわかったと思う。それでは、B/Sを見れば事業の収益性の全貌がわかるだろうか。そこで**図表1－4**のようなケースを考えてみよう。これはプロジェクトAについて投資金額の200億円を自己資金で対応するつもりだったのだが、半分の100億円は銀行借入（金利＝10％）を利用するという場合（プロジェクトA＋）を考えたものである。

　これもまた意見が分かれるのではないだろうか。経常利益あるいは純利益が大きいからAだ、と言う人もいるだろう。一方で、A＋を支持する人もいるはずだ。A＋を支持する根拠は、純利益を株主資本（＝自己資金）で割ったROE（株主資本利益率）にある。

図表1-4 プロジェクトの収益性比較(4)

(単位:億円)

	A	A+
必要投資額	200	200
・自己資金	200	100
・借金	0	100
売上	100	100
総コスト	60	60
営業利益	40	40
利子費用	0	10
経常利益	40	30
税金(40%)	16	12
純利益	24	18

AのROEは12%(=24÷200)であるのに対して、A+のROEは18%(=18÷100)となる。株主重視が叫ばれる今日の情勢において、収益性の根拠をROEに求めるというのもリーズナブルな判断であろう。こうなると、B/Sを見たからといって事業の収益性が単純にわかるわけではないことがわかる。

AとA+については別の見方もできる。もしも自分が資金提供者(=投資家)としてこのプロジェクトの面倒を見るならば、必ずA+を選択するはずだ。つまり、100億円は株主として出資して、100億円は債権者として貸し付けるのである。そうすると、リターンは純利益+利子=18+10=28億円となる。Aのリターンは純利益の24億円だけなので、A+の手取りのほうが4億円大きくなるのである。その理由は、金利費用が税控除されることにある。これが負債による節税効果と呼ばれるもので、ファイナンス理論では重要な役割を演じることになる。これをB/Sで表すと、**図表1-5**のようになる。

また、A+の場合は、自己資金を100億円しか使わないので、手元に残った100億円を他のプロジェクトに投資することも考えられる。事業規模の拡大という観点からは、A+のほうがよいとも言える。

図表1−5 B/Sで表した投資とリターン

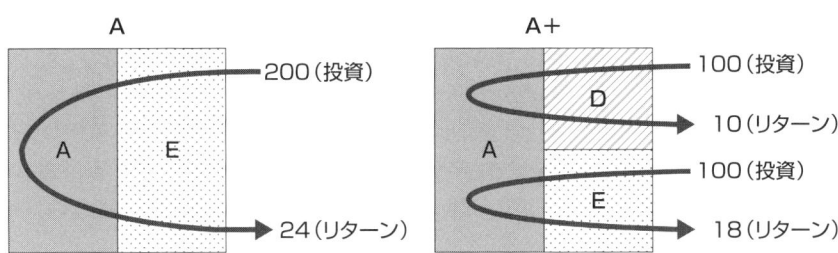

最後にダメ押しでもう一つ情報を開示しよう。

それは減価償却の情報である。プロジェクトAとBの資産の耐用年数は10年で、償却方法としては定額法を採用している。一方、プロジェクトCの資産の耐用年数は5年で、償却方法として定率法を採用していたとしよう。そうすると、AとBの減価償却費は投資金額を耐用年数で割ったものになり、Cの減価償却費は、投資金額に償却率（＝ ｛（1÷耐用年数）×250%｝）[注3]を掛けたものになる。したがって、プロジェクトの計画は次のようになる。

図表1−6 プロジェクトの収益性比較（5）

(単位：億円)

	A	B	C
投資額	200	50	50
売上	100	100	100
総コスト	60	80	90
・減価償却費	20	5	25
・その他	40	75	65
営業利益	40	20	10
税金（40%）	16	8	4
純利益	24	12	6

こうなるとCが意外によいのでは、という意見も出てくるだろう。Cの収益性が高い

と判断した人は、キャッシュフローに注目したということである。収益性とは、つまるところインプットに対してどれだけアウトプットがあるかということである。事業におけるインプットはお金（キャッシュ）であり、アウトプットもキャッシュである。減価償却費はすでに支払ってしまった投資金額を分割して会計上の費用として計上したもので、実際にキャッシュは出ていかない。そのため、投資をした結果手に入るキャッシュは、純利益に減価償却費を加えたものになる。各プロジェクトの手取りのキャッシュを計算すると次のようになる。

図表1-7　プロジェクトの収益性比較（6）

（単位：億円）

	A	B	C
純利益	24	12	6
減価償却費	20	5	25
キャッシュ合計	44	17	31
投資金額	200	50	50
CFROI	22%	34%	62%

　この手取りのキャッシュを得るために支払ったキャッシュが、投資金額である。そこで、手取りのキャッシュを投資金額で割ってみよう。この数値をここではCFROI（Cash Flow Return On Investment）[注4]と呼ぼう。CFROIの構成要素の純利益、減価償却費、投資金額はプロジェクトで実際に出入りするキャッシュを表し、これらをトータルしたものを「キャッシュフロー」と言う（キャッシュフローの定義や計算方法は次章で説明する）。

　CFROIを見ると、プロジェクトAが22%（＝44÷200）、Bが34%（＝17÷50）、Cが62%（＝31÷50）となる。

　プロジェクトA、B、Cについての分析結果をまとめて、チャンピオン数値を太字で表示すると**図表1-8**のようになる。P/LではAが、B/SではBが、キャッシュフローではCが一番よいことになる。結局のところ、どのプロジェクトが一番儲かるのだろうか。

　これに答えるためには、以下の点に留意する必要があることがわかる。
　第1に、儲かるプロジェクトを選択するためには、儲けを判断する統一的な物差しが

図表1-8 プロジェクトの収益性比較(まとめ)

	A	B	C
ROS	24%	12%	6%
ROE	12%	24%	12%
CFROI	22%	34%	62%

ほしいということだ。一番儲かるプロジェクトを選択するというのはプロとしては当然の仕事だが、統一的な物差しがないことにはそれができない。それについて、この事例から明らかなように、会計学の収益性指標は必ずしも役に立たないのだ。

　第2に、ここで扱った数字はすべて単年度の数字である。実際のビジネスは将来に向かって継続するので、単年度の数字だけでプロジェクトの良し悪しは判断できない。今年の計画数字がよくても、来年以降が鳴かず飛ばずだったら、よいプロジェクトとは言えない。会計学の指標は財務諸表の数字をベースにするが、財務諸表はあくまでも単年度の数字なのだ。

　第3に、計画数字はあくまでも計画にすぎないということも忘れてはならない。ビジネスで大事なことは取らぬ狸の皮算用ではなくて、あくまでもいくら儲けたかというリアリティである。売上や利益の計画がどんなに立派であっても、それが本当に実現しなければ意味がない。プロジェクトの良し悪しは、計画が本当に実現するのかという観点からも評価しなければならないはずだ。

　以上の帰結として、事業の経済性を判断するために必要な3つの視点を導くことができる。第1に、一義的に決まるリターン(儲け)の概念である。会計学は儲けを利益という概念で捉えるが、利益にはやっかいな問題がある。それは、利益というのは一義的に決まらないということだ。

　例えば、減価償却の方法である。先ほどのケースのように、定額法と定率法のどちらを採用するかで利益の数字が変わってしまう。赤字の日産自動車を1年で黒字に転換させて奇跡のV字回復と賞賛されたカルロス・ゴーン氏だが、その際、減価償却方法を定率から定額に切り替えることで、一瞬にして700億円を超える利益をひねり出したことはよく知られている。

　それ以外にも、在庫の払出を「先入先出」にするか「後入先出」にするか、あるいは「平均法」にするかで利益の数字が変わる。さらに、グローバルに考えれば、国によっ

て会計規則が異なるので、国が変われば利益の数字も変わってしまう。

このように、数字が一義的に決まらない会計上の利益を使って、プロジェクトの経済性を比較するのは難しい。

それに対して、キャッシュフローは「実際にどれだけキャッシュが出入りしたか」という現物を基準にしているので、数字が一義的に決まる。複数のプロジェクトの中から最も儲かるものを選択するためには、リターンの概念としてキャッシュフローが適当であることがわかる。ちなみに、世界No.1の携帯電話メーカーであるフィンランドのノキアでは「キャッシュが現実、利益は見解の問題」というスローガンがあるほどだ(『日本経済新聞』1998年7月24日)。キャッシュフローについては第2章で説明する。

第2に、時間軸である。事業は単年度で終了するものではなく、来年以降も継続するのが普通だ。そのため現在から将来にわたる時間軸を織り込んで事業の経済性を捉えなくてはならない。そのため、事業の経済性評価においては現在価値の考え方を採用する必要がある。現在価値の考え方については第3章で説明する。

第3に、リスクである。事業は未知なる未来に向かっての挑戦である。そこには絶対ということはない。バラ色の事業計画を見て喜ぶのはビジネス経験が乏しい人だけである。計画がどの程度の確実性で実現するのか、つまりリスクを考慮しないことには事業の経済性について評価を下すことはできない。リスクについては第4章で説明する。

キャッシュフロー、現在価値、リスクという3つの要素を含んでいるのがNPV（Net Present Value）である。このため、NPVが事業の経済性を評価する指標としてふさわしいというのがファイナンス理論の主張である。NPVについては第7章で解説する。

2● 財務諸表のファイナンス的見方

ファイナンス理論を理解するためには、財務諸表の基本的な仕組みを認識しておく必要がある。本書は会計学に馴染みのない読者でもファイナンスが理解できることを目指しているので、財務諸表の読み方についても簡単に説明をしておく。すでに財務諸表に親しんでいる読者にとっては、会計学の初心者に説明するときの参考にしてもらえればよいだろう。

●——— B/S（バランスシート、貸借対照表）の仕組み

B/Sは直感に訴えないので初学者には馴染みにくいものに思えるが、その構造を理解すれば簡単である（**図表1−9**参照）。

B/Sは左と右に分かれている。左側は購入した資産（A：Asset）を表す。言わば財

産目録である。右側はその資産を購入する際の資金の出所を表す。例えて言うと、左側の資産とは儲けを生み出すマシーンで、右側はそのマシーンを購入したときの資金源で、資本とも言う。資金源には2つの種類があって、一つが他人資本（D：Debt、負債、借金）で、もう一つが株主資本（E：Equity、自己資金）である。要するにB/Sは、どのような資金を使ってどのような資産を購入したか、ということを表している。

例を使って説明しよう。1億円を持っているA氏と、6000万円しか持っていないB氏がともに1億円のマンションを買ったとする。B氏は不足の4000万円を銀行からの借入で調達することになる。この場合、両者のB/Sは**図表1-10**のようになる。購入したマンションが資産であり、それはB/Sの左側に購入金額である1億円と記載される。自己資金だけで購入したA氏の場合、B/Sの右側は全額株主資本となり、B氏は4000万円の負債と6000万円の株主資本となる。

図表1-9　B/Sの基本構造

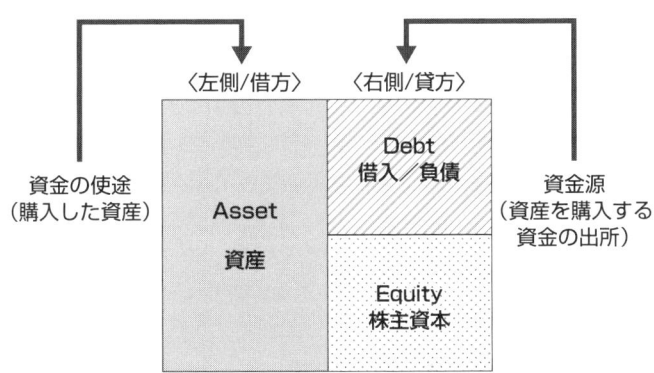

図表1-10　1億円のマンションを購入したときのB/S

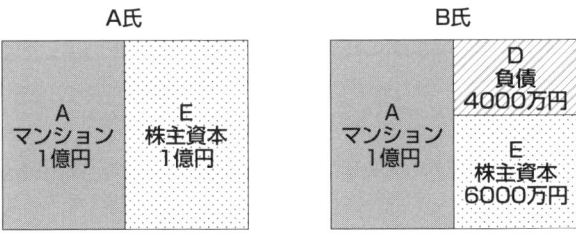

次に簡単なケースを使って、B/Sが事業活動に応じてどのように変化するかを見てみよう。ポイントは、B/Sを数字で捉えないで、図形のイメージで捉えることである。そうすることでファイナンスにおけるB/Sの使い方のコツがわかる。

❶事業を構想する

自分の財産として100億円の現金を持っているとする。これを元手にして、工場を建設して事業を始めることを考える。これをB/Sで表すと次のようになる。

図表1-11　事業を構想する

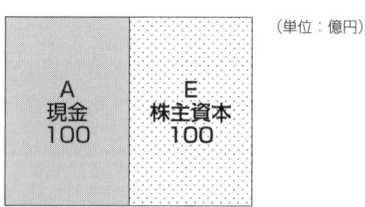

B/Sの左側の資産は目に見えるモノで、右側はそれに対する資金提供者を表す。この場合、目に見えるモノは100億円の現金（＝流動資産）で、それを提供したのはオーナーである自分なので、右側は株主資本となる。

❷事業の準備をする

100億円の現金を全額使って工場を建設する。そうすると現金が工場（＝固定資産）に変わる。一方、資金の出所に変わりはないので、右側に変化はない。

図表1-12　事業の準備をする

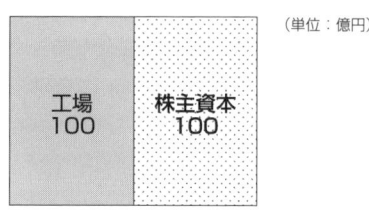

❸資金の手当てをする

工場を稼働させるために原材料の仕入れが必要だが、購入するための現金がないので

銀行に相談をした。その結果、50億円の借入が実現した。これをB/Sで表すと、目に見える資産として、工場に加えて50億円の現金が発生する。一方、50億円の資金提供者は銀行なので、右側に50億円を借金として計上する。

図表1-13　資金の手当てをする

（単位：億円）

現金 50	借金 50
工場 100	株主資本 100

❹仕入れを行う

　手持ちの現金のうち20億円を使って原料を買う。そうすると現金の50億円のうち20億円が原料（＝流動資産）に変わる。目に見えるモノ（＝左側）は工場、原料、現金となるが、資金提供者は変わらないので、右側は❸と同じである。

図表1-14　仕入れを行う

（単位：億円）

現金 30	借金 50
原料 20	
工場 100	株主資本 100

❺追加の仕入れを行う

　需要好調につき原材料の追加仕入れを10億円行う。現金はある程度手元に置いておきたいので、今度は業者に頼み込んで、支払いを来月の月末の支払いにしてもらった。この時点で目に見えるモノは、工場と10億円分増加した原材料と現金となる。一方、

原材料の10億円分については支払いを完了していないので、その分は業者から借りているのと同じことになる。したがって、右側に買掛金（＝流動負債）を10億円計上する。

図表1-15　追加の仕入れを行う

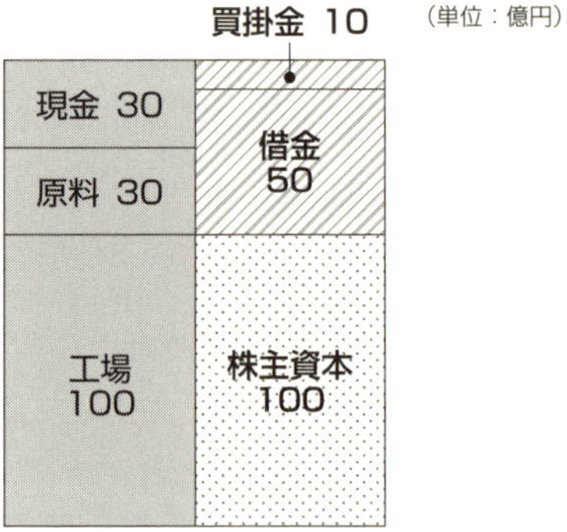

（単位：億円）

借方	貸方
現金 30	買掛金 10
原料 30	借金 50
工場 100	株主資本 100

❻パートナーが事業に参加する

友人が共同経営者として事業に参加することになり、50億円を出資した。この時点で、左側は現金が50億円増える。友人は株主となるので、右側は株主資本がそれだけ増える。

図表1-16　パートナーが事業に参加する

（単位：億円）

借方	貸方
現金 80	買掛金 10
	借金 50
原料 30	
工場 100	株主資本 150

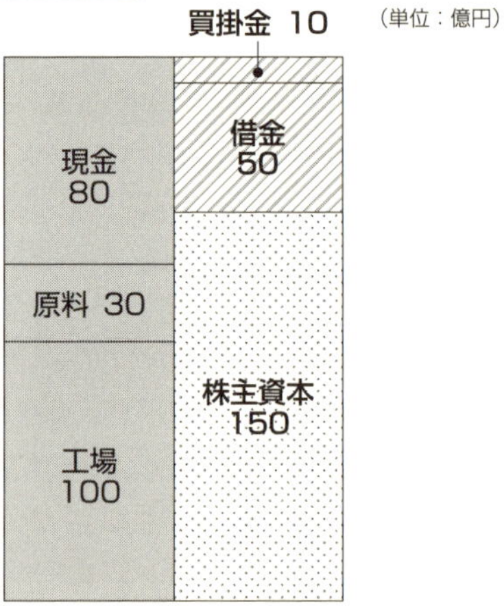

❼借金を返す

手元の資金に余裕ができたので、業者への10億円の支払いを済ませるとともに、銀

行からの借金を20億円だけ返すことにした。そうすると、左側は現金が30億円減少する。右側は、業者からの実質的な借金である買掛金がなくなり、借金も20億円減少する。

図表1-17　借金を返す

（単位：億円）

本書を理解するためには、左側（A）と右側（DとE）の関係が、この程度にわかっていれば十分である。

● ─── B/Sの項目とキャッシュフローの関係

B/Sがファイナンスの理解のために必要になるのは、一つは企業価値などのファイナンスの主要な概念をB/Sの絵的なイメージで捉えるとわかりやすいからである。もう一つは、B/Sの項目がファイナンスの最重視するキャッシュフロー（キャッシュの動き）と関係してくるためである。

そこで、B/Sの主要な項目を簡単に説明し、それぞれの項目とキャッシュの動きについて解説しよう。

会計学的に言えばB/Sの項目は数多くあるが、ファイナンスにおいてはキャッシュフローを計算することが第一の目的であるから、次ページの**図表1-18**のようなつかみ方で十分である。

〔流動資産〕

1年以内に消費されたり、売られたり、現金化されたりすることが予定される資産。現金、売掛金、原材料在庫、仕掛品、製品在庫などを指す。

図表1-18 B/Sの項目

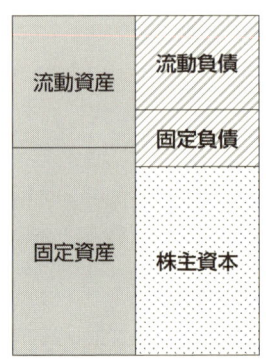

〔固定資産〕
　1年以内に現金化される予定のない資産。機械設備、土地建物、投資有価証券、のれんなどを指す。
〔流動負債〕
　1年以内に現金で支払われる予定の債務。通常、流動資産を使って支払われる。買掛金、短期借入金などを指す。
〔固定負債〕
　支払期限が1年以上の債務。長期借入金、社債、退職給付引当金などを指す。
〔株主資本〕
　株主からの出資金額と、事業活動開始時からの利益の累積合計。かつては、株主資本はほぼ「資本の部」と一致していたが、ビジネスの仕組みが複雑になって負債と資本のどちらに分類するか難しい項目が増えてきたので、2006年5月から従来の「資本の部」は「純資産の部」という呼称に改められた。ただし、ファイナンスの理解を目的とする本書では、従来通り株主資本と表記することにする*注5。

　B/Sの各項目の変化がキャッシュの出入りに対して影響を与える。B/Sは右側が資金の出所、左側が資金の使途、という原則で成り立っているので、出所である右側の項目の数字が増えればキャッシュが増える（同様に、右側が減ればキャッシュも減る）。逆に、使途である左側の数字が増えれば、キャッシュは減る（左側が減ればキャッシュは増える）。

例を挙げて説明しよう。右側項目である固定負債が増えるということは、借金をしてキャッシュを調達することだから、キャッシュは増える。逆に、固定負債が減るということは、借金を返済することだから、キャッシュは減る。工場を建設することは左側の固定資産の増加を意味するが、そのためにはキャッシュを投じなければいけないので、キャッシュは減る。逆に、遊休土地などの固定資産を売却すると左側は減るが、売却代金が手に入るのでキャッシュは増える。

● **運転資本**

B/S項目のうち、流動資産と流動負債は、「原材料を仕入れて、製品を作って、販売して、代金を回収する」という営業サイクルにおいてお互いに関連している。そこで、両者をまとめて運転資本（WC：Working Capital）という形で把握するのが一般的である。運転資本にはいくつかの定義があるが、代表的なものは次の通りである。ここでたな卸資産とは、流動資産の中の原材料、仕掛品、製品などの在庫を指す。

　　　運転資本＝売掛金＋たな卸資産－買掛金

売掛金とたな卸資産はB/Sの左側の項目（資金の使途）で、買掛金は右側の項目（資金の出所）である。したがって、この定義式から運転資本が増えると、キャッシュが減るということがわかる。運転資本のコントロールが今日の経営では重視されるようによっうになっているが、それは運転資本がキャッシュフローに影響するからである。その代表例が在庫の削減である。

実際に数字を使って、運転資本を説明しよう。次ページの**図表1－19**をご覧いただきたい。
　昨年の11月15日に100万円の商品を仕入れて（支払条件は月末締め2カ月後末払い）、今年の10月1日に300万円で売った（支払条件は月末締め4カ月後末払い）とする。12月31日の年度末で決算すると、1月1日から始まる当会計年度において売上は300万円で、利益は200万円となる。これだけ見れば悪くない商売である（単純化のためにその他の費用は無視している）。
　ところが、キャッシュの動きに注目すると、1月31日に100万円を支払っただけで、12月31日の年度末の時点ではキャッシュは回収できていない。つまり、キャッシュについては100万円の持ち出しとなる。したがって、今期で儲かったとは必ずしも言えないことになる。

図表1-19 運転資本

(単位：万円)

モノの流れ: 仕入れ 11/15, 1/1 → たな卸資産 100 → 販売 10/1 → 売掛金 300 → 12/31

運転資本: たな卸資産 100、買掛金 100、売掛金 300

現金の流れ: 支払い 1/31 ▲100、回収 2/28 300

会計処理: 期初 → 会計年度 → 期末、収益・費用計上 10/1 → 決算
- 売上　300
- 費用　100
- 利益　200
- 売掛金　300

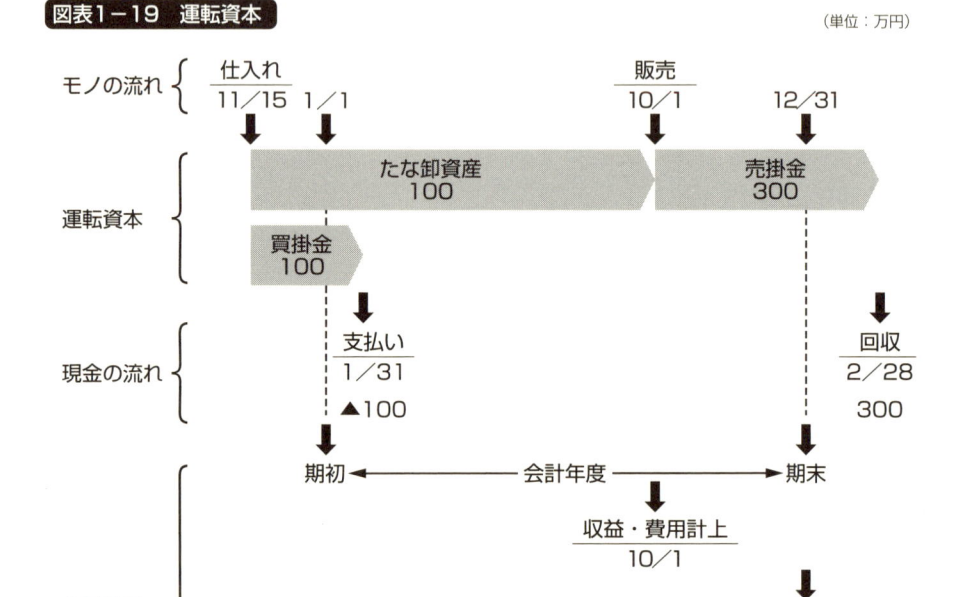

　このようなキャッシュの出入りを記録しておけばキャッシュの動きを把握できるが（これを直接法と言う）、それはビジネスの現場における一般的な方法ではない。なぜならば、実務では財務のデータは財務諸表に反映されるが、財務諸表は発生主義*注6の考え方に基づいて作成されるので、キャッシュの動きを直接的には表さないからだ。そこで、利益を基準として、そこから利益とキャッシュの動きのズレを調整してキャッシュの動きを把握することになる。これを間接法と言う。そこにおいて鍵を握るのが運転資本である。

　運転資本を使ってキャッシュの動きを把握する間接法では、次のように計算する。利益の200万円はモノが動いたとき、つまり、販売が成立した10月1日に計上される。しかし、そのタイミングでキャッシュが入ってくるわけではない。そのズレは、期初と

期末の運転資本の変化に注目することによって調整できる。期初のたな卸資産が100万円で、買掛金が100万円なので、運転資本は次のようになる。

　　期初の運転資本＝売掛金＋たな卸資産－買掛金＝0＋100－100＝0円

　期末において、たな卸資産と買掛金は0円となり、売掛金が300万円になるので、運転資本は次のようになる。

　　期末の運転資本＝売掛金＋たな卸資産－買掛金＝300＋0－0＝300万円

　運転資本はこの1年間で0円から300万円に増加する。運転資本の増加はキャッシュが出て行くことを意味するので、利益の200万円から運転資本の増加額である300万円を差し引くことで、キャッシュの動きが把握できる。このように利益と運転資本に注目することによって、キャッシュの動きがわかるのである。

　　直接法　：　1/31の支払期日に100万円を支払った　　＝　▲100万円
　　間接法　：　利益－運転資本の増加額　＝　200－300　＝　▲100万円

　運転資本とキャッシュの関係を別の例を使って説明すると、運転資本が前期末で3億円、今期末が5億円と、2億円増加したとする。前期末の3億円の運転資本は営業サイクルに従って今期中に現金化されるはずだ。それに対して、今期中に運転資本が2億円増えたということは、現金化された3億円以上に原材料の購入を増やしたか、売上代金の回収が遅れたか、ということを意味する。したがって、2億円の追加資金が必要になる。このように、運転資本が2億円増えるということは、キャッシュが2億円減るということを意味する。

　逆に、運転資本が減るというのは、原料の仕入れをしないで手持ちの製品在庫で売ったり、売上代金を早く回収するということなので、キャッシュは増えることになる。流動資産と流動負債を個別にカウントしてもキャッシュフローは計算できるが、両者は営業サイクルでつながっているので、これを運転資本として一体的に把握するということである。

◉──── **P/L（損益計算書）の仕組み**

　P/Lは直感に訴えるのでわかりやすいが、ファイナンス的にP/Lを見るためには、若

干の注意が必要だ。

図表1-20　P/Lの構造

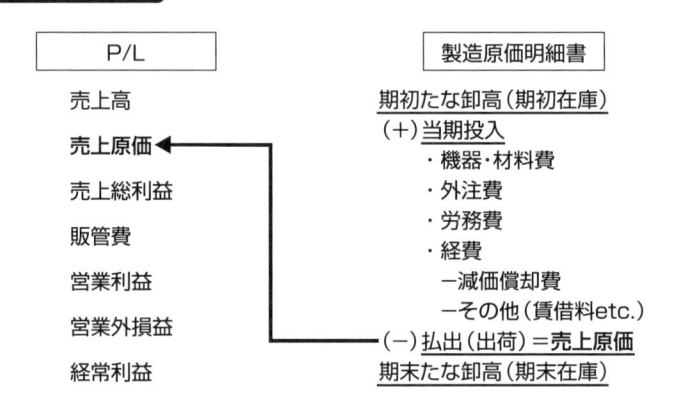

P/L	製造原価明細書
売上高	期初たな卸高（期初在庫）
売上原価 ←	（＋）当期投入
売上総利益	・機器・材料費
販管費	・外注費
営業利益	・労務費
営業外損益	・経費
	－減価償却費
	－その他（賃借料etc.）
	（－）払出（出荷）＝**売上原価**
経常利益	期末たな卸高（期末在庫）

　まず、P/Lとキャッシュフローの関係について押さえておこう。P/Lの項目で、減価償却費と純利益がキャッシュフローに関係することは、先の事例でも説明した。減価償却費は通常はP/Lの独立した項目としては現れず、主として売上原価の中に含まれる。ただし、売上原価自身もキャッシュフローに関係することになるので、注意が必要だ。そこで、売上原価とキャッシュフローの関係を説明しよう。

　売上原価を計算するためには、**図表1-20**のような製造原価明細書を作成する。製造原価明細書は、製品を生み出すために要した費用を表したもので、期初たな卸高は、前期から受け継いだ製品、仕掛品、原材料などの在庫を表す。ここに今期において製品を生み出すために投入した費用を計上する。それが当期投入である。当期投入には、原材料といったモノや労務費や外注費といったヒトの費用と、減価償却費や賃貸料や光熱費などその他の経費が含まれる。

　こうして今期において生産された製品が製品倉庫に入庫され、期初からあった在庫とともに製品在庫を形成する。そこに注文が来て、出荷される。これが払出である。払い出された製品が客先に納入されて売上として計上されるので、払出が売上に対応する費用、つまり売上原価となる。

　製造原価明細書を見ると、それが在庫という流動資産を表していることがわかる。つまり、期初の流動資産と期末の流動資産の変化を表しているというわけだ。したがって、製造原価明細書、および、そこから導かれる売上原価が流動資産の増減、つまり運転資

本の増減という形でキャッシュフローに影響してくることがわかる。この点については、第2章でその経営的な意味合いを説明する。

　P/Lをファイナンス的に読むためには、ステークホルダー（利害関係者）の見方にも注意が必要だ。企業が利益を還元しなければならないステークホルダーは、債権者と政府と株主の三者である。この中で利益に対して最も強い請求権を持っているのが債権者で、次が政府、そして最後が株主である。

　利益の還元は権利の強さの順番で行われる。利益の源泉である営業利益から、まず債権者が金利を取る。次に政府がその取り分である税金を取る。最後に残ったもの（純利益）が株主のものとなる。会計学のルールでは、支払金利や税金を損として扱い、最後に株主のために残ったものを利益と捉える。言わば、株主の視点でビジネスを見ていると言えよう。

　それに対して、ファイナンスは投資家の視点でP/Lを見る。したがって、支払金利は損なので悪、利益は善、というような見方はしない。なぜなら、投資家は企業の株を買ってもいいし、社債を買ってもいいからだ。ファイナンスは、企業のリターンとしてのキャッシュがどのステークホルダーにどれだけ帰属するかということに注目する。その中で、政府への税金だけをリターンの漏出と捉える。したがって、支払金利と純利益は投資家へのリターンという見方をする。このような見方は最初は違和感を覚えるかもしれないが、本書を読み進める中で、ファイナンス的な物の見方が明らかになるはずだ。

コラム：「どうして利益を上げないといけないの？」

　本章では「儲け」を把握することが一筋縄ではいかないことを説明したが、そもそもなぜ儲けなければいけないのだろうか。実はこれについては印象的な経験がある。

　それは筆者が新入社員として工場に配属されてまだ間もないときのことである。工場の現場は今も昔も利益を上げるために必死の努力をしているので、当時の幹部も当然のように「利益、利益」と檄を飛ばしていた。

　そんな中で、ある製造課長が新入社員を招いた昼食会を開いたときのこと、まだあどけなさの残る18歳の事務職の新人女性が「いつも利益、利益と言ってますが、どうしてそんなに利益を上げないといけないのですか」という質問をした。この素朴な疑問に対する課長の対応が立派だったのだ。

　普通だったら、「利益がなかったら君の給料を払えなくなるよ」というような小

手先の対応で済ませるところだが、この課長は女性社員が純粋な知的好奇心から質問をしているということを見抜いて、誠実に答えようとしたのだ。そしてしばし真剣に考えて、自分が明快に答えられないことに気づいた。そして「申し訳ないけど、君がわかるように自分は説明できない」と正直に答えた。

さて、みなさんが新入社員からこのような質問をされたらどう答えるだろうか。

ファイナンスがこれに答えるとするとどうなるだろうか。ファイナンスは経済学の一分野なので、回答は経済学に基づいた見解ということになるだろう。

経済学的に言うと、すべての経済的な問題は財（ヒト、モノ、カネ）が希少であるということから生じる。例えば、空気は人間が生きるうえで最も価値のあるものだが、希少ではない（＝無尽蔵に手に入る）ので経済的な問題とはならない（つまりタダ）。財が希少である以上、できる限り効率的な方法で利用しなければならないはずだ。そして、市場メカニズムが機能している環境において、効率性を実現しているというシグナルになるのが儲けなのである。

したがって、儲けを追求するということは、限りのある貴重な財をできるだけ効率的に利用するということになる。経済学的に言えば、ミクロ（個人）で儲けを追求することは、マクロ（社会）で「もったいない」の活動を実践するのと同じことになる。

儲けを哲学的に捉えた思想家として、松下幸之助を挙げることができるだろう。松下の唱えた有名な言葉にPHPがある。PHPとはPeace and Happiness through Prosperityのことである。Prosperityとは儲かっている状態である。儲かってこそ人類に平和と幸福があるのだ、というのが松下の主張だ。

平和と幸福を説いた思想家は数多いるが、それは儲けることで実現できると喝破したところに松下の偉さがある。世界中を見回してみても、経済的に豊かな国のほうが基本的人権が守られているという現実を否定できないはずだ。日々儲けを追求しているわれわれは一片の骨を巡って争う犬ではない、人類の平和と幸福のために競争しているのだ、というのは心憎い考え方ではないだろうか。

注1：利益を売上高で割ったものの総称。利益としては必要に応じて営業利益や純利益を使えばよい。
注2：投資利益率は投資に対する利益率の総称で、必ずしも決まった定義がある用語ではない。
注3：2007年4月1日以降に取得された資産については250％定率法が採用されることとなった。この方法では、耐用年数N年の資産の初期の償却率は $\{(1 \div N) \times 250\%\}$

となる。

注4：CFROIも投資利益率と同様に、ROEのようなスタンダードな定義を持つ指標ではない。

注5：現在の会社法に基づく連結貸借対照表では、純資産の部は株主資本、評価・換算差額等、新株予約権、少数株主持分の4区分からなっている。ファイナンスを学ぶうえでは、このうちの株主資本をEquityと捉えておけば問題はない。

注6：収益・費用の対象となる役務の提供や事実が起きた時点で計上を行う会計処理の原則。

第2章 キャッシュフロー

Point

　事業の収益性を判断するためには、キャッシュフローに注目する必要がある。キャッシュフローは、会計上の利益では見えない事業の経済的価値を明らかにする。また、リストラや在庫管理などについてもキャッシュフローの概念を使うことで、適切な経営判断を行うことができる。

Case

　寒波が襲来した2月のある日のこと、日之出製作所の汎用機事業部の月例会議も荒れ模様だった。田中物流部長が出席したのがその原因だった。月例会議は通常、小西事業部長と事業部の幹部社員によって行われるのだが、今回に限って田中が出席したのだ。田中は社長の小坪から、汎用機事業部の在庫が増えているので、在庫管理を徹底させるようじきじきに指示されていたのだった。

　会議の席で、3月の年度末に向けた事業計画を見た田中は目を疑った。景気後退の影響で事業部の売上が予算を下回っているのにもかかわらず、生産のほうは逆に増産を計画していたのだ。在庫は現状でもかなり多いが、年度末にはさらに増えてしまう。ところが、小西は「増産するのは当然のこと」という様子だった。そこで田中が反論を開始した。
「現在の在庫水準は、必要量の2倍はあります。それなのに、2月と3月の生産を20万個のフル操業にしてしまったら、さらに在庫が増えるじゃないですか。2月、3月は生産を10万個以下に減産して、在庫調整をすべきでしょう。減産しなければ大量の在庫を抱えることになり、その結果、倉庫を借りるなどの無駄な費用が5000万円は発生するでしょう。また、在庫期間が長引くと製品の劣化や陳腐化のリスクも発生します。こんなことを中小企業がやったら一発で倒産です。これは深刻な大企業病と言わざるをえませんね」
　それに対して小西は「わかりきったことを言うな」と言わんばかりの態度で応酬した。

「在庫のために5000万円の費用が発生することは重々承知しています。しかし、われわれがフル操業を維持するのは、固定費の負担を下げて利益を確保するためなのですよ」

小西はホワイトボードに数字を並べ始めた。

固定費(月)	生産量	1個当たりの固定費 (固定費÷生産量)	10万個販売した場合に 計上されるコスト
10億円	10万個	1万円	10万個×1万円　＝　10億円
	20万個	5000円	10万個×5000円＝　5億円

「製造にかかる固定費は月に10億円です。減産して10万個にすると、製品1個当たりの固定費負担は1万円になります。これに対して、フル操業の20万個で行くと、1個当たりのコストは5000円になります。当社は後入れ優先払出ですから、このコスト差がもろに事業部の利益に跳ね返ります。売上が10万個／月だとすると、事業部利益に反映される固定費の負担は、生産量が10万個の場合は10億円ですが、20万個生産すると固定費の負担は5億円で済みます。つまり、生産量を減らすと、事業部の利益が5億円も減ってしまうのです」

小西は余裕の表情で説明を続けた。

「ですから、5000万円の借庫費用など物の数ではありません。また、幸いなことに製品は寿命の長い汎用品なので、陳腐化するリスクもありません。いずれ必ず売れるのです。いや、売ってみせます。大企業病とおっしゃいましたが、こういうことができることこそ、大企業のメリットではないでしょうか」

田中も反論した。

「それでも、在庫を減らせというのが会社の方針です。先進企業はいずれも在庫を持たないという方針を打ち出しているではないですか」

しかし、その後が続かない。追い討ちをかけるように小西が言葉をつないだ。

「予算通りの利益を達成することが、経営トップと株主に対するわれわれ事業部の使命です。利益を増やすためにあらゆる方策を採るのは、事業部として当然のことです。利益責任を負わなくてよい管理部門とわれわれ事業部では、根本的に考え方が違うようですね」

混乱してしまった田中は、事業部の言っていることはどこかおかしいと思いながらも、沈黙を余儀なくされてしまったのだった。

納得が行かない田中は、会議が終わった後に経営企画部の桂川に相談を持ちかけた。話を聞いた桂川はただちに反応した。

「事業部の言っていることは、その通りです」

がっかりした表情を見せた田中に対して、桂川はすぐにフォローを入れた。

「でも、田中さんの在庫を減らせという指示は正しいのです。事業部は減産をしなければなりません」

「しかし、減産をすれば利益が減るじゃないか」と言ってから、自分が小西と同じことを言っているのに気がついて、田中は思わず苦笑いをした。

「それはキャッシュフローを考えればわかることですよ。つまり、在庫が増えることでキャッシュフローがどれだけ減るかということです。世界の株主が注目しているのはキャッシュフローですからね」

ファイナンス理論をマスターしたばかりの桂川は、整然と説明を始めた。

理論

1●キャッシュフローの定義

事業の経済性を評価するためのリターンの概念として、キャッシュフローが最適であるとファイナンス理論は考える。キャッシュフローとは、文字通りキャッシュの流れのことで、企業活動の結果入ってきた現金（キャッシュイン）から出て行った現金（キャッシュアウト）を引いたものである。キャッシュフローを計算する場合、取引ごとにキャッシュの出入りをカウントして計算することはしない。通常は、純利益を基準にして、必要な項目を足し引きして求める。

キャッシュフロー（CF）の定義には若干のバリエーションがあるが、最もよく使われている定義は次の通りである。

　　CF ＝ 純利益 ＋ 減価償却費 － 投資 － Δ運転資本
　　　・運転資本 ＝ 売掛金 ＋ たな卸資産 － 買掛金
　　　・Δ運転資本 ＝ 運転資本の変化 ＝ 期末の運転資本 － 期初の運転資本

（注：本書の主要なテーマである事業の経済的価値を計算するときは、FCF〔フリーキャッシュフロー〕を使う。FCFについては第7章で説明する）

それでは、財務諸表の数字を使って実際にキャッシュフローを計算してみよう。**図表2－1**のようなP/LとB/Sから2008年度のキャッシュフローを求める。

図表2-1 キャッシュフロー計算

P/L

(2008年度)

売上高	100
売上原価	60
・減価償却費	10
・その他	50
一般管理費	20
営業利益	20
利子費用	4
税前当期純利益	16
税金	8
純利益	8

B/S

(2007年度)

流動資産	60	流動負債	50
現金	10	買掛金	40
売掛金	20	短期借入金	10
たな卸資産	30	固定負債	50
固定資産(Net)	90	長期借入金	20
固定資産(Gross)	97	社債	30
減価償却(累計)	7	株主資本	50

(2008年度)

流動資産	70	流動負債	52
現金	5	買掛金	42
売掛金	25	短期借入金	10
たな卸資産	40	固定負債	53
固定資産(Net)	93	長期借入金	28
固定資産(Gross)	110	社債	25
減価償却(累計)	17	株主資本	58

(注) 簡略化のためP/L、B/Sとも単位は省略する。

　CF＝純利益＋減価償却費－投資－⊿運転資本、であるから、各項目の数値をP/LとB/Sから求めていけばよい。まず、純利益はP/Lを見れば、8であることがわかる。

減価償却費は、ここではP/Lでもわかるが、B/Sで求めることもできる。それは、減価償却の累計額の差額を見ればよい。2007年度のB/Sにおける減価償却の累計額である7に2008年度に発生した減価償却費を加えたものが2008年度の減価償却の累計額である17になっている。したがって、減価償却費は10である。

　投資はB/Sから求められる。投資をすればB/Sに投資金額が固定資産として計上される。ただし、固定資産は減価償却費の分だけ減額される。そこで次の関係が成り立っている。

　　2007年度の固定資産（Net）＋2008年度の投資額－2008年度の減価償却費
　　＝2008年度の固定資産（Net）

ここではその関係が簡単にわかるように、固定資産をNetとGross（＝減価償却費を控除する前の数字）に分けている。そうすると、Grossの差を見ても、投資金額が13であることがわかる。

　運転資本の変化は、2007年と2008年の運転資本を求めて、その差額を計算すればよい。

　　2007年度の運転資本＝売掛金＋たな卸資産－買掛金＝20＋30－40＝10
　　2008年度の運転資本＝25＋40－42＝23
　　運転資本の変化＝23－10＝13

　運転資本が13増加したということは、その分キャッシュフローは減ったということである。

　以上から、2008年度のキャッシュフローは次のようになる。

　　CF＝純利益＋減価償却費－投資－⊿運転資本＝8＋10－13－13＝▲8

ここで計算のやり方とともに認識すべきことは、CFの計算にはP/Lと2年分のB/Sが必要だということである。

● ―――― **キャッシュフロー算出の原則：With vs Without**

　基本的なキャッシュフローの計算を説明したが、実務においてはこのように単純にキャッシュフローを計算できることは少ない。現場ではどの数字をキャッシュフローの計

算に含めるべきかで判断に迷うことが多いのが普通だ。

そのようなときに判断基準として役に立つのが、「(プロジェクトを) 実施する vs 実施しない」というキャッシュフロー算出の原則である。英語表現で、「With vs Without」と言うことも多い。この原則が成り立つ理由は、キャッシュフローを計算するそもそもの目的に立ち返ればよい。すなわち、われわれがキャッシュフローを計算する目的は、プロジェクトを実施するか (With)、実施しないか (Without) を判断して、意思決定を下すことにある。そのためには、実施するケースと実施しないケースのキャッシュフローを比較すればよいということになる。

プロジェクトのCF＝プロジェクトを実施した場合のCF－実施しない場合のCF

別の言い方をすれば、プロジェクトの経済的価値は、キャッシュフローがどれだけ増えるかで決まるので、増分ベースで考えるということである。次に、実務においてポイントとなるテーマについて説明をしよう。

● 埋没コスト (Sunk Cost)

埋没コスト (サンクコストと言われることが多い) とは、すでに支払ってしまったお金のことである。例えば、プロジェクトのためにすでに使った研究開発費や市場調査費などがある。

キャッシュフローの算出において埋没コストはカウントしない。その理由は、キャッシュフローを計算する目的が、これからプロジェクトをやるか、やらないかの意思決定にあるからだ。プロジェクトをやることが経済的価値をもたらすならやるべきだし、経済的価値がなければやる必要はない。ここにおける意思決定のポイントは、現時点から将来にわたって経済的価値がもたらされるか否かの一点にある。過去の時点で支払ったお金は、仮に支払うべきではなかったとしても、現時点から将来にわたって発生する経済的価値に影響を及ぼさない。

埋没コストをキャッシュフロー算出の原則を使って説明すると、プロジェクトを実施するケースでも、実施しないケースでも埋没コストはカウントされる。両者の差額がプロジェクトのキャッシュフローになるが、埋没コストは相殺されて消えるので、キャッシュフローには関係しない。

このように説明すると当たり前に思えるだろうが、実務において埋没コストの扱いはなかなかやっかいだ。以下に2つのケースを紹介しよう。

❶ ロッキード事件

 一つは古典として有名なロッキード社のケースである。軍用機から民間機への進出が悲願だったロッキード社は、旅客飛行機のトライスターの開発を進めていた。1971年の段階で、開発継続のためには大規模な追加資金の投入が必要になった。収支の見通しは芳しくなかったが、結局「10億ドルの巨費を投じてきたプロジェクトをここで止めるわけにはいかない」という理由で、借金を増やして開発の継続を決定した*注1。

 これは典型的なサンクコストの罠に陥ったケースである。10億ドルはその時点ですでに支払ってしまっているので、開発を続けるか中止するかの判断には何ら影響を与えるべきではない。意思決定はあくまでも「これからいくらのキャッシュが必要で、それがどれだけのキャッシュをもたらすのか」という観点から行わなければならない。ここで追加投資をすることで満足できるリターンがこれから得られるならやるべきだし、満足なリターンが得られないならやらない、というだけの話である。

 このような経緯でトライスターの開発を完了したロッキード社は、収支のプレッシャーから猛烈な売り込み工作に走らざるをえなくなった。その結果起こったのが前総理大臣の逮捕という前代未聞の事態に至ったロッキード事件である。歴史にIFはないと言うが、ロッキード社にファイナンスの心得があれば、事件も起こらなかったかもしれない。

❷ ホテルエイペックス洞爺湖

 もう一つは、北海道拓殖銀行によるホテルエイペックス洞爺湖への融資のケースである（1998年5月8日のNHKスペシャル「なぜ巨大ホテルは破産したのか」で放映）。カブトデコム社のプロジェクトとして始まった同ホテルは、建設途中で収支の見通しを立てたが、バブル崩壊の影響もあり、採算ラインに乗らないことがわかった。それにもかかわらず、ここまでやって止めるわけにはいかない、という理由からプロジェクトは断行された。

 結局、同社は、1998年3月に1000億円近い負債を抱えて倒産してしまった。「なぜ途中で止めなかったのか」というNHKのインタビューに対して武馬副頭取（当時）は、次のように答えている。「途中でストップするわけにはいかないでしょう。従業員や納入業者、それに役所にも迷惑をかけることになる。苦悩の末の選択だった」。このようにサンクコストの問題は、政治的な側面も合わせ持っているので、現実的には対処が大変難しいことを認識する必要がある。

 カブトデコム社も北海道拓殖銀行も今は無いが、つわものどもが夢の跡のホテルは、その後ウィンザーホテルとなって生まれ変わった。途中で止めてしまったら、2008年7月の洞爺湖サミットもなかったということになるが、それはまたファイナンスとは別

の話である。

　サンクコストの説明は納得できるが、それが社内で通るとはとても思えない、と感じる読者もいるだろう。そこでこの課題についてさらに考えてみよう。
　例えば、1億円をかけて市場調査を実施して、需要が確かにあることがわかったとしよう。この結果を受けて、プロジェクトを本格的に立ち上げて、10億円の投資を申請したとする。この場合、1億円の市場調査費はサンクコストなので10億円の投資プロジェクトの経済計算には入れるべきではない。しかし、トップから「冗談じゃない。1億円を使ったのはお前だろう。1億円＋10億円＝11億円でプロジェクトの評価をするように」という注文が付いたとしよう。これに対してどのように対処すればよいだろうか。
　このケースは、実は課題が混在している。第1の課題は、プロジェクトをやるべきかどうか、ということだ。この課題に対して適切な意思決定を行いたかったら、サンクコストである1億円の市場調査費を入れてはいけない。ついでに言えば、1億円をかけて市場調査を実施すべきかどうかという課題が過去にあったはずだ。その課題に対してトップは了承した（＝解決済みの問題）ということも指摘しておこう。
　第2の課題は、業績評価についてである。トップの注文は実はこれに関連している。会社のお金である1億円をフリーに使って、おいしいところだけ持っていくのはおかしい、ということだ。この指摘は確かにフェアであろう。したがって、「プロジェクトの評価にはカウントすべきではないが、（ボーナスの基準となる）業績評価の査定には1億円をカウントしていただいて結構」とトップに対して言えばよいだろう。

●───**機会費用（Opportunity Cost）**

　キャッシュの出入りが発生しなくても、キャッシュフローの計算に影響を与える要素がある。それが機会費用である。ある事業を実施することは、別の事業機会を諦めなければならないことを意味する。このような場合、諦めなければならない別の事業機会から得られたであろう収益を機会費用と言う。簡単なケースを使って説明をしよう。
　D社は東京の湾岸地域に、老朽化して稼働を停止した工場用地を保有している。環境対策の問題から、製造拠点として再活用することは難しいと判明した。同時に、立地は倉庫として魅力的であることもわかった。そこで工場跡地を利用して物流センターを始めることにした。
　このような場合、使っていない遊休土地を有効活用するわけだから、倉庫事業から期待できるキャッシュフローだけをカウントすればよいと考えがちだが、それは不適切で

ある。なぜなら、この場合、この土地を売却するというオプションもあるからだ。倉庫事業を始めたら、土地を売却するというオプションを諦めなければならなくなる。つまり、機会費用が発生することになる。

　そこで、このプロジェクトのキャッシュフローは、次のように計算する。

　　プロジェクトのCF＝倉庫事業のCF－跡地を売却した場合に得られるCF

　この場合も、With vs Withoutの原則で考えることができる。プロジェクトを実施する場合のキャッシュフローは倉庫事業のCFである。一方、倉庫事業を実施しないということは、他のオプションを実施できるということである。この場合は、土地を売却するというオプションがあるわけだから、これが実施しない場合のCFとなる。

　土地の売却代金よりも大きいキャッシュフローが倉庫事業から期待できるのであれば倉庫事業を実施すべきだし、土地の売却代金のほうが大きいのであれば倉庫事業を実施すべきではないということになる。

　このケースは土地の投機に沸いたバブル時代を思い起こさせる。当時は、「土地の含み益を持つ企業が買いだ」ということで、東京に大規模な土地を持つ企業の株に人気が集まった。当然のことながら、事業を止めて土地を売るという決定をしない限り、このシナリオは成り立たない。

　しかし、当時の世の中の論調には、このような機会費用の視点はほとんどなかったように思われる。また当時は、東京23区の土地でアメリカ全土が買える、ということがまことしやかにささやかれており、東京を拠点とする工場から得られるキャッシュフローよりも、土地の評価額のほうがはるかに大きくなってしまうという異常な状況だった。

◉───　**間接費**

　プロジェクトは独立した事業ではないので、総務、経理、人事などのコーポレートサービスを受けるのが普通である。プロジェクトに直接結び付いていないこのようなコストを間接費と言う。プロジェクトのキャッシュフローを求める際に、間接費の処理について注意が必要である。その理由は、プロジェクトが立ち上がると、社内で定められた一定の比率で一般管理費などの間接費が自動的に配賦されることがあるからだ。その負担額が実際のキャッシュフローの増分額と一致している保証はない。

　この場合の考え方も、With vs Withoutである。プロジェクトを実施することによって発生する間接費の増分のキャッシュフローだけをカウントする。そうは言っても、実際問題として個別のプロジェクトに対する増分のキャッシュフローを計算することは

難しい。

そこで、売上に対して一般管理費がどのように対応するかという全社のコスト構造をベンチマークとして判断するとよいだろう。例えば、過去の実績において売上に対する一般管理費比率が20％で安定している会社であれば、売上の20％を間接費としてキャッシュフローの計算に入れればよい。しかし、売上の増加とともに一般管理費の比率が上昇するコスト構造であれば、それに対応した間接費のカウントが必要であろう。

2● キャッシュフロー概念と企業経営

キャッシュフローの説明の締めくくりとして、キャッシュフローの概念が企業経営に対してどのようなインパクトを与えるかについて、代表的なケースを紹介する。一つはリストラ、もう一つはスピード経営である。

●──── リストラのメカニズム

バブル崩壊後のいわゆる失われた10年を振り返ってみると、アメリカ企業が徹底的にリストラを実施することで競争力を回復したのに対して、日本企業のリストラに対する取り組みは鈍かった。当初は、「日本企業には雇用の維持という社会的な義務があるから、簡単にレイオフできるアメリカ企業のようなわけにはいかないのだ」という素朴な理屈がまかり通っていた。ところが、その後いよいよ状況が厳しくなってくると、今度は手のひらを返すように「もはや終身雇用の時代ではない」と宣言して、人員整理を始めた。

結局そういうことなら、もっと早い段階からソフトランディングすればよかったのに、と思った読者も多いだろう。実はそこにキャッシュフローの極大化を目的関数とするアメリカの経営と、利益の極大化を目的関数とする日本企業との、経営のパラダイムの違いがあったのである。簡単な例を使って説明しよう。

❶事業撤退のケース

総合電機メーカーであるA社のX事業は、参入が遅れたため業界の下位のポジションにとどまっている。収支については、会計上の利益もCFもほぼブレークイーブンだが、将来的に競争優位を構築できる自信が経営陣にあるわけではなかった。

X事業は専用の自社工場を横浜に持っている。年間の売上高は50億円、B/Sの固定資産は42億円で、内訳は製造設備が40億円、土地が2億円である。撤退した場合は、製造設備を撤去しなければならず、そのための費用として5億円が発生する。同時に、

製造設備は特別償却をしてゼロ評価となる。土地は更地にして売却することを想定する。整地費用として1億円が発生するが、8億円で売却できる見込みである。税率は40%。A社全体の業績は堅調で、400億円の税前利益を出している。

このような状況で、事業を継続した場合と、撤退した場合（＝リストラ）について、A社の収支を分析しよう。収支に影響を与える項目は以下の通りである。ポイントは、会計上の利益とキャッシュフローが必ずしも一致しないというところである。

〔設備の撤去費用〕
製造設備を撤去する場合、解体して、スクラップにするなど処分のために5億円のキャッシュの支払いが発生する。会計上も同額を費用として計上するので、これについては会計上の数字とキャッシュフローの数字は一致する。

〔設備の特別償却〕
設備を撤去すれば、B/Sに計上されている製造設備を消去しなければならない。そこで、簿価の40億円を特別償却してゼロにして、40億円を費用として計上する。これは会計上の処理であって、キャッシュの支払いは伴わないので、会計上の数字とキャッシュフローの数字は一致しない。

〔整地費用〕
跡地を整備して更地にするために、1億円のキャッシュの支払いが発生する。会計上も同額を費用として計上するので、これについては会計上の数字とキャッシュフローの数字は一致する。

〔跡地の売却〕
土地を売却すると、売り値である8億円のキャッシュが入ってくる。一方、会計上の処理は、売り値からB/Sに計上されている土地の簿価である2億円を引いた6億円を利益として計上する。この場合も、会計上の数字とキャッシュフローは一致しない。

以上を踏まえて、事業を継続した場合と、リストラをした場合の数字を見てみよう。

■継続した場合
(単位：億円)

P/L		B/S		CF
売上	50	固定資産	42	CF ＝ 0
税前利益	0	・製造設備	40	
純利益	0	・土地	2	

■リストラした場合

(単位：億円)

P/L		
売上	0	（売上は50億円からゼロに減少）
特別損益	▲40	
・土地売却益	6	（土地の売却代金－土地の簿価＝8－2＝6）
・製造設備特別償却費	▲40	（キャッシュの支払いなし）
・製造設備撤去費用	▲5	（キャッシュの支払いあり）
・整地費用	▲1	（キャッシュの支払いあり）
税前利益	▲40	
税金（40%）	▲16	（節税効果）
純利益	▲24	

(単位：億円)

B/S		
固定資産	0	（B/Sは42から0となり、スリム化する）

(単位：億円)

CF		
土地売却代金	8	
製造設備撤去費用	▲5	
整地費用	▲1	
節税効果	16	（＝税前利益減少分40×税率40%）
CF計	18	

　リストラを実施すると、売上が減り、会計上の利益も減る。そして、B/Sはスリム化する。しかし、キャッシュフローが減るとは限らないのである。このケースではキャッシュフローは18億円増加することになる。そこで注目すべきは、キャッシュフローにおける節税効果である。

　A社はX事業のリストラによって40億円の赤字を計上する。これが損金となって税金を減らすことができる。これは節税効果と呼ばれている。X事業を継続した場合とリストラした場合のA社の税金を比較すると次ページの表のようになる。

	継続した場合	リストラした場合
税前利益	400	360（400－リストラの赤字40）
税金（40％）	160	144
純利益	240	216

　リストラすることで税金を16億円減らすことができる。税金はキャッシュの支払いなので、税金が減るということは、A社にとってキャッシュフローがそれだけ増えるということを意味する。

　このケースから、利益を目的関数として経営を行うと、利益が減ってしまうリストラは実施しづらいことが推定できる。一方、キャッシュフローを目的関数として経営を行うと、リストラを断行することは当然の選択となる。
　バブル崩壊後の失われた10年を振り返ると、アメリカ企業がリストラを積極果敢に行って事業体質の転換を図ったのに対して、日本企業の動きはどう見ても鈍かった。両者の違いの背後には、経営の目的関数の違いがあったと言えよう。アメリカの株式市場は「会社の価値はキャッシュフローを生み出す力で決まる」というファイナンスの考え方をベースにして動いているので、赤字を出してもリストラを断行する企業を積極的に評価し、その結果、株価が上昇することも多いのである。

❷日米のリストラ比較：1990年代の対照的事例

　リストラにおける日米の対照的なケースを紹介しよう。
　IBMはダウンサイジングの流れに乗り遅れ、1990年代に入って低迷していた。そこにルイス・ガースナーが会長として乗り込んできた。その直後の1993年第２四半期に、IBMは89億ドルという気の遠くなるようなリストラ費用を計上して、80億ドルという歴史的な大赤字に転落した。配当も0.54ドルから0.25ドルへと減配することを発表した。
　このリストラ策に対して株式市場は積極的な評価を下し、発表翌日の７月２７日にIBMの株価は、前日比3.25ドル高となったのである。
　同じ1990年代の日本企業のケースとして三井化学を挙げよう。
　1980年代末に宇部興産などが、山口県南部に300ヘクタールを超える宇部石油化学コンビナートを計画した。その一環として三井東圧（現三井化学）は、180億円を投資して国内最大のスチレンモノマー（発泡スチロールなどの原料）のプラントを1993年に完成させた。

しかし、バブルの崩壊とともに肝心のコンビナート計画が消えてしまった。取り残された三井化学の工場は閉鎖すれば100億円の償却負担が発生する。しかし、操業を続けても採算性が向上する見通しは立たない状況であった（「総合化学再生への処方箋」『日本経済新聞』1998年8月8日）。

　これはリストラをすべきかどうか悩む日本企業の典型的なケースであろう。工場を閉鎖して100億円の償却負担が発生すれば、三井化学は大赤字に陥る。しかし、償却負担は直接的にはキャッシュフローに関係がない。また、このプラントに投じた180億円はサンクコストであり、三井化学の意思決定に影響を与えるべきものではない。

　三井化学の悩みの背景としては、会計上の利益を目的関数とする日本の伝統的な経営のパラダイムがあることは否定できないだろう。また、工場を閉鎖して赤字を出して人員を整理するとなると、経営陣の中から責任を問われる人が出る、という政治的要因もあったと推定される。

● ── スピード経営を実践する

　失われた10年において日本企業の環境変化への適応力が疑問視され、大企業はしばしば恐竜に例えられた。そのときに圧倒的なスピードで経営をする企業として賞賛されていたのがデル（当時はデル・コンピュータ）である。デルは在庫を持たないことで知られていたが、なぜ在庫を持たないことがスピード経営に結び付くのだろうか。

　意外なようだが、スピード経営についてもキャッシュフローの概念が重要な役割を果たしているのだ。

　初めに、デルのビジネスモデルに対する新聞や雑誌の典型的な説明について紹介する。パソコンのようなハイテク製品は、製品の世代交代が極めて短期間に起こる。もしも部品や完成品の在庫を大量に抱えている状態で、製品の世代交代が起こると、陳腐化した不良在庫を大量に抱え込むことになる。したがって、できるだけ在庫を持たないようにすることで、陳腐化のリスクをコントロールすることが重要になる。

　また、陳腐化した在庫を大量に抱えている会社は、まず在庫をさばきたいと思うから、そうした会社が積極的に製品の世代交代をリードして、先行者利潤を追求する可能性は少ない。そのような会社は、結局のところ競争のスピードに付いて行けず、最後は大量の不良在庫を抱えて敗退することになる。

　これはこれで筋の通った話である。しかし、この説明だけでは、なぜ日本の大手電機メーカーがデルのような身軽な事業運営に転換できなかったのか、ということに対する疑問が解けない。そこでキャッシュフローの概念が登場する。簡単なケースを使って説明しよう。

❶B社のケース

　B社は工業用原料のメーカーである。その製造のオペレーションは、労務費などの固定費が毎月2000万円で、原材料などの変動費が製品1トン当たりについて30万円かかる。製品の安全在庫は100トンと設定しており、払出は平均法を採用している。営業から来月の売上計画は、販売数量が100トンで販売単価が100万円/トンという数字が出された。そこで製造部としては安全在庫を維持するために来月の生産量を100トンと決定し、来月の事業計画を作成することにした。B社の一般管理費は1000万円/月で、税率は50％なので、結果は次のようになった。議論を単純にするために、情報がないものは無視して計算する。

```
〈オペレーション諸元〉
  固定費     2000万円／月
  変動費     30万円／t
  安全在庫   100t
  販売数量   100t
  販売単価   100万円／t
  生産計画   100t

〈来月度の生産コストの計画〉
  生産コスト ＝（固定費＋変動費×生産数量）÷生産数量
           ＝（2000＋30×100）÷100
           ＝ 50万円／t

〈来月度の製造原価明細書の計画〉   〈P/L計画〉      （万円）
            数量   単価   金額
                                   売上         10000
  繰越在庫  100t   @50   5000  → 売上原価      5000
  入庫(生産) 100t   @50   5000    一般管理費    1000
  出庫(払出) 100t   @50   5000  ┘ 営業利益      4000
  月末在庫  100t   @50   5000    税金（50％）  2000
                                   純利益        2000

〈CF計画〉
 ・CF＝純利益＋減価償却費－投資－⊿運転資本
 ・純利益は2000、減価償却費と投資は情報がないのでゼロ、
    ⊿運転資本は、繰越在庫と月末在庫の金額に変動がないのでゼロ。
 ・したがって、CF＝2000
```

　ここでB社が突然のマーケットの変化に直面するケースを想定する。市況が悪化して、当初計画の100トンの販売は難しく、60トンになるという報告が営業から来た。それ

に対して、生産を当初計画通りの100トンを維持する場合と、生産を60トンに減産する場合の2つの経営オプションを考える。前者が在庫を抱えるスロー経営、後者が在庫をコントロールするスピード経営ということになる。

❷スロー経営の事業計画

スロー経営の場合は、生産計画に変更はないので、生産コストは変わらない。変わるのは、販売量の減少に伴う売上と利益、および、運転資本である。在庫が5000万円から7000万円に増加するので、運転資本の増加に伴うキャッシュフローは▲2000万円となる。

```
〈来月度の製造原価明細書の計画〉      〈P/L計画〉      (万円)
            数量    単価   金額
   繰越在庫  100t   @50   5000      売上        6000
   入庫(生産) 100t   @50   5000      売上原価    3000
   出庫(払出)  60t   @50   3000      一般管理費  1000
   月末在庫  140t   @50   7000      営業利益    2000
                                     税金(50%)  1000
〈CF計画〉                           純利益      1000
   CF＝純利益－⊿運転資本
      ＝1000－(7000－5000)
      ＝▲1000
```

❸スピード経営の事業計画

スピード経営の場合は、需要に対応して生産量を60トンに減らす。そのため単位当たりの固定費の負担が増えて、生産コストが上昇する。

$$\text{生産コスト} = (\text{固定費} + \text{変動費} \times \text{生産数量}) \div \text{生産数量}$$
$$= (2000 + 30 \times 60) \div 60$$
$$= 63.3 \text{万円／トン}$$

それに伴って売上原価も上昇する。ただし、B社は払出ルールとして平均法を採用しているので、生産コストの上昇がそのまま売上原価の上昇になるわけではない。100トンの繰越在庫と60トンの入庫の平均単位の55万円が売上原価となる。一方、減産す

ることで在庫の増加が抑制され、運転資本の増加によるキャッシュフローの悪化は軽減される。

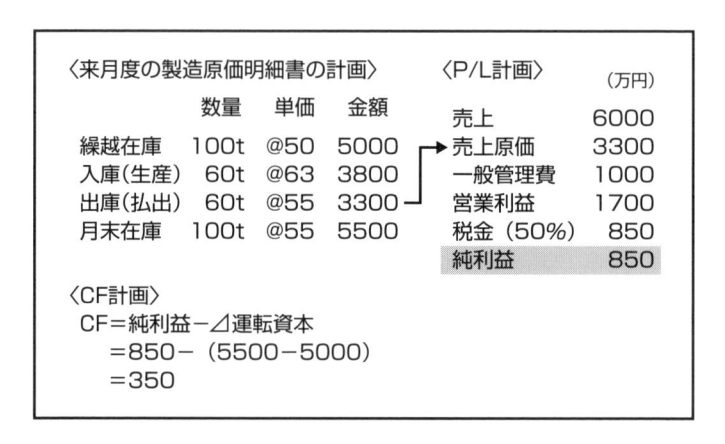

```
〈来月度の製造原価明細書の計画〉     〈P/L計画〉      (万円)
         数量   単価   金額      売上         6000
  繰越在庫  100t  @50   5000  → 売上原価     3300
  入庫(生産) 60t  @63   3800    一般管理費   1000
  出庫(払出) 60t  @55   3300 ┘  営業利益     1700
  月末在庫  100t  @55   5500    税金(50%)    850
                              純利益        850

〈CF計画〉
  CF=純利益−⊿運転資本
    =850−(5500−5000)
    =350
```

2つの事業計画を比較すると次のようになる。

	純利益	キャッシュフロー
スロー経営	1000	▲1000
スピード経営	850	350

　読者はどちらの経営オプションを選択するだろうか。この結果を見れば、「当然スピード経営だ」と言う人が多いかもしれない。しかし、本当に会社でもそのように言えるだろうか。筆者の知る限り、圧倒的多数の日本企業は利益を業績評価の基準としている。もしも自分のボーナスの査定が利益の大きさで行われるならば、それでもスピード経営を選択するだろうか。

　問題の本質はそこにある。つまり、利益の極大化を目的関数として経営を行うと、増産して在庫を増やすというスロー経営は合理的な判断となるのだ。このことから、失われた10年に大量の在庫を抱え込んで身動きのとれなくなった恐竜に例えられた日本企業は、必ずしも合理性に欠ける経営判断をしたわけではないことがわかる。彼らは、「利益の極大化」を必死になって追求していたのだ。

　以上の説明で、会計上の利益の極大化という古いパラダイムにおいては、スピード経営は実現しにくいことがわかるだろう。それに対して、キャッシュフローの極大化という新しいパラダイムにシフトした企業がスピード経営を実践することになる。つまり、デルは陳腐化リスクの高いハイテク企業だからスピード経営を行うわけではない。キャ

ッシュフローを極大化したいので、スピード経営を実践しているわけである。

コラム：Only Yesterday

　キャッシュフローという言葉は新聞でも見かけるし、職場でも当たり前のように使われているかもしれない。しかし、この言葉が日本のビジネス界で市民権を得たのは、意外に最近のことである。さらに言えば、ROEでさえも状況は似たようなものである。

　ここに興味深いデータがある。これは失われた10年と言われた1990年代に日経新聞4紙において、「キャッシュフロー」と「ROE」という言葉がどのぐらいの頻度で記事に出てきたかを調べたものである。

年	1991	1992	1993	1994	1995	1996	1997	1998	1999	2000
ROE	24	65	42	94	151	129	**627**	605	447	409
キャッシュフロー	58	147	114	120	125	94	138	248	**602**	454

（調査方法：日経テレコンのキーワード検索で日経4紙『日本経済新聞』『日経産業新聞』『日経金融新聞』『日経流通新聞』の記事に、ROEとキャッシュフローが登場した回数をカウントした）

　B/Sの基本的な利益指標であるROEでさえも、本格的に世間の目に触れるようなったのは1997年のことである。ちょうどわが国が金融危機を迎えて、山一證券が破綻したときである。そのような状況になって初めて、売上や経常利益といった伝統的なP/Lの指標だけでなく、B/Sの指標が認知されるようになったのだ。キャッシュフローに至っては、それに遅れること2年。1999年になってようやく注目を集めるようになったと言える。

　それでは、アメリカはどうだっただろうか。1981年から2001年までゼネラル・エレクトリック（GE）を率い、1999年にフォーチュン誌で「20世紀最高の経営者」に選ばれたジャック・ウェルチが1994年に来日したときに日経ビジネスのインタビューを受けている（『日経ビジネス』1994年2月21日号）。

　日経の記者から「経営における最も重要な指標は何か」と問われたウェルチは、たちどころに次の3つを挙げている。

　（1）顧客満足
　（2）従業員満足
　（3）キャッシュフロー

当時からアメリカのビジネスにおいてキャッシュフローが当然の指標だったわけである。残念ながら、日経の記者を含め当時の読者で「利益ではありませんよ。キャッシュフローなのですよ」というウェルチのメッセージを見抜いた人は完全に少数派だった。

注1：U.E.Reinhardt, "Break-Even Analysis for Lockheed's Tristar," *Journal of Finance*, Sept. 1973.

第3章　現在価値

POINT

現在から将来に向かって継続する事業の経済性を判断するには、現在価値（PV：Present Value）の考え方が必要になる。現在価値を使うことで、Going Concernであるビジネスの経済的価値を評価することができる。

CASE

飽くなき拡大均衡を目指す日之出製作所では、他社が投資をためらう経済情勢の中でも、長崎に新工場を建設するプロジェクトを進めていた。新工場建設に当たっては、建設費をできるだけ抑えるというのがトップの方針だった。

その中で争点となっているのが、工場内を走る配管の材質の選択であった。候補はスチールとステンレスで、機能的にはほとんど差はなかった。スペックは次の通りである。

材質	購入費用	耐用年数	メンテナンス費用
スチール	1億円	3年	2100万円／年
ステンレス	2億円	5年	900万円／年

スチールとステンレスにはそれぞれ一長一短があった。スチールは購入費用が安い点が長所である。しかし、錆に弱いので防錆などのメンテナンスに費用がかかる。また、耐用年数が短いところも短所である。ステンレスはその逆で、購入費用は高いものの、メンテナンス費用は安く、また、耐用年数も長い。エンジニアの文化が色濃い日之出では、このような現場的なテーマになると重役陣も燃えるのだった。

工場建設プロジェクト会議では、白井副社長と倉田副社長がそれぞれスチール派とステンレス派として対峙した。口火を切ったのは白井だった。

「購入費用から判断して配管にはスチールを採用すべきです。ステンレスの半分の値段で購入できます。また、パフォーマンスもステンレスに劣らない。私が千葉工場を造ったときはスチールでやったが、何ら問題はありませんでしたよ」

これに対して倉田が注文を付けた。
「スチールはメンテナンスの費用がかかるし、寿命も短い。だから、私はステンレスを採用すべきだと思う。白井さんはスチールで問題なかったと言われるが、白井さんの後任で千葉工場に赴任したのはこの私ですよ。あのときは配管のメンテナンスに苦労させられました。目先の出費で判断するのが適切とは思わない。長期的な観点で見なければ経営判断を誤ってしまいます」
　それに対して白井も譲らず、議論は続いた。
「ご承知の通り、工場の建設費を可能な限り抑えるというのがトップの指示です。だからスチールにするのは当然でしょう」
「それこそまさに安物買いの銭失いです。そういえば、これまでも白井さんは、初期投資を安くすることで投資の承認を得て、工場を建てた後は『メンテナンス費用を出さないと生産が止まるぞ』と、脅しをかけてカネを引き出してましたね」
「そういう倉田さんの手がけた北九州工場は、バブル時代を象徴する壮麗な工場としてテレビで取り上げられていましたな」

　このままではラチが明かないと、他の出席者が2人を止めに入った。大方の出席者の意見は、「経済性を評価して決めるべきだ」というものだった。しかし、どうやって経済性を評価すればよいかという段になると、決め手になる評価方法が出てこなかった。耐用年数が違うために比較ができないのであれば、1年当たりの費用を出せばよいのではないか、というところまで話は進んだが、そこで行き詰まってしまったのだった。

理論

1●現在価値の考え方

　事業の経済性を評価するための第2の視点が現在価値の考え方である。事業は継続するものなので、リターンのキャッシュフローも複数年にわたって生み出される。そこで時間軸の観点から事業の経済性を評価するのが現在価値である。

　まずは簡単なケースから始めよう。2つのプロジェクトがある。一つが早熟型で、もう一つが晩成型である。どちらもリターンは100万円。早熟型は直ちにリターンを得られるが、晩成型は5年後にようやくリターンを得る。どちらのプロジェクトを選ぶべきか。

(単位：万円)

	Yr 0	Yr 1	Yr 2	Yr 3	Yr 4	Yr 5
早熟型	100	0	0	0	0	0
晩成型	0	0	0	0	0	100

この場合は、だれもが早熟型のプロジェクトを選ぶはずだ。それは、100万円のキャッシュを今日手に入れれば、それを例えば銀行に預金することで、5年後には100万円以上にすることができるからだ。仮に預金金利を3%とすると、早熟型プロジェクトで得た100万円は銀行に預金することで、次のように増える。

(単位：万円)

	Yr 0	Yr 1	Yr 2	Yr 3	Yr 4	Yr 5
早熟型	100	0	0	0	0	0
銀行に預金		103	106	109	113	116
晩成型						100

100万円は銀行に預金することで5年後には116万円になる。これを複利の計算をする定義式に基づいて表現すると、次のようになる。

複利の定義式：$V_t = V_0(1+r)^t$

・V_t ＝ t年度の経済的価値
・V_0 ＝ 現在(0年度)の経済的価値
・r ＝ 金利

$$116 = 100(1+0.03)^5$$

このことから、将来のお金よりも今日のお金のほうが価値があることがわかる。これを、投資の時間的価値と呼んでいる。

銀行の預金に注目すると、100万円が5年後に116万円になるということは、5年後の116万円と、今日の100万円の経済的価値が同じであることを意味する。この関係を式で表すと次のようになる。

$$100 = \frac{116}{(1.03)^5}$$

複利の定義式を使って表現すると、次のようになる。

$$V_0 = \frac{V_t}{(1+r)^t}$$

このように将来の経済的価値である116を$(1.03)^5$で割って、現時点における経済的価値に換算することを、「割り引く」と表現する。そして、割り引くときに使った数値（ここでは3％）を割引率（Discount Rate、ディスカウントレート）と呼ぶ。

現在価値（PV：Present Value）の定義式はこれと同じ形で、次のようになっている。キャッシュフローを割り引くので、このアプローチはしばしばDCF（Discounted Cash Flow）と呼ばれている。

$$\text{現在価値の定義式：} PV = \sum_{n=0}^{N} \frac{CF_n}{(1+r_n)^n}$$

・CF_n ＝ n年度に受け取るキャッシュフロー
・r_n ＝ n年度における割引率

この定義式で注意する点は、まず割引率である。これまでの議論では、割引率として金利を使った。しかし、割引率＝金利、ということではない。事業の経済的価値を評価する場合は、割引率として資本コストを使わなければならない。資本コストとは、資本の機会費用のことである。つまり、ある投資機会に投資するということは他の投資機会を諦めることを意味する。その諦める代償として支払わなければならない費用のことである。資本コストについては第6章で説明するので、それまでは割引率を所与として議論を続けることにする。

次に年度の設定である。現在価値の計算においては、通常、現時点をゼロ年度（Yr 0）として、そこから1年後をYr1、2年後をYr2とする。説明をわかりやすくするために本書では、各年度のキャッシュフローはすべて期末に発生するものとして現在価値を計算する。

定義式を使って早熟型と晩成型のプロジェクトの現在価値を計算すると、次のようになる。晩成型プロジェクトの現在価値は86万円しかないことがわかる。

$$PV\text{（早熟型）} = \frac{100}{(1.03)^0} = \frac{100}{1} = 100$$

$$PV\text{（晩成型）} = \frac{100}{(1.03)^5} = \frac{100}{1.16} = 86$$

晩成型のプロジェクトの現在価値が86万円というのは、5年後に100万円を手に入れることは今日86万円を手に入れるのと同じ、ということを意味している。

2● 現在価値の計算例

●――― 複数のプロジェクトを比較する

それでは、複数のプロジェクトを現在価値の定義式を使って比較評価してみよう。**図表3-1**のA～Eのような5つのプロジェクトが提案されたとする。いずれも5年の累計で見ると、300万円を投資して合計で500万円のキャッシュフローを稼ぐという計画である。しかし、投資とリターンのタイミングが異なっているので、単年度をベースとする会計学の収益性指標ではどれが一番儲かるかを特定することは難しい。現在価値の考え方を使って、初めてプロジェクトの経済的価値の比較評価が可能になる。

図表3-1　複数のプロジェクトのCF計画

(単位：万円)

	Yr0	Yr1	Yr2	Yr3	Yr4	Yr5
A	-300	100	100	100	100	100
B	-300	150	150	100	50	50
C	-300	0	0	500	0	0
D	0	0	-300	200	150	150
E	100	-100	-200	0	0	400

プロジェクトAは、初年度に投資をして、翌年から一定額のCFのリターンを得る計画だ。BはリターンのタイミングがAよりも早い。Cは初期投資についてはAとBと同じだが、リターンが3年後に集中して発生する。Dは投資のタイミングを遅らせるが、リターンの回収は他のプロジェクトと同じ期間内に収めるという計画である。Eは投資とリターンのタイミングが変則的な計画である。

割引率が5%だとすると、現在価値は次のようになる。

$$PV(A) = -300 + \frac{100}{1.05} + \frac{100}{(1.05)^2} + \frac{100}{(1.05)^3} + \frac{100}{(1.05)^4} + \frac{100}{(1.05)^5} = 133$$

$$PV(B) = -300 + \frac{150}{1.05} + \frac{150}{(1.05)^2} + \frac{100}{(1.05)^3} + \frac{50}{(1.05)^4} + \frac{50}{(1.05)^5} = 146$$

$$PV(C) = -300 + \frac{0}{1.05} + \frac{0}{(1.05)^2} + \frac{500}{(1.05)^3} + \frac{0}{(1.05)^4} + \frac{0}{(1.05)^5} = 132$$

$$PV(D) = 0 + \frac{0}{1.05} + \frac{-300}{(1.05)^2} + \frac{200}{(1.05)^3} + \frac{150}{(1.05)^4} + \frac{150}{(1.05)^5} = 142$$

$$PV(E) = 100 + \frac{-100}{1.05} + \frac{-200}{(1.05)^2} + \frac{0}{(1.05)^3} + \frac{0}{(1.05)^4} + \frac{400}{(1.05)^5} = 137$$

計算結果から、プロジェクトBが146万円で、経済的価値が一番大きいことがわかる。PV（B）＝146万円という計算結果の意味は、今日300万円投資すれば直ちに446万円の現金が手に入り、差し引き146万円の儲けになるのと同じ、ということである。ただし、この結果は、プロジェクトBの経済的価値が常に一番高いということを意味してはいない。割引率が15％になると、現在価値は次のように変化する。

PV(A)=35
PV(B)=63
PV(C)=29
PV(D)=65
PV(E)=61

この場合は、プロジェクトDが最も経済的価値の高いプロジェクトとなる。割引率の上昇は投資の時間的価値に大きな影響を与える。5％の場合と比較すると、現在価値に大きな差異が生じていることがわかる。割引率が高くなるほど、投資をした後のリターンの回収が早いことが重要になってくる。そのため、相対的な回収スピードの速いプロジェクトDの経済的価値が高くなる。

● ──── スプレッドシートを使って現在価値を計算する

現在価値の定義式を理解するために、これまでは計算式を書いてきたが、実際は、エクセルなどのスプレッドシートを使って現在価値を計算する。そこで、エクセルを使った現在価値の計算のやり方と注意事項を説明しよう。

まず、エクセルで現在価値を計算するときは、関数としてPV（Present Value）ではなく、NPV（Net Present Value）を使うことに注意する。NPVについては第7章で説明するが、これまでに説明した現在価値の考え方と異なるものではない。

次に、NPV関数を使った計算のやり方だが、実務上ときどき間違いが見受けられるので、実際にやってみよう。

NPVの式は、エクセル上でNPV（割引率、値1、値2……）と表示される。これを使って**図表3-2**のスプレッドシートのA2のセルでキャッシュフローの現在価値を求める場合、正解は次のようになる。

図表3-2　エクセルによる現在価値の計算

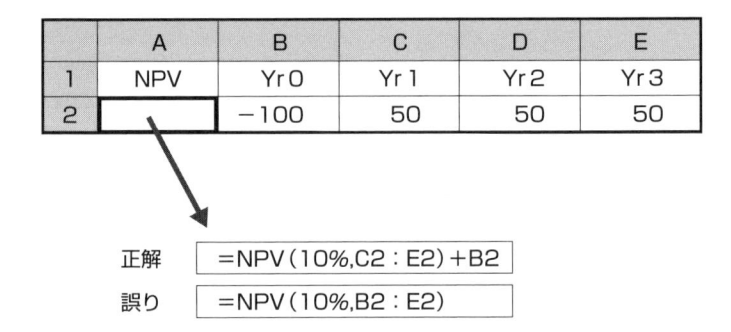

	A	B	C	D	E
1	NPV	Yr 0	Yr 1	Yr 2	Yr 3
2		－100	50	50	50

正解　=NPV（10%,C2：E2）+B2

誤り　=NPV（10%,B2：E2）

注意する点は、NPV関数のカッコ内の値にYr 0のキャッシュフローであるB2の値を含めないことである。エクセルのNPV関数はすべての値を$(1+r)^n$で割り引くようになっているので、Yr 0の値は別にして足さなければならない。実務の現場でやってしまう間違いは、Yr 0を含むすべてのキャッシュフローを範囲指定してしまうことである。この場合の正解は24だが、間違ったやり方で計算すると、22になる。

3●永続価値

図表3-1では期間を5年で設定した。しかし、実際のビジネスは、ゴーイングコンサーン（Going Concern）という言葉があるように、長期的に継続するものと期待される。そうすると期間のnも5年ではなくて、10年、20年と長期で考えなければならないはずだ。そこで、長期にわたってリターンが継続するケースとして、一定の金額のキャッシュフローが永久に続く場合の現在価値を考えてみよう。

例えば、毎年100万円のキャッシュフローが永続すると仮定すると、その現在価値はどうなるだろうか。

図表3-3のように、一定の値のキャッシュフローが永続する場合の現在価値のことを、永続価値と言う。

第3章 現在価値

図表3-3 一定のCFが永続するケース

(単位：万円)

	Yr1	Yr2	Yr3	Yr4	Yr5	Yr6	Yr7	……	∞
CF	100	100	100	100	100	100	100	……	100

永続価値の定義式は、次のような簡単な形で表される。

$$永続価値 = \frac{CF}{r}$$

割引率を5％とすると、100万円の永続価値は、100／0.05＝2000万円となる。定義式から永続価値を導くと奇異な感じがするかもしれないが、これは「2000万円を利子率5％で預金すると、毎年100万円の金利を永続的に手に入れることができる」という話を裏返して言っているのと同じことである。

数式を使って永続価値の定義式を証明すると、次のようになる。まず、永続価値は次のような現在価値として表される。

$$PV = \frac{CF}{(1+r)} + \frac{CF}{(1+r)^2} + \frac{CF}{(1+r)^3} + \frac{CF}{(1+r)^4} + \cdots + \frac{CF}{(1+r)^\infty} \quad (1)$$

(1)式の両辺に（1＋r）を掛ける。

$$(1+r)PV = CF + \frac{CF}{(1+r)} + \frac{CF}{(1+r)^2} + \frac{CF}{(1+r)^3} + \frac{CF}{(1+r)^4} + \cdots + \frac{CF}{(1+r)^\infty} \quad (2)$$

(2)式から(1)式を引いて、展開すると永続価値の定義式が得られる。

$$(1+r)PV - PV = CF$$
$$rPV = CF$$
$$PV = \frac{CF}{r}$$

永続価値の定義式を使うことで、プロジェクトの時間軸を無限大に伸ばすことが可能になる。キャッシュフローが一定にならない限り使えないではないか、と懸念する人がいるだろうが、キャッシュフローは最終的には一定になると考えられる。その背景には、

どんなプロジェクトであっても市場の競争原理が働いて、最終的には超過利潤が消滅して均衡状態に到達するという、ミクロ経済学の考え方がある。

永続価値の定義式の応用として、成長永続価値の定義式がある。これは一定のキャッシュフローが毎年一定のパーセンテージ（g）で成長する場合の、永続価値のことである。成長永続価値は次のように表すことができる。これについても下記の1行目の式の両辺に（1+r）／（1+g）を掛けることで、定義式を導くことができる。

$$PV = \frac{CF}{(1+r)} + \frac{CF(1+g)}{(1+r)^2} + \frac{CF(1+g)^2}{(1+r)^3} + \frac{CF(1+g)^3}{(1+r)^4} + \cdots$$

$$= \frac{CF}{(r-g)}$$

ところで、**図表3-3**のキャッシュフローは、東京都千代田区麹町のワンルームマンションの家賃収入の見通しを表したものだとしよう。つまり、年間の家賃収入は100万円で、立地がよいため今後ともこの家賃が期待できるとしているわけだ。このマンションの経済的価値を評価するとしたら、どうすればよいだろうか。

ファイナンスに暗い人は、麹町の不動産屋に行って相場を確認するしかないだろう。それに対して、ファイナンスに明るい人はわざわざ不動産屋に行かなくても、割引率を確認すればよい（割引率の設定方法については第6章で説明する）。仮に割引率が5％だとすると、永続価値の定義式を使ってこのマンションの価値を2000万円（＝100／5％）と査定できる。実際に不動産屋に問い合わせたら1200万円で売りに出ていたとしよう。そうすると、投資物件としては悪くない話だ、ということになる。

1980年代末のバブル時代とは、このような2000万円程度の価値（本源的価値）しかないマンションが、1億円にもなっていた時代である。それは、1億円を5％で回せば毎年500万円のリターンが手に入るのに、100万円の家賃収入で満足するということを意味する。もちろん、そのようなことが長く続くはずはない。バブルは必ずはじける運命にあるのだ。

後世の人間から見れば理解しがたいほど愚かに見えるバブルではあるが、バブルの渦中にいた人もそんなことは百も承知だったということは、認識しておく必要がある。当時は、「このマンションを4000万円で買った同僚が6000万円で売り抜けた、そうしたら、今度は6000万円で買った後輩が9000万円で売って大儲けした」という話が職場で起こるわけである。そのような状況で、「『本源的価値が2000万円しかないので買う意味がありません』と主張して職場でサバイバルできるか」という別の問題が発生

することになる。サンクコストへの対応が実務の世界で難しいのと同様に、バブルへの対応も現実的には容易ではないのである。

4● リースの経済性評価

現在価値の考え方を応用したものとして、リースの経済性評価がある。この章の冒頭で紹介した「スチール派vsステンレス派」のケースは、毎年一定の費用を支払うリースの考え方を使うことで評価をすることができる。

再度スペックを見てみよう。

材質	購入費用	耐用年数	メンテナンス費用
スチール	1億円	3年	2100万円／年
ステンレス	2億円	5年	900万円／年

2つの物事を評価する場合は、同じ条件で比較しなければならない。そういう観点から言うと、スチールとステンレスは俗に言う、"apples to oranges"の関係になっている。リンゴはリンゴと比較しなければならないのに、スチールとステンレスでは耐用年数が違うので、リンゴとオレンジの関係になっている。そこで条件を揃える必要がある。そのための考え方がリースである。つまり、スチールとステンレスの配管をリースしたと仮定して、それぞれのリースの年間費用で比較するのである。リースであるから耐用年数が終わっても、また同じリースを利用すればよいわけだから同じ条件で比較できることになる。

最初のステップとして、実際に発生する費用の現在価値を計算する。割引率は10%と仮定しよう。

(単位：百万円)

	Yr0	Yr1	Yr2	Yr3	Yr4	Yr5	PV
スチール	100	21	21	21	—	—	152
ステンレス	200	9	9	9	9	9	234

ステンレスのほうが費用の現在価値が大きくなるが、それは耐用年数が長い（＝支払う期間が長い）ので当然の結果である。リースの考え方は、スチールを現在価値が152（百万円）の3年リース、ステンレスを現在価値が234（百万円）の5年リースと考えるのである。リース費用の定義式を使えば、年間のリース費用を求めることができる。

リース費用の定義式は次のように表される。

費用の現在価値 ＝ リースの年間費用 × リースファクター

　この式は、発生する費用の現在価値は、毎年支払うリース費用にリースファクターを乗じることで求められる、ということを表している。今、費用の現在価値がわかっているので、リースファクターがわかればスチールとステンレスのリースの年間費用を計算することができる。リースファクターは次のように定義される。

$$\text{リースファクター} = \frac{1}{r} - \left\{ \frac{1}{r} \div (1+r)^t \right\}$$
　・r ＝ 割引率
　・t ＝ リース期間

　この定義式を見てもピンと来ないかもしれないが、永続価値の定義式を理解すればその意味が明らかになる。**図表３－４**に沿って説明しよう。リース期間がt年（例えば3年）の費用の現在価値であるC（例えば152百万円）は、1年度からt年度まで一定のキャッシュフローが継続するプロジェクトと見なすことができる。そして、それは1年度から∞年度までの永続価値であるプロジェクトAと、t＋1年度から∞年度までの永続価値であるプロジェクトBの差ということになる。つまり、**図表３－４**のように、C＝A－Bという関係が成り立つ。

図表３－４　リースファクター

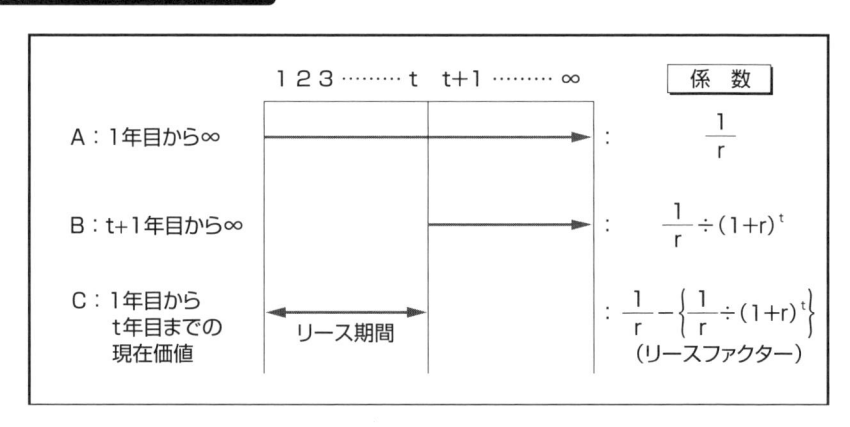

	1 2 3 ……… t　t+1 ……… ∞	係　数
A：1年目から∞	→→→→→→→→→→→→→→→→→	$\dfrac{1}{r}$
B：t+1年目から∞	→→→→→→→	$\dfrac{1}{r} \div (1+r)^t$
C：1年目から 　　t年目までの 　　現在価値	←リース期間→	$\dfrac{1}{r} - \left\{ \dfrac{1}{r} \div (1+r)^t \right\}$ （リースファクター）

　リースファクターという係数を求めるためにキャッシュフローの値を1と置くと、プロジェクトAの現在価値は、1／rとなる。プロジェクトBも、t年度における経済的価

値は、1/rであるが、それをYr0時点の現在価値にするためには、$(1+r)^t$で割り引けばよい。したがって、プロジェクトCのリースファクターは上記のようになる。

$$C = A - B$$
$$= \frac{1}{r} - \left\{\frac{1}{r} \div (1+r)^t\right\}$$

それでは、リースの考え方を使って、スチール派とステンレス派のどちらの言い分が正しいか検証してみよう。

スチールのリースファクター　＝　$1/0.1 - \{(1/0.1) \div (1+0.1)^3\}$
　　　　　　　　　　　　　　＝　2.49
ステンレスのリースファクター　＝　$1/0.1 - \{(1/0.1) \div (1+0.1)^5\}$
　　　　　　　　　　　　　　＝　3.79
スチールのリース費用　　　　　＝　費用の現在価値÷リースファクター
　　　　　　　　　　　　　　＝　152百万円÷2.49
　　　　　　　　　　　　　　＝　61百万円／年
ステンレスのリース費用　　　　＝　234百万円÷3.79
　　　　　　　　　　　　　　＝　62百万円／年

計算結果から、スチールのほうがややメリットがあるが、コスト負担という観点からはどちらを選んでも大差がないことがわかる。激論するには及ばないテーマだったということである。

コラム：意外に受け入れられていない現在価値の考え方

　事業は継続するものなので、事業の価値を現在価値の考え方で評価することは当然のように思われるだろう。また、現在価値の考え方を理解すれば、長期的な利益を犠牲にして短期的な利益を優先すべきか、それとも、短期的な利益には目をつぶって長期的な利益を優先すべきか、という議論も本質的には意味がないことがわかる。事業の運営は、現在価値が極大化されるように行えばよいからだ。

　ところが、世間では必ずしも現在価値の考え方が受け入れられているわけではない。例えば、次の引用文は同じ事業について、真っ向から対立するX氏とY氏の主

張を表す裁判記録である。

「筆頭株主のX氏が短期的な目先の利益の追求を目的とすることは容易に予想できるところであり、Y氏が目指すべき中長期的な企業運営の実現を困難ならしめ、企業価値に棄損が生じるおそれがある」

このX氏とY氏が誰かわかるだろうか。正解は、X氏がファンドのスティール・パートナーズで、Y氏がブルドックソースの経営陣である。これはブルドックソースによる買収防衛策の発動に反対したスティール・パートナーズが2007年に裁判所に提訴した際に、ブルドックソースの経営陣が裁判所に提出した言い分である。明らかにこの主張には、短期的な利益と中長期的な利益の間には深刻な対立があるとの認識がある。そこには、現在価値の極大化という視点が欠落している。

これを受けた東京高裁の審判は次のようになっている。

「(スティール・パートナーズは)専ら短中期的に対象会社の株式を転売することで売却益を獲得しようとし、最終的には対象会社自身の資産処分まで視野に入れてひたすら自らの利益を追求しようとする存在といわざるを得ない。

(中略)

被買収企業(ブルドックソース)は、このような買収行為によって、場合によって解体にまで追い込まれなければならない理由はない」

ここにも、短期的な利益を追求することで長期的な利益が犠牲になる、という認識が見て取れるはずだ。仮にブルドックソースに対して長期的な利益を犠牲にさせて、短期的な利益のみを追求するような事業運営をさせたとしよう。その場合、読者ならブルドックソースの株を買うだろうか。そのような将来性のない会社に魅力はないので、常識的には買わないはずだ。買わないということは、株が売れないということである。株を売ることで利益を稼ぐファンドが、そのような「オウンゴール」を目指す動機は見当たらない。

また、ブルドックソースの資産が処分されて会社の解体につながる、という見方にも無理がある。それは、金の卵を産むガチョウの話を考えればよいだろう。ガチョウ(=会社)に価値があるのは、金の卵(=キャッシュ)を産むからである。ガチョウを解体してしまったら、肝心の金の卵が手に入らなくなってしまう。イソップ物語に出てくる農夫と同じことを誰がするだろうか。さらに、資産の処分というのは、資産を売るということだが、それは資産を買う人がいるということである。資産を買った人が引き続きブルドックソースの事業運営を担当すればよいだけの話である。人々に愛されているブルドックソースの事業を解体するという動機を持つ人は、世の中に見当たらないはずだ。

以上の議論は、裁判の記録をファイナンス理論の観点から見たらどうなるかということである。当然のことながら、法令と判例に基づいて行われる裁判所の判断について論じているわけではない。

第4章 リスク

Point

　ビジネスにリスクは付き物だ。なぜならば、リスクに挑戦した報酬としてリターンが与えられるというのがビジネスの本質だからである。リスクに対する洞察なくして、ビジネスを理解することはできないと言えよう。

Case

　地球温暖化の影響なのか、今年の夏は不安定な天候が続く。特に首都圏では局地的な雷雨が頻発していた。そのような中で、排水設備に雷の直撃を受けた太陽ビールの横浜工場が、操業停止に追い込まれた。同工場との大型プロジェクトを追いかけていた、日之出製作所東京支店営業1課は対応に追われた。

　先方との打ち合わせの結果、操業再開のめどは立っていないこと、プロジェクトは延期だけでなく、中止の可能性もあることが明らかになった。

　当面の善後策を講じた後に、課長の樋口は行きつけの銀座のバーに行って、メンバーをねぎらうことにした。

「今日はみんなよく頑張ってくれた。人生いろいろ、仕事もいろいろ。気を取り直して、また頑張ろう」

　太陽ビールを手にした樋口は努めて陽気に言った。

　しかし、若手メンバーの意気は上がらなかった。

「あれだけみんなで頑張ってきたのに。ビジネスにリスクは付き物とは言っても、本当に口惜しい」

「俺たちはいい仕事をしたと誇りを持って言える。でも、これで予算の達成は無理だ。今年のボーナスはパーですよね」

　ここは若手同士で思いを吐き出させたほうがよいと思った樋口は、カウンターに移動することにした。そこには、平成インベストメントで食品セクターのファンドマネジャーをやっている下沢が、一人で飲んでいた。

下沢は高校時代のクラスメートで、太陽ビールに投資をしていることは樋口も知っていた。今回の事故は自分にとっても痛手だが、下沢が被る損失は自分とは桁が違うことは樋口にも容易に想像できた。先に声を掛けたのは下沢のほうだった。
「よう！　大変だったな。でも、しけた顔するなよ。幸運の女神は笑顔の奴にしか微笑まないって言うぜ」
　意外な慰めの言葉に戸惑った樋口だが、下沢が落ち込んでいないことは明らかだった。
「太陽ビールの株価は大きく下げただろう。お前こそ大丈夫なのか」
「ああ、下がったよ。でも心配無用だ」
「こうやってリスクに翻弄されて参っている俺と比べて、お前は本当に楽観的だなあ」
「そういうわけじゃないさ。すべてはお前がやけ酒を飲んでくれているお陰なんだよ」
　下沢は今回の事故を巡る顛末について、意外な話を始めたのだった。話を聞いた樋口はつくづく、リスクとは一筋縄ではいかないものだと思うのだった。
「なるほどね。ビジネスいろいろ、リスクもいろいろ、ということか」

理論

　事業の経済性を評価するための第3の視点が、リスクである。ビジネスにはリスクが付き物だ、ということは誰もが実感する。また、「虎穴に入らずんば虎子を得ず」とか、「ハイリスク＝ハイリターン」という言葉の意味も自ずと体得できるだろう。われわれが直感的に理解しているビジネスのリスクについて、定量的に把握することに成功したところに、ファイナンス理論の偉大なる貢献がある。

1 ● 誰がリスクを負担するか

　ファイナンス理論におけるリスクの定義は後ほど整理することにして、まずは、誰がリスクを負っているかということから議論しよう。
　ビジネスパーソンがリスクと言うとき、それは自分が従事するビジネスに発生するリスクを指している。自分が従事するビジネスをB/Sで表現すると、それは資産（A）ということになる。なぜならば、ビジネスとは資産を活用することで儲けを生み出すことだからだ。したがって、ビジネスのリスクとは資産のリスクと言える。リスクが資産に起因するということは、資産のタイプ（＝ビジネスのタイプ）によってリスクが異なるというわれわれの直感とも一致するはずだ。
　B/Sを使ってさらに議論を進めると、左側の資産を支えているのが右側の負債（D）と株主資本（E）である。この構図が意味するところは、資産のリスクは負債と株主資

本が支えているということである。つまり、誰がリスクを負担しているかということについては、DとEのオーナーである債権者と株主がビジネスのリスクを負担しているという構図になる。

図表4-1 ビジネスのリスクの負担構造

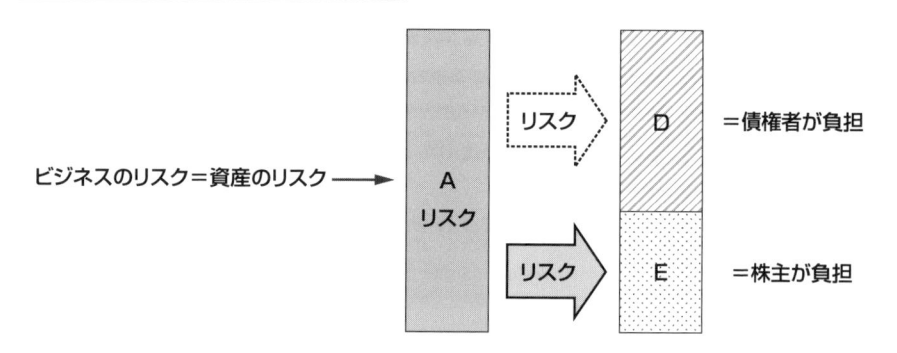

ビジネスのリスク＝資産のリスク → A リスク

リスク → D ＝債権者が負担

リスク → E ＝株主が負担

次に、リスクに対する債権者と株主の関係を整理しよう。そのために、簡単な例を使って議論を進める。

知人のAさんから、儲け話があるから100万円で一口乗らないかという話があった。儲けは500万になるはずだから、山分けにしようということだった。この話に乗るかどうかはあなたの自由だが、オプションがもう一つあるということは認識しておく必要がある。それは、100万円を貸すというオプションだ。例えば、金利は10％で、担保としてAさんのベンツを押さえる（ベンツの価値は110万円とする）という条件で100万円を貸すのである。これは債権者のオプションということになる。それに対して、儲けを山分けするというのは株主のオプションということになる。

儲け話の結果は、成功したら500万円の儲け、失敗した場合は一文無しになる、ということにしよう。この結果に対して、2つのオプションの顛末がどうなるかを見てみよう。

儲け話		あなたの手取り	
		株主のオプション	債権者のオプション
結果	成功	250万円	110万円
	失敗	0円	110万円

株主のオプションの場合は、成功すると500万円の儲けを山分けするので250万円が手に入るが、失敗したら手取りはゼロになる。一方、債権者のオプションの場合は、成功するとAさんの手元に500万円が入るので、そこから金利を付けて110万円が回収される。失敗した場合は、担保のベンツを差し押さえて110万円を回収することになる。つまり、成功しようが失敗しようが、債権者の手取りは変わらないことがわかる。これは、債権者はビジネスのリスクを負わないということを意味している。ビジネスのリスクは株主だけが負っているのである。
　これを企業のレベルで説明すると次のようになる。企業が儲かろうが儲かるまいが、債権者のリターン（＝金利）はあらかじめ固定している。一方、企業が儲かると株主のリターンは増えるが、儲からないと株主のリターンは減る。また、企業のリターンに対する請求権の違いもある。企業のリターンに対して優先的な請求権があるのが債権者である。そのため、まず債権者が自らのリターンである金利を確保する。株主が請求権を行使できるのは、債権者がすべてのリターンを確保し、さらに政府に税金を納めた後である。こうして、残余価値を得る株主が企業のリスクを負うことになるのである。

　株主がリスクを負うということから導かれる帰結は、リスクを定量化するための基礎データとして株式市場のデータが使えるということである。株価というのは投資家による会社の評価である。会社の評価とは、会社の資産の評価であり、資産の評価とはビジネスの評価である。つまり、株価はビジネスのリスクとリターンを投資家が評価した結果なのである。
　例えば、東京電力の株価は投資家が電力事業のリスクとリターンを評価した結果として形成されている、と言ってもよいだろう。投資家が電力事業のリスクを評価し、リスクに見合った期待リターンを設定し、現在の株価で東京電力の株式を買った場合に、期待リターンが実現しそうだと判断したから株式を買うわけだ。
　もちろん株式市場のデータがリスクを評価する唯一絶対の手段というわけではない。世界中から専門家を洞爺湖に集めて電力事業のリスクを評価するサミットを開催することは可能であろう。しかし、専門家のスケジュールを調整するのも大変だし、費用も相当かかる。それに対して、株式市場では多様な意見を持った多数の投資家が命の次に大事な身銭を切って電力事業のリスクとリターンを毎日評価しているのである。
　ときとして誤った評価も出てくるが、市場とは壮大なる試行錯誤のプロセスである。誤った評価は妥当な評価によって修正されるという力が常に働く。このような市場メカニズムによって、最も妥当なリスクの評価が極めて安価に得られる。このためファイナンス理論では株式市場のデータを使うのである。

2● リスクの定義

　リスクという言葉は職場でもよく使われるが、ここで改めてその定義をしよう。実は、ファイナンス理論が言うリスクという意味は、日常用語として使われているリスクとは異なっている。簡単な事例を使って説明しよう。
　次の3つのケースについて、リスクが高いのはどれだろうか。なお、ここに記されている情報はすべて本当だとする。

〔ケース1〕
　A社が花粉症の特効薬の開発に成功し、明日発表するという情報を合法的に入手した。この情報は確実で、かつ、私だけが知っている（その理由は詮索しないこと）。A社の現在の株価は1000円である。

〔ケース2〕
　B社の主力製品であるサプリメントに対して、明日政府が規制を加えることを発表するという情報を合法的に入手した。この情報は確実で、かつ、私だけが知っている。B社の現在の株価は1000円である。

〔ケース3〕
　C社は業績好調で、その先進的な事業展開は専門家からも高く評価されている。証券アナリストは、C社の株価が国際優良株の代表銘柄とされている割には、他の国際優良株に比べて割安であると見ている。C社の現在の株価は1000円である。

　「リスクは、ケース2が高くて、ケース1は低い。ケース3もリスクは低いが、ケース1ほどではない」——このような印象を持つ人が多いのではないだろうか。ところが、ファイナンス理論はそのようには考えない。ファイナンスは、ケース1と2のリスクが極めて低く（ほとんどリスクはない）、ケース3はリスキーだと考える。ケース1とケース2のリスクが低い理由は、次のアクションを取ることで、どちらの場合もほぼ確実に儲けることができるからだ。

	アクション	明日の結果
ケース1	A社の株を買う	A社の株価は上がり、確実に儲かる
ケース2	B社の株を空売り[注1]する	B社の株価は下がり、確実に儲かる

　このようにファイナンスの世界では、値段が下がること自体はリスクではない。値下

がりが確実に予見できるのであれば、それに対する打ち手があるからだ。ここからファイナンス理論におけるリスクの意味合いが見えてくる。ファイナンスでは、リスクとは予見できない「不確実性」のことを指す。そのため、不確実性の低いケース1と2のリスクは低いとされるのに対して、会社の評価はピカイチであっても、ケース3はリスキーと見なされる。なぜなら、ロングであれショートであれ、C社の株に投資をしても、儲けることができるかどうかはわからないからだ。

以上の議論を踏まえて整理すると、ファイナンスでは期待リターンが100%確実に実現することをリスクがないと言う。そして、期待リターンが実現するかどうかわからないことをリスクがあると言う。期待リターン実現の不確実性がリスクであり、不確実性が高いほどリスクが高いということになる。そこから、リスクとは「期待リターンを中心とした、実際のリターンの分布」という定義を導くことができる。

リスクを負担する株主が直面するリスクについて、国債への投資との比較で見てみよう。国債の期待利回りは1%で、株式に対する期待リターンは5%とする。期間を1年として、1年後に投資家が手に入れるリターンの結果をチャートで表すと、**図表4-2**の左のようになるだろう。

図表4-2　国債と株式のリスクとリターン

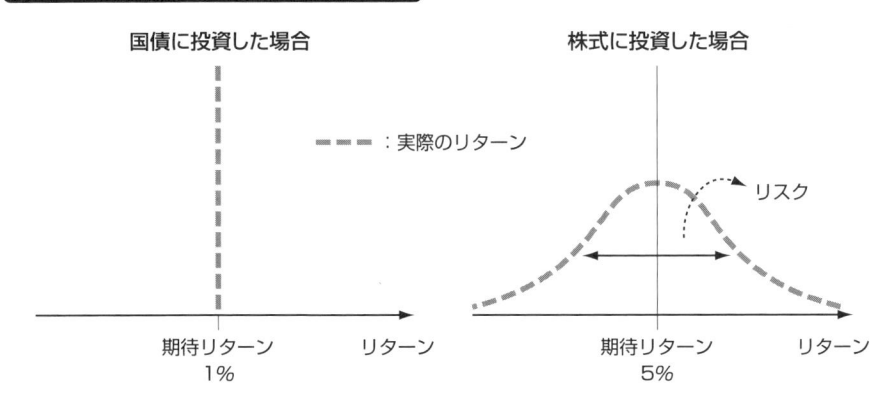

国債の場合は、1年後に実現するリターンは1%で間違いないだろう。したがって、期待リターンと実際のリターンは一致する。つまり、リスクはない。それに対して、株式の場合は、5%のリターンを期待しても、1年後に実現するリターンが実際にどうなるかはわからない。10%になるかもしれないし、▲20%になるかもしれない。

実際のリターンをチャートで表すと、**図表4-2**の右のように5%を中心としてばら

ついている。これが、リスクがあるということである。株式のリターンのばらつきについては、内外に膨大なデータの蓄積がある。それに基づいて分析をすると、株式のリターンのばらつきは正規分布に近い分布を示すことが確認されている。したがって、分散や標準偏差といった統計学の概念を使うことで定量的にリスクを表現することが可能になる。その計算方法については、本章末の補論と第5章で説明しよう。

リスクを不確実性と定義すると、今度は逆に、われわれが職場で使っているリスクという言葉が何を意味するかが気になるだろう。それは、「悪い知らせ（Bad News）」を指していることが一般的である。ファイナンス的に言うと、悪い知らせについては、B社株の空売りのようにリスクをコントロールできる場合もあるし、世界不況のようにコントロールしにくい場合もある、ということになる。ちなみに、会計学でリスクというと、この悪い知らせを指していることが多い。

● リスクの分類

ビジネスのリスクを定量的に把握するためには、リスクに対してさらに深い洞察が必要である。そこにおいて重要なポイントは、リスクには、コントロール可能なリスクと、コントロールできないリスクがあるということである。そして、リスクにはこの2つのタイプが存在するので、両者を区別して事業のリスクとリターンを考える必要がある。冒頭のケースを基にして説明しよう。

「太陽ビールとドラゴン麦酒はビール業界の2強である。今夏の不安定な気候による雷雨の影響を受けて、太陽ビールの横浜工場は操業停止を余儀なくされてしまった。今のところ再開のめどもまだ立っていない状況である。これによって太陽ビールの業績は、大きな打撃を受けることが予想されている」

冒頭のケースに基づいて描かれている太陽ビールのリスクは、どちらのタイプのリスクだろうか。これについて検討する場合も、リスクは株主が負担するものなので、太陽ビールの社員の視点ではなく、株主（＝投資家）の視点に立って考えるという基本を忘れてはならない。そうすると、この事態はコントロール可能なリスクであると判断できる。なぜならば、投資家はこのリスクを回避できるからである。

それでは、そのやり方を順を追って見て行こう。まず、太陽ビールは供給がショートするので、業績は悪化する。その結果、株価も下落するはずだ。太陽ビールの株を買った投資家には打撃である。しかし、話はそこで終わらない。ビール市場に目を転じると、太陽ビールの供給量が災害のため少なくなるからといって、われわれが飲むビールの消費量は変わらない。ビールを飲みたい人はビールを飲むものだ。そこで何が起こるか。好むと好まざるとにかかわらず、われわれはドラゴン麦酒を以前よりも飲むようになる。

その結果、今度はドラゴン麦酒の業績が好転し、ドラゴン麦酒の株価が上昇することが予想される。そうすると、太陽ビールの株だけでなく、あらかじめドラゴン麦酒の株も持っておけば、落雷によって太陽ビールの株価が下がっても、ドラゴン麦酒の株価の上昇でカバーできることになる。つまり、投資家にとって太陽ビールのリスクはコントロールできるということである。

このように、ある企業の予想外の逆境は、他の企業の予想外の幸運によって相殺されることがある。相殺することでコントロールできるリスクを、ユニークリスク(アンシステマティックリスク)と言う。それに対して、コントロールできないリスクを、システマティックリスクと言う。例えば、太陽ビールへの落雷というリスク(=ユニークリスク)はドラゴン麦酒の株を買っておくことで回避できるが、税金のアップというようなリスクに対しては、ドラゴン麦酒の株を持っていても回避できない。このようなリスクをシステマティックリスクというのである。ユニークリスクとシステマティックリスクの例をいくつか挙げると、次のようになる。

- ●ユニークリスク
  - ・品質不良による出荷停止
  - ・事故による工場の操業停止
  - ・開発のキーパーソンの突然の退社
  - ・海外企業の新規参入
  - ・代替品の登場
- ●システマティックリスク
  - ・原油価格の高騰
  - ・財政再建のための消費税の引き上げ
  - ・日銀による金融引き締め

このケースにおいては、太陽ビールとドラゴン麦酒の両社の株式を保有することが、リスクをコントロールできる源泉だが、そのような株式の組み合わせのことを、ポートフォリオと呼んでいる。したがって、ユニークリスクはポートフォリオによって回避できるということになる。ここから次のことが言える。

まず、投資家はどれだけユニークリスクを負ったとしても、それに対する見返りの報酬はない、ということである。なぜならば、ユニークリスクはポートフォリオで回避できるからである。そのため、投資家が負わなければならないリスクは、システマティッ

クリスクだけということになる。したがって、事業の経済性を評価するときに考慮しなければならないリスクとは、システマティックリスクのことを指す。

3● リスクとポートフォリオ

それでは、ポートフォリオによってリスクをコントロールするメカニズムを説明しよう。典型的な事例がサンオイルと傘の商売の組み合わせである。天気によってサンオイルと傘のリターンは異なる。晴れればサンオイルは儲かるが、傘は損をする。雨の日は逆である。天気によるそれぞれの商売のリターンは次のようになっている。

天候	リターン	
	サンオイル	傘
晴れ	30%	▲10%
曇り	10%	10%
雨	▲10%	30%

手元にある資金をサンオイルと傘の商売に50%ずつを投資すると、このポートフォリオのリターンは次のようになる。

天候	リターン
晴れ	0.5× 30%+0.5×▲10% = 10%
曇り	0.5× 10%+0.5× 10% = 10%
雨	0.5×▲10%+0.5× 30% = 10%

このようなポートフォリオを組むと、天候がどうなっても10%のリターンを確実に得ることになる。つまり、ポートフォリオによってリターンの不確実性を排除することができる。この場合は、サンオイルと傘のリターンが正反対の動きをするので、リスクを完全にコントロールすることができる。

実際のビジネスでは、そのような完璧な組み合わせはない。また逆に、リターンが完全に同じ動きをするという組み合わせもない。株式はお互いにある程度まで連動し、ある程度まで独立した動きをするというのが市場の実態である。このため、株式のポートフォリオにおいてリスクを完全に排除することはできない。つまり、ある株式の価値の下落は他の株式の価値の上昇によって打ち消されるが、完全に打ち消されることはない、

ということである。そのため、A社株が下落した場合、B社株が上昇してそれを打ち消すこともあれば、打ち消さないこともある。

そうすると、リターンの不確実性を下げるための手段は、株価の変動を打ち消してくれる可能性のあるさまざまなタイプの株式を集めるしかない。つまり、ポートフォリオに組み込む株式の数を増やしていくことで、ユニークリスクの減少が期待できる。最終的に株式市場に存在する株式をすべて組み込んだ段階で、ユニークリスクは排除されるが、それでも排除できないリスクが残る。これがシステマティックリスクである。株式市場の株式をすべて組み込んだポートフォリオをマーケットポートフォリオと言う。具体的に言うと、日経平均*注2、TOPIX、ダウ平均などが該当する。そのため、システマティックリスクのことをマーケットリスク（市場リスク）とも言う。

ポートフォリオにおける株式の数とリスクの関係は、**図表4－3**のように表される。システマティックリスクの定量的な算出方法については、次の第5章で説明しよう。

図表4－3　リスクとポートフォリオ

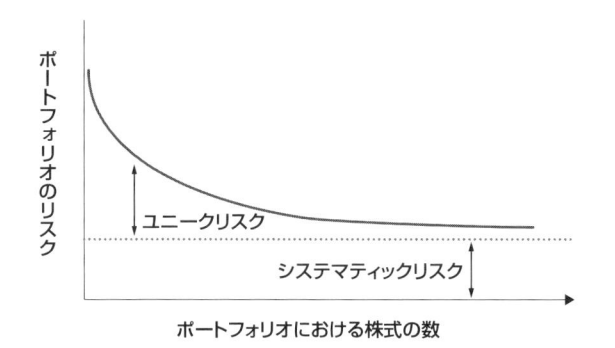

補論●第5章のための統計学の基礎知識

次章ではリスクを表す係数であるβ（ベータ）について説明する。「βを知らずしてファイナンスを語るなかれ」と言ってよいほど、βはファイナンス理論の根本概念である。実務においては調査会社の算定したβを使うのが普通なので、自分でβを計算する必要はない。しかし、ファイナンス理論の醍醐味を味わうためには、βの算出方法を理解しておくことが望ましい。βの算定においては若干の統計学の知識が必要となるので、ここで簡単に説明しておこう。

次のデータは英語と数学のテストの結果である。

	A君	B君	C君	D君	E君	F君	G君
英語	80	81	76	86	77	72	74
数学	89	75	69	97	91	65	81

❶平均値

テストの結果について、自分の成績がいいのか悪いのかを知りたい。そこで計算するのが平均値である。平均値は全体の中間的な点数を表すので、自分の点数が平均値より高ければ結果はよかったと言えるわけだ。平均値は次のように求める。

- 英語の点数の平均値
 $(80+81+76+86+77+72+74) \div 7 = 78$

- 数学の点数の平均値
 $(89+75+69+97+91+65+81) \div 7 = 81$

❷分散

英語と数学の点数を見ると、数学の点数のほうがばらついていることがわかる。チャートにするとわかりやすい。

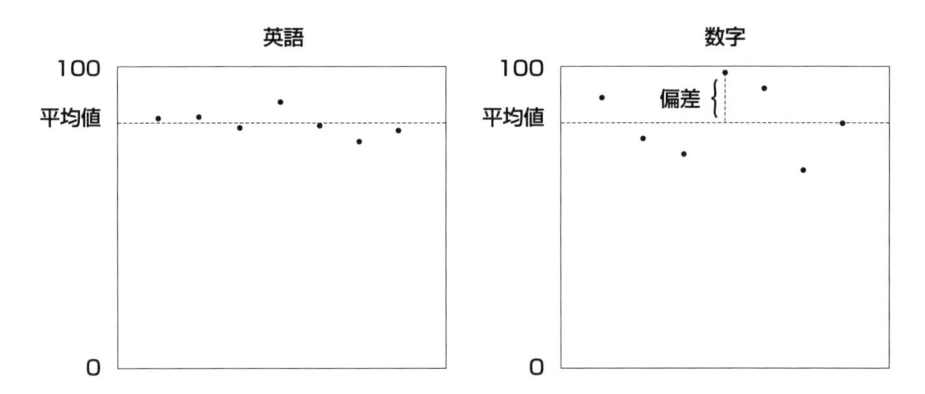

データのばらつきを定量的に表現するのが分散である。

分散は、点数が平均値からどれだけ離れているかに注目することでばらつきを把握するものだ。そのために、まず各点数と平均値の差額を求める。これを偏差と呼ぶ。

英語の成績の偏差は次のようになる。

	A君	B君	C君	D君	E君	F君	G君
点数	80	81	76	86	77	72	74
平均値	78	78	78	78	78	78	78
偏差	2	3	−2	8	−1	−6	−4

ばらつきというのは、平均値からどれだけ乖離しているかということである。したがって、プラスに乖離しているか、マイナスに乖離しているかは関係ない。そこで、正と負の影響を排除するために偏差を2乗する。そして、偏差を2乗したものの平均値が分散になる。

	A君	B君	C君	D君	E君	F君	G君
偏差	2	3	−2	8	−1	−6	−4
偏差の2乗	4	9	4	64	1	36	16

●英語の点数の分散=(4+9+4+64+1+36+16)÷7=19

同様に、数学の点数の分散は次のようになる。

	A君	B君	C君	D君	E君	F君	G君
点数	89	75	69	97	91	65	81
平均値	81	81	81	81	81	81	81
偏差	8	−6	−12	16	10	−16	0
偏差の2乗	64	36	144	256	100	256	0

●数学の点数の分散=(64+36+144+256+100+256+0)÷7=122

点数のばらつきの大きい数学の分散は122となり、英語の分散の19よりも大きくなることが確認できる。これが統計学によるデータのばらつきの定量的表現方法である。

❸標準偏差

分散の平方根（$\sqrt{\ }$）が標準偏差である。英語の点数と数学の点数の標準偏差は次のようになる。標準偏差も分散と同様にデータのばらつきを表す。

- 英語の点数の標準偏差 ＝ $\sqrt{19}$ ＝ 4.4
- 数学の点数の標準偏差 ＝ $\sqrt{122}$ ＝ 11.1

❹共分散

　テストの点を見ると、もう一つ気づくことがあるだろう。それは英語の成績がよい生徒は、数学の成績もよい傾向にあるということである。これを表すのが共分散である。共分散は、英語の点数の偏差と数学の偏差の積の平均値で表される。

	A君	B君	C君	D君	E君	F君	G君
英語の偏差	2	3	−2	8	−1	−6	−4
数学の偏差	8	−6	−12	16	10	−16	0
偏差の積	16	−18	24	128	−10	96	0

- 英語と数学の共分散 ＝ （16−18＋24＋128−10＋96＋0）÷7 ＝ 34

　英語の偏差がプラスということは、平均点よりもよいということである。逆に、マイナスの値であるということは、平均点よりも悪いということである。偏差の積がプラスであるということは、英語と数学の両方の偏差がプラスか、マイナスかということになる。つまり、英語の点がよいと数学の点がよい、英語の点が悪いと数学の点も悪いということである。

　このため、偏差の積の平均値である共分散がプラスということは、英語と数学の点数は連動しているということを表している。逆に、共分散がマイナスであれば、英語の点数が高いと数学の点数が低いという傾向が見られることになる。

❺相関係数

　共分散はデータの絶対値の影響を受けるので、両者がどの程度連動しているかがわかりにくい。そこで、絶対値の影響を排除して、連動性の程度を表すのが相関係数である。相関係数は次のように定義される。

- 英語と数学の点数の相関係数 ＝ 共分散 ÷ （英語の標準偏差×数学の標準偏差）
  　　　　　　　　　　　　　 ＝ 34 ÷ （4.4×11.1）
  　　　　　　　　　　　　　 ＝ 0.7

相関係数は－1から1までの値をとり、絶対値で1に近いほどデータ間の連動性が高いということになる。

❻期待値

以上の説明に期待値を付け加えれば、統計学の基礎知識としては十分であろう。期待値は平均値と同じようなもので、そこに確率の考え方を反映したものである。例えば、壺の中に青が60個、赤が30個、緑が10個、合計100個の球が入っている。青球を引くと0円、赤球を引くと100円、緑球を引くと500円の懸賞が当たる。この出目の期待値は、次のようになる。

- 期待値＝(60÷100)×0＋(30÷100)×100円＋(10÷100)×500円＝80円

参加料が100円だとすると、このくじ引きの期待値は、▲100＋80＝▲20円となる。このゲームで500円を手に入れる人がいるのも事実であるが、期待値がマイナスなので参加すべきではない、というのがファイナンスの考え方である。

―――― 用語集

最後に用語をまとめておく。
実際に計算を展開するときに漢字で表現するとわかりにくいので、次のような略語を使う。

- 期待値
  - 変数rの期待値はE(r)と表す
  - EはExpected Valueの略
- 分散
  - 分散はVARあるいはσ^2と表す
  - VARはvarianceの略
  - σ^2は、標準偏差をσと表すので、σの2乗が分散
- 標準偏差
  - 標準偏差はσと表し、シグマと言う
- 共分散
  - 共分散はCovと表す
  - Covはcovarianceの略

- 相関係数
  ・相関係数は ρ （ロー）と表す

注1：投資家が証券会社を通して他の投資家から期限付きである株式を借り、直ちにその株式を市場価格（例えば1000円）で売る。期限が来たら市場でその株式を市場価格（例えば800円）で買い、貸主に返す。その期間中に株価が下がれば、値下がり分(200円)が利益となる。空売りをShort Positionと言うのに対して、株式を買うことをLong Positionと言う。

注2：東証1部に上場する株式の225銘柄で構成される日本を代表する株式指数。225銘柄の選定を日本経済新聞社が行っているので、日経平均と呼ばれる。

第4章 リスク

第5章　リスクとリターン

POINT

ハイリスク＝ハイリターンという言葉に表されるように、リスクとリターンが連動していることをわれわれは直感的にわかっている。リスクを定量的に把握することで、それに対応したリターンが定量的に決まる。

CASE

　近畿商事は総合商社の一角として、ミサイルからラーメンまで幅広く事業を展開していた。商社というビジネスの性格上、商売を獲得したり、商権を維持するために取引先の株式を取得することも多かった。また、取引先から安定株主として株式の引き受けを依頼されることもあった。株式の取得は財務部が担当したが、営業にあらずんば人にあらず、という風土の近畿商事では、財務部は営業の指示通りに動くだけだった。営業の伝統的な論理は、株式を取得したらこれだけの商売ができる、という単純なものだった。
　このような状況に対して疑問を持つ者がいた。それが財務部の若手参謀として頭角を現してきた壱岐だった。壱岐の目には、近畿商事が巨額の株式を保有する投資家になっているように見えた。
　投資家であれば、保有する株式からリターンを期待するのは当然のことと思われた。商売の口銭で稼いでも、保有する株式の価値が下がっては元も子もないことになる。
　バブル崩壊後、近畿商事の保有する株式は毎年1000億円以上のペースで評価額が下がっていた。輸入住宅事業への新規参入を図って失敗し、解任された安田副社長の空けた穴は100億円だったはずだ。100億円の損失で解任されるのに、数千億円の株式の評価損を出していることに対して誰も責任をとらなくてよいのか。
　このようなことに気が付いた壱岐の問題意識はどんどん広がっていくのだった。
　投資家として利益を追求するとしたら、保有する株式についてどれだけのリターンを期待すべきなのか。期待すべきリターンの大きさは株式によってどのように考えるべきなのか、期待通りのリターンを実現できない企業に対して株主としてどのような行動をとるべきなのか。

このような思いを巡らせた壱岐は、日之出製作所のことを考えてみた。近畿商事は大株主として日之出の株からどれだけのリターンを期待すべきなのか。日之出はリスクの高いハイテクを事業領域とするようになっている。したがって、成熟した事業を営む太陽ビールよりも高いリターンがないと割に合わないはずだ。

しかし、漠然と「リターンをもっと上げろ」と言うだけでは日之出の経営陣に対する意味のあるメッセージにはならないはずだ。具体的に何%のリターンを要求すべきなのか。その根拠はどうやって求めればよいのだろうか。壱岐はこれまでの近畿商事のあまりの無防備さに心が凍る思いだった。

理論

ポートフォリオによってリスクを低下できることはわかったので、それを定量的に把握してみよう。リスクを定量的に把握することで、事業のリスクに見合ったリターンの水準を特定することができる。

1●ポートフォリオによるリスクのコントロール

まず、ローリスク=ローリターン、ハイリスク=ハイリターン、とわれわれが直感的にわかっているビジネスの実態を簡単なケースで確認してみよう。

投資金額が100億円のプロジェクトの候補が2つある。成長商品を扱うプロジェクトHは、毎年30億円のリターンが期待できる。成熟商品を扱うプロジェクトLは、毎年10億円のリターンが期待できる。キャッシュフローの目論見は次のようになる。

	Yr 0	Yr 1	Yr 2	Yr 3	Yr 4	Yr 5		Yr n	利回り
プロジェクトH	-100	30	30	30	30	30	……	30	30%
プロジェクトL	-100	10	10	10	10	10	……	10	10%

これを見て、プロジェクトHのほうが儲かるのでHを選択しよう、と素朴な判断を下す人も少なくないかもしれない。プロジェクトが目論見通りに行くなら、確かにHを選択すべきである。しかし、プロジェクトが目論見通りに行く保証などビジネスの現場ではありえない。プロジェクトHは確かに魅力的だが、それだけ不確実性も高い、つまりハイリスク=ハイリターンということである。逆に、プロジェクトLは儲けは少ないが、それだけ確実性が高い、つまりローリスク=ローリターンということである。

これをチャートで表現すると、**図表5-1**（次ページ）のようになるはずだ。

図表5-1　プロジェクトのリスクとリターン：ハイリスク型とローリスク型

実現する確率

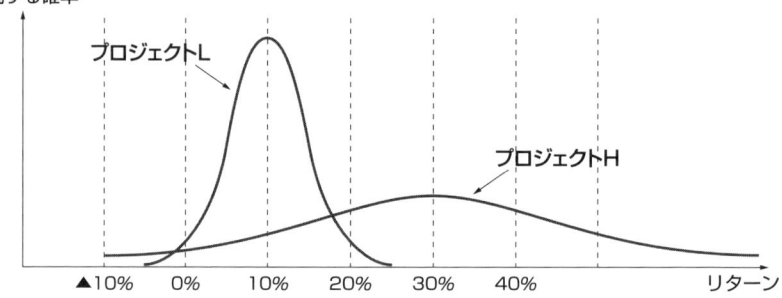

プロジェクトL

プロジェクトH

▲10%　0%　10%　20%　30%　40%　リターン

　利回りの30％と10％という数字は、リターンの平均値にすぎない。プロジェクトを実行して、実際に実現するリターンはそれを中心として**図表5-1**のようにばらついているはずだ。

　プロジェクトLは、10％の期待リターンに対してほぼ予定通りの仕上がりとなり、赤字になる可能性は少ない。それに対して、プロジェクトHはうまく行けば大化けするが、うまく行かない危険性もあり、その場合は、大赤字になる。

　このチャートから、投資におけるリスクとはリターンの期待値のばらつきと表現できることがわかる。ばらつきは統計学の概念である分散、あるいは分散の平方根である標準偏差で表すことができる（第4章「補論」参照）。リターンの標準偏差が大きいほどリスクが高いということになる。

　合理的な投資家はリスクを最小化してリターンを最大化しようとする。そのために投資家はさまざまな資産を組み合わせる。これを「ポートフォリオを組む」と言う。投資家がポートフォリオを組むことは、「すべての卵を一つの籠に入れてはいけない」という格言があるように、ファイナンス理論よりもはるか昔から知られている。ポートフォリオ理論によって、この直感を定量的に表現できるようになる。実際に数字を使って、ポートフォリオのリスクとリターンを評価してみよう。

●──　**リターンの期待値とリスクを測る**

　ワイン事業の株式とビール事業の株式を組み合わせて、ポートフォリオを作ってみよう。まず、ワイン事業の株式について考えてみる。

　ワイン事業もビール事業も天候の影響を受ける。天候を晴天と曇りと雨に分けると、

それによってパフォーマンスが変わる。過去のワイン事業とビール事業の株式のリターンを調べたところ、次のような結果を得た。消費者の嗜好に大きな変化はないとすれば、このデータは将来のシナリオとしても有効であると考えてよいだろう。

天候	確率	ワイン株のリターン	ビール株のリターン
晴れ	50%	4%	20%
曇り	30%	12%	10%
雨	20%	7%	▲5%

❶リターンの期待値

このように天候に応じてさまざまなリターンの可能性が考えられる場合に期待されるリターンは、その期待値となる。リターンの期待値は、それぞれの天候におけるリターンを、それが発生する確率で加重平均したものである。ワイン株の期待値は次のようになる。

$$E(ワイン) = 0.5 \times 4\% + 0.3 \times 12\% + 0.2 \times 7\%$$
$$= 7\%$$

❷リターンのばらつき（リスクの定量化）

ワイン株のリスクは、リターンの分散、あるいは標準偏差で表現する。分散（σ^2）は、天候に応じたリターンとリターンの期待値との差（偏差）を2乗して、それを加重平均したものである。標準偏差（σ）は、分散の平方根である。計算すると、次のようになる。

	確率	リターン	リターンの期待値	偏差	分散
晴れ	50%	4%	7%	▲3	9
曇り	30%	12%	7%	5	25
雨	20%	7%	7%	0	0

$$分散(\sigma^2) = 0.5 \times 9 + 0.3 \times 25 + 0.2 \times 0$$
$$= 12$$
$$標準偏差(\sigma) = \sqrt{12}$$
$$= 3.46$$

リターンのばらつきが大きくなればなるほど分散と標準偏差の数値は大きくなり、リスクが大きいことを表す。

ビール株についても同様に計算して、ワイン株と比較すると次のようになる。ビール株のほうが期待リターンは高いが、標準偏差も大きい。つまり、ビール株のほうがワイン株よりもハイリスク＝ハイリターンということになる。

天候	確率	ワイン株		ビール株
晴れ	50%	4%		20%
曇り	30%	12%		10%
雨	20%	7%		▲5%
期待値		7%	<	12%
分散(σ^2)		12	<	91
標準偏差(σ)		3.46	<	9.54

● ── ポートフォリオのリスクとリターン

　それでは、ワイン株とビール株を組み合わせたポートフォリオについて考えてみよう。ワイン株に比べてビール株はハイリスク＝ハイリターンなので、ワイン株にビール株を加えたポートフォリオを考えた場合、リターンの期待値は上昇するが、リスクも上昇すると予想できる。

　一方で、ワイン株のパフォーマンスが悪くなる晴れのときにビール株のパフォーマンスはよいので、ワイン株とビール株はお互いの弱点を補い合うということも直感的に考えられる。そこで、ポートフォリオのリスクとリターンを計算してみよう。ここでは、ワイン株が60％、ビール株が40％という株式構成のポートフォリオを考える。

　計算のやり方は、ワイン株の場合と同じである。ワイン株が60％でビール株が40％で構成されるポートフォリオを一つの株式と見なして計算する。

天候	確率	株式のリターン		ポートフォリオのリターン
		ワイン株	ビール株	
晴れ	50%	4%	20%	0.6× 4%＋0.4×20%＝10.4%
曇り	30%	12%	10%	0.6×12%＋0.4×10%＝11.2%
雨	20%	7%	▲5%	0.6× 7%＋0.4×▲5%＝ 2.2%

　ポートフォリオのリターンの期待値は次のようになる。

$$E(\text{ポートフォリオ}) = 0.5 \times 10.4\% + 0.3 \times 11.2\% + 0.2 \times 2.2\%$$
$$= 9\%$$

次に、ポートフォリオのリスクを計算する。計算方法はワイン株のリスクを計算したときと同じである。

天候	確率	リターン	リターンの期待値	偏差	偏差の2乗
晴れ	50%	10.4%	9%	1.4	1.96
曇り	30%	11.2%	9%	2.2	4.84
雨	20%	2.2%	9%	▲6.8	46.24

$$\text{分散}(\sigma^2) = 0.5 \times 1.96 + 0.3 \times 4.84 + 0.2 \times 46.24$$
$$= 11.68$$
$$\text{標準偏差}(\sigma) = \sqrt{11.68}$$
$$= 3.42$$

個別の株式とポートフォリオのパフォーマンスを比較すると、次のようになる。

	リターン（期待値）	リスク（標準偏差）
ワイン株	7%	3.46
ビール株	12%	9.54
ポートフォリオ	9%	3.42

ワイン株にリスキーなビール株を組み込むことで、予想通りポートフォリオの期待リターンは上昇しているが、注目すべきは、リスクを表す標準偏差が低下している点である。これは、ワイン株とビール株はお互いの弱点を補い合うのではないかという直感が正しいことを、定量的に証明している。ワイン株とビール株の標準偏差を単純に加重平均すると5.89（＝0.6×3.46＋0.4×9.54）になるが、ポートフォリオのメカニズムによって実際の標準偏差は3.42になる。

●── ポートフォリオのメカニズムを解明する

ポートフォリオを組むことでリスクが減少するのは、ワイン株とビール株のパフォーマンスが天候に対して同じようには反応しないからである。このメカニズムを数式で表

現すると次のようになる。

$$E(r_P) = w_1 E(r_{Wine}) + w_2 E(r_{Beer})$$
$$\sigma_P^2 = w_1^2 \sigma_{Wine}^2 + w_2^2 \sigma_{Beer}^2 + 2w_1 w_2 \text{Cov}(r_{Wine}, r_{Beer})$$
$$= w_1^2 \sigma_{Wine}^2 + w_2^2 \sigma_{Beer}^2 + 2w_1 w_2 \sigma_{Wine} \sigma_{Beer} \rho_{Wine\,Beer}$$

- $E(r_P)$ ：ポートフォリオのリターンの期待値
- $E(r_{Wine})$ ：ワイン株のリターンの期待値
- $E(r_{Beer})$ ：ビール株のリターンの期待値
- w ：ポートフォリオの構成比（$w_1 + w_2 = 1$）
- σ_P^2 ：ポートフォリオの分散
- $\text{Cov}(r_{Wine}, r_{Beer})$：ワイン株とビール株のリターンの共分散
- $\rho_{Wine\,Beer}$ ：ワイン株とビール株のリターンの相関係数

　ワイン株とビール株の組み入れ比率、つまりw_1とw_2の比率をさまざまに変えて、リスク（標準偏差）とリターンの関係をグラフにすると、**図表5-2**のようになる。

図表5-2　ポートフォリオのリスクとリターン

（縦軸：リターン、横軸：リスク（標準偏差））

　共分散（Cov）と相関係数（ρ）は、ワイン株とビール株の動きにどれだけ関連性があるかを表している。
　相関係数は－1から1までの値をとる。相関係数が1というのは、ワイン株とビール株がまったく同じ動きをするということである。その場合、ポートフォリオのリスクは個別株式のリスクを加重平均したものと等しくなる。ポートフォリオによるリスク低減のメカニズムが働かないので、リスクを表すσ_P^2は最大となる。

$\rho=1$とすると
$$\sigma_P{}^2 = w_1{}^2\sigma_{Wine}{}^2 + w_2{}^2\sigma_{Beer}{}^2 + 2w_1w_2\sigma_{Wine}\sigma_{Beer}\rho_{Wine\,Beer}$$
$$= (w_1\sigma_{Wine} + w_2\sigma_{Beer})^2$$
$$= ワイン株とビール株のリスクの加重平均$$

逆に言うと、相関係数が1以外のとき、つまり、ワイン株とビール株の動きがまったく同じでなければ、ポートフォリオを組むことでリスクを減らすことが可能になる。つまり、ポートフォリオの標準偏差は、個別の標準偏差の加重平均よりも小さくなる。ちなみに、先の例でポートフォリオを構成するワイン株とビール株の相関係数は、-0.45になる。

相関係数が-1というのは、両者が正反対の動きをするということである、その場合はリスクを完全に排除することが可能になる。第4章で挙げた、サンオイルと傘の相関係数が-1である。

相関係数が1の場合と、-1の場合を図表5-2を基にして表すと、**図表5-3**のような三角形になる。相関係数は-1から1の間の値をとるので、ポートフォリオのリスクとリターンはこの三角形の内側に分布することになる。

図表5-3　相関係数が1と-1のときのリスクとリターン

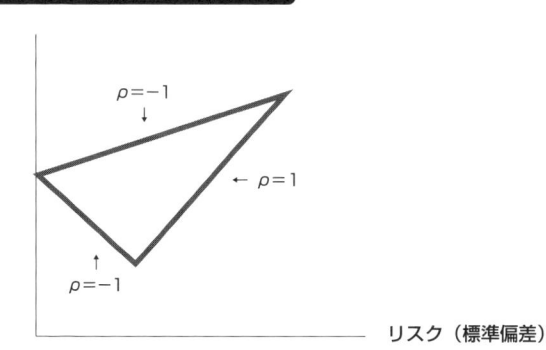

ポートフォリオ選択モデル

これまで説明したケースでは、ポートフォリオに組み込む株式の数を、ワイン株とビール株の2種類に限定した。この限定を外して、ポートフォリオのリスクとリターンの関係を一般化したのが次の式である。これが1952年にH・マーコウィッツによって解

明された、ポートフォリオ選択モデルである。

$$E(r_p) = \sum_{i=1}^{n} w_i E(r_i)$$

$$\sigma_p^2 = \sum_{i=1}^{n} w_i^2 \sigma_i^2 + \sum_{\substack{i=1 \\ i \neq j}}^{n} \sum_{j=1}^{n} w_i w_j \text{Cov}(r_i, r_j)$$

マーコウィッツはこれによって1990年のノーベル経済学賞を受賞することになるが、その30年以上前にシカゴ大学でマーコウィッツに対して博士号の審査をしたのが、シカゴ学派の首領となるミルトン・フリードマンだった。フリードマンは「ここに書かれている数学に悪いところはない。だが、これは数学でもないし経済学でもないし、かといって経営学でもない」と言って経済学博士号の授与に難色を示したという有名な話がある。それだけこの理論は革新的だったと言えるだろう。

マーコウィッツのポートフォリオ選択モデルに従って、ポートフォリオに組み込む株式を増やしていこう。株式市場に多数存在する株式を自由に組み合わせることで、さまざまなポートフォリオを組むことができる。そのようなポートフォリオのリスクとリターンの組み合わせをグラフに表すと、**図表5－4**のようになる。

図表5－4　効率的フロンティア

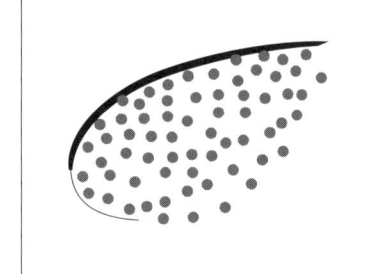

図表にある●はさまざまな株式の組み合わせを持ったポートフォリオの、リスクとリターンを表している。投資家はこの中から自由にポートフォリオを選択することになる。そうすると、合理的な投資家はリスクを極小化してリターンを極大化しようとするので、選択の対象となるのは**図表5－4**の太線上に存在するポートフォリオに限られることになる。なぜならば、投資家は、あるリスク（標準偏差）において最大のリターンを提供してくれるポートフォリオだけを選択するからである。この太線のことを効率的フロン

ティアと呼んでいる。

2◉ポートフォリオの拡張

これまでの議論は、対象となる資産をリスクがある株式に限定していた。しかし、投資家はリスクとリターンの改善を目指して株式以外の資産にも投資をする。そこで、リスク資産である株式だけのポートフォリオに、リスクのない資産を加えてモデルを拡張してみよう。

リスクがないことをリスクフリー（risk-free）と言うが、リスクフリー資産は通常は国債を指す。なぜならば国債は政府が保証しているので、債務不履行の心配はないと見てよいからだ。これによってリスクのないものからリスクのあるものまで、資本市場に存在する金融資産を対象としたポートフォリオのモデルが構築できる。

最初に簡単な例として、ワイン株に国債を組み込んだポートフォリオを考えてみよう。国債の利回りは2%とする。

	確率	ワイン株	国債
晴れ	50%	4%	2%
曇り	30%	12%	2%
雨	20%	7%	2%
期待値		7%	2%
分散(σ^2)		12	0
標準偏差(σ)		3.46	0
共分散(Cov)		0	

天候がどう変化しようが、国債は2%のリターンを生み出す。つまり、国債の分散と標準偏差はゼロとなる（＝リスクはない）。またワイン株と国債の共分散もゼロになる。そうすると、このポートフォリオの期待リターンとリスク（標準偏差）は、次のようになる。

$$\begin{aligned} E(r_P) &= w_1 E(r_{Wine}) + w_2 E(r_{国債}) \\ &= w_1 \times 7\% + w_2 \times 2\% \\ \sigma_P^2 &= w_1^2 \sigma_{Wine}^2 + w_2^2 \sigma_{国債}^2 + 2 w_1 w_2 Cov(r_{Wine}, r_{国債}) \\ &= w_1^2 \times 12 \end{aligned}$$

ワイン株と国債のw_1とw_2のウエイトを自由に変えて、それぞれのポートフォリオのリスクとリターンをグラフにすると、**図表5-5**のようになる。

図表5-5　リスクフリー資産を組み入れたポートフォリオのリスクとリターン

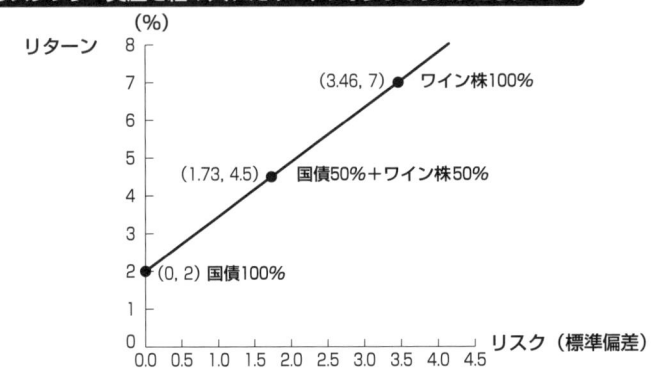

リターン (%)

- (0, 2) 国債100%
- (1.73, 4.5) 国債50%＋ワイン株50%
- (3.46, 7) ワイン株100%

横軸: リスク（標準偏差）

このようにリスク資産にリスクフリー資産を組み込んだポートフォリオのリスクとリターンは、直線になることがわかる。図表でワイン株100%の右上にも直線が伸びているが、これはリスクフリーレートで借金をして、そのお金でワイン株を買い増すケースを表している。

以上は、リスク資産はワイン株という1種類の株式だけというモデルだが、これを株式のポートフォリオとリスクフリー資産のポートフォリオという一般的なモデルとして展開していこう。

マーコウィッツのポートフォリオ選択モデルから、リスク資産のポートフォリオのリスクとリターンは**図表5-2**のように表されることがわかった。また、リスク資産にリスクフリー資産を組み合わせたポートフォリオのリスクとリターンは**図表5-5**のように直線で表されることがわかった。そうすると、株式と国債というリスク資産とリスクフリー資産のポートフォリオは**図表5-6**のように表すことができる。

投資家は株式のポートフォリオと国債を組み合わせることで、最適なポートフォリオを組もうとする。その結果、合理的な投資家は国債のリターン（r_f）と株式のポートフォリオにおける効率的フロンティアが接する直線を選択する。なぜならば、それが所与のリスクにおいて最大のリターンをもたらすからである。例えば、Bは株式だけのポートフォリオとしては最適化している。しかし、国債をポートフォリオに組み入れることで、同じリスクでBよりも高いAのリターンを実現することができるので、ポートフォ

図表5-6 資本市場線

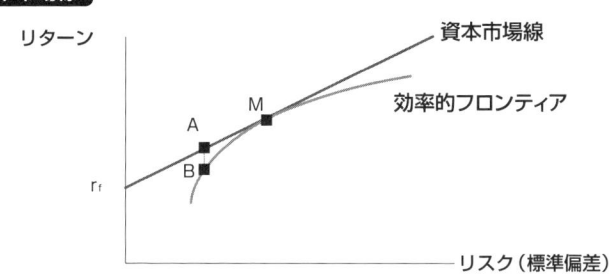

リオBを選択する理由はまったくない。

このr_fと効率的フロンティアとの接線の直線を、資本市場線（Capital Market Line）と呼んでいる。投資家は自分のリスク選好に応じて、資本市場線上の１点を選択すればよい。リスクを回避して確実なリターンを追求したい投資家は、国債の比率の高いポートフォリオ（資本市場線上の左下側）を選択し、リスクを冒しても高いリターンを追求したい投資家は、株式の比率の高いポートフォリオ（資本市場線上の右上側）を選択することになる。

資本市場線と効率的フロンティアの接点（M）に該当するポートフォリオは、株式市場全体と同じ構成を持つポートフォリオであるマーケットポートフォリオ（市場ポートフォリオ）になる。したがって、マーケットポートフォリオが、株式だけで構成されるポートフォリオの中で最適なポートフォリオということになる。

接点Mのポートフォリオがマーケットポートフォリオになることを証明しようとすると、微分と行列代数が出てくるので、言葉で説明すると次のようになるだろう。

まず、あるポートフォリオの中に新日鉄の株式を入れないと、ポートフォリオM以上に最適なポートフォリオ、つまりリスクが低くてリターンの高いポートフォリオができるとしよう。そうすると新日鉄株に対する需要は減少し、株価も下落する。ところが、株価が安くなるにつれて新日鉄株はお買い得となる。その結果、新日鉄株をポートフォリオに入れたほうがよくなる。

次に、トヨタ自動車とソニーの株を組み合わせることで、ポートフォリオM以上に最適なポートフォリオができるとしよう。そうするとトヨタ株とソニー株に需要が殺到し、両社の株価は上昇する。その結果、このポートフォリオはだんだんと魅力を失うことになる。つまり、組み合わせの妙によるポートフォリオは持続的には存在しないというメカニズムが働く。買わない株式はない、また、株式の組み合わせの妙は持続しない、と

いうことであれば、リスクを減らす方法はポートフォリオに組み込む株式の数（種類）を増やすしかない。

こうしてすべての株式を組み込んだ、株式市場の均衡状態を反映したポートフォリオであるマーケットポートフォリオが、最適なポートフォリオということになる。

3 ● CAPM（Capital Asset Pricing Model）

ここまで、リスクとリターンについての理解を深めてきたが、われわれの問題意識は、事業の経済性を評価するために、リスクをどのように評価すればよいかということにある。事業のリスクとはポートフォリオのリスクではなくて、それぞれの事業を体現する個別の株式のリスクのことである。したがって、次のステップとして、個別の株式のリスクとリターンをどのように評価すればよいかということが課題となる。

この問いに答えたのが、1960年代半ばにW・シャープやJ・リントナーらによって解明されたCAPM（Capital Asset Pricing Model：資本資産評価モデル。キャップエムと言う）である。CAPMによって事業のリスクとリターンの関係を定量的に把握できるようになったのである。シャープはこの功績によって1990年のノーベル経済学賞を受賞している。

● 確実性等価の考え方

CAPMの解明のためには、確実性等価の考え方から始める。次のようなケースを考えてみよう。

❶ケースA

千代田区麹町のワンルームマンションの年間の家賃収入は100万円で、ロケーションがよいので今後ともこの金額は持続的に期待できると考えた。現在の金利は2％である。また、このマンション賃貸ビジネスと同程度の事業リスクを持つと推定されるX社の社債の利率は、5％であることがわかった。このマンションの価値を査定しよう。

これについては、永続価値の定義式を使って、100÷5％＝2000万円と査定することができるだろう。その理由は、2000万円を持っていたとしたら、それを銀行に預金して確実に2％のリターンを得てもよいし、リスクはあるがX社の社債に投資して5％のリターンを狙ってもよいからだ。つまり、どちらのオプションも選べるということだ。マンションへの投資はリスクがゼロではないので、2％のリターンでは納得できないだろう。これと同程度のリスクを持つX社の社債の期待リターンが5％なので、

5％のリターンをベンチマークとするはずだ。

かくして、5％のリターンを生み出すことになる2000万円がマンションの価値として妥当であると判断するのである。

❷ケースB

オーナーであるあなたが10億円の価値があると確信する商業ビルに対して、1年後に物件を現金払いで必ず買い取るというオファーが来た。売却価格をいくらにしたらよいだろうか。現在の金利は2％で、商業ビル事業のリターンの相場は8％である。

この場合は、1年後の価値を査定することになる。そうすると、10億2000万円と10億8000万円が候補となる。商業ビル事業のリターンの相場が8％で、1年後に売るのだから、10億8000万円で売るのが当然と思う人もいるだろう。

ところが、立場を変えて、「あなたならこの物件を10億8000万円で買いますか」と聞くと「絶対に買わない」と答えるだろう。買わない以上、この価格は成立しないことになる。買わない理由ははっきりしている。そもそも10億円というビルの価値は絶対確実とは言えない。相場が変われば今は10億円というビルの価値も下がるかもしれない。だから10億8000万円では買わないのである。

そのように考えると、この取引のポイントは、必ず買い取る、という確実性にある。リスクの観点から見ると、これは預金に相当する。したがって、この場合は金利をベンチマークとした10億2000万円が査定の基準になる。少なくとも合理的な投資家が10億2000万円以上で買うことはないということだ。

以上のケースから、投資をするかどうかは、その投資機会だけに注目して判断するのではなく、その投資機会と確実性等価を有する実行可能なオプションをベンチマークとして判断する、ということがわかる。この考え方を株式への投資に応用することで、個別株式の評価、つまり事業のリスクとリターンの定量的評価が可能になる。

株式への投資を判断する際のベンチマークとして最適なのが、マーケットポートフォリオである。なぜならば、マーケットポートフォリオは株式で構成されていて、リスクとリターンの関係において最強であるとともに、株式を買う投資家にとって実行可能なオプションだからである。つまり、投資家はマーケットポートフォリオという投資オプションを持っている中で、ある特定の株式を買うことになる。

したがって、Z社株を買うことで追加的に発生するリスクがマーケットポートフォリオのリスクと同じであれば、Z社株に期待するリターンは、マーケットポートフォリオのリターンと同じでよいはずだ。マーケットポートフォリオ以上にリスクが増えるので

あれば、Z社株に対して高いリターンを要求しなければならない。逆に、リスクが減るなら、低いリターンでもよいはずだ。これがCAPMの中心となるβの考え方である。

● リスクを表す係数：β（ベータ）

❶ βの求め方

　個別の株式のリスクとリターンの関係を定量的に把握することに成功したのがCAPMで、その中心となる概念がリスクを表す係数のβである。βは、マーケットポートフォリオの収益率が変化したときに、ある株式の収益率がどのぐらい変化するかを表している。つまり、株式投資において実行可能な最強の投資オプションであるマーケットポートフォリオをベンチマークとし、それに対する個別株式の相対的なリスクを表している。

　数式によるβの算出方法は後ほど説明するとして、まずは視覚的な方法でβの求め方を見てみよう。説明の便宜上、マーケットポートフォリオとしては日経平均を使い、ある株式をZ社の株式とする。

　マーケットポートフォリオである日経平均の値は、絶えず上がったり下がったりしている。今週末の終値を先週末の終値で割れば、今週の収益率（%）が計算できる。今週末の終値が9900円で先週末の終値が9000円だとすると、今週の収益率は10%となる。仮に日経平均の収益率が2%だったとしよう。この間、Z株の株価も変動している。Z社の収益率も同様のやり方で計算したところ、3%だったとしよう。そうすると、この点を**図表5-7**のように表すことができる。

図表5-7　日経平均の収益率とZ社株の収益率

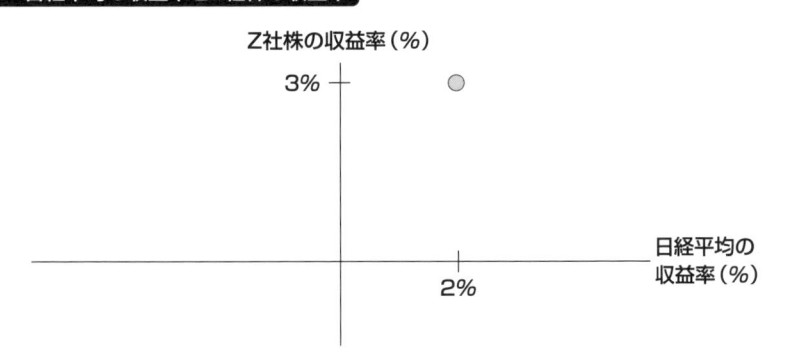

同様の計算を過去にさかのぼって行うと、いくつもの数値をプロットすることができる。その結果が**図表5-8**のようになったとしよう。

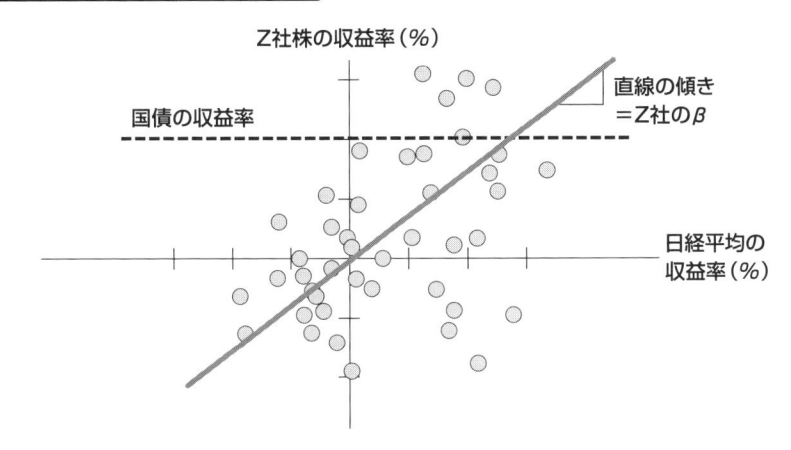

第5章　リスクとリターン

図表5-8　回帰直線からZ社のβを求める

（グラフ：縦軸「Z社株の収益率（％）」、横軸「日経平均の収益率（％）」、点線「国債の収益率」、回帰直線の傾き＝Z社のβ）

　この散布図を回帰分析した結果を直線で示している。この直線の傾きがβである。図表から明らかなように、βは日経平均が変化したときにZ社株がどれぐらい変化するかということを表している。リターンの変動がリスクである。したがって、日経平均の変化以上にZ社株の株価が変動すれば、Z社株のリスクは高いということである。その場合、直線の傾きは急になり、βの値も高くなる。

　逆に、日経平均の収益率が変動してもZ社の株価が安定していれば、Z社株のリスクは小さい。その場合、直線の傾きは緩やかになり、βの値も小さくなる。以上から、βがマーケットポートフォリオに対する個別の株式の相対的なリスクを表していることがわかる。

❷ βの値

　βがどんな値をとるかについて、簡単な例を挙げよう。まず、株式市場全体のβは1となる。なぜなら、Z社株の収益率の代わりにY軸に株式市場（＝マーケットポートフォリオ）の収益率を当てはめると、X軸とY軸は同じ値になるので直線の傾きは1となるからだ。

　同様に、株式市場全体と同じような値動きをする株式のβも1になる。株式市場と同じように変動する$\beta=1$の株式のリスクは株式市場のリスクと同じなので、そのような株式に求められるリターンは株式市場全体に期待されるリターンと同じでよいと考えられる。一方、βが1よりも高い株式は、株式市場全体よりもリターンの変動が激しいことを意味するので、ハイリスクということになる。そのため、株式市場全体よりも高い

リターンが求められることになる。

リスクフリーである国債のリターンを考えると、そのリターンであるr_fは決められたスケジュールで利子と元本が支払われる。そのため、株式市場がどのように変動してもリターンは一定である。**図表5－8**の散布図に国債のリターンを表すと、図表に示したように傾きがゼロの点線となる。したがって、βはゼロとなる。

それでは実際に株式のβの値を見てみよう。βの値は、東京証券取引所やブルームバーグ社などによって提供されている。ここでは、旧版と同じく東京証券取引所によるβを使って、旧版で紹介した10年前の値と合わせて見てみよう。

図表5－9　代表的な企業・業界のβの値

業種	β 1993.7〜1998.6	β 2003.7〜2008.6	企業	β 1993.7〜1998.6	β 2003.7〜2008.6
電気・ガス業	0.38	0.19	東京電力	0.46	0.20
食料品	0.80	0.43	キリン・ホールディングス[1]	0.89	0.40
建設業	1.08	1.19	清水建設	1.30	1.21
鉄鋼	1.19	1.44	新日本製鐵	1.01	1.36
銀行業	1.24	1.47	三菱東京UFJフィナンシャル・グループ[2]	1.15	1.63
証券業	1.59	1.62	野村ホールディングス[3]	1.32	1.60

注：旧版では(1)はキリンビール、(2)は東京三菱銀行、(3)は野村證券。

βの数値を見てもそれほど違和感は覚えないのではないだろうか。電気・ガス業は政府の規制下にあるので安定したビジネスを行うことができる。電力事業は電力の安定供給という目的のため、赤字になれば値上げが認可される。逆に原油価格が下がった場合は、電力料金の引き下げが求められるので大儲けはできない。このため、電気・ガス業の収益は安定し、βは低くなる。

また、どんなに景気が悪くなってもわれわれの食欲がなくなることはないから、食料品のビジネスは比較的安定しており、βも低くなる。これに対して、建設業は景気がよくなるとビルの建設ラッシュとなるが、景気が悪くなると建設計画は凍結される。このように景気の影響を強く受ける建設業のβは高い。金融業も同様にβが高くなる。このように事業の性格によってβの値が変わることがわかる。

10年間にわたるβの変化も興味深い。βは過去の株価の実績値に基づいて算定されるので、データのタイミングによって値が変わる。投資の意思決定を行うときに本当に

知りたいのは将来のβであるが、それは誰にもわからないので過去のβをベンチマークとして採用する。

その観点から言うと、1993年から1998年の実績値に基づいて算定したβの値は、2003年から2008年の期間におけるβの値を正確には予測できなかったことになる。しかし、これ以外の方法でβを正確に予測する客観的な方法があるかというと、それほど簡単に見当たらないのである。

一方、10年後のβを正確に予測できなかったとはいえ、βの高低の相対的なポジションは変わっていないという点は注目すべきである。1998年の時点でも2008年の時点においても、電気・ガス業界のβは最も低く、証券業のβは最も高い。そういう意味において、未来のβの値を正確に言い当てることは難しいが、過去のデータからおおよその値を言い当てることはできると言えよう。実務における意思決定の信頼性を揺るがすような誤差はないということだ。

❸ βの決定要因

これまでの議論から、事業の性格がβの値を決定する要因となることがわかる。食料品のような必需品を扱うビジネスのほうが、豪華旅行のように買わなくても済ませることができる自由裁量品を扱うビジネスよりもβは低くなる。また、景気連動型のビジネスのβは高くなる。

事業の性格以外にβに影響を与える要因として、営業レバレッジと財務レバレッジがある。営業レバレッジが高い（＝固定費の比率が高く、限界利益が大きい）と利益の変動が大きくなるので、βも高くなる。そのため、固定費の割合が高い重厚長大の装置産業のβは高くなる傾向がある。また、財務レバレッジ（＝借入金の比率）もβに影響を与える。ビジネスのリスク、つまり資産のリスクを所与とすると、財務レバレッジが高くなると、リスクを負担しない債権者のウエイトが高くなるので、株主の負担するリスクが相対的に大きくなる。その結果、βは高くなるのだ（第6章116ページ参照）。

❹ βに関する注意点

βに関する注意事項を挙げておく。まず、先述したように、βは過去のデータから導かれるため、信頼性の問題がある。われわれの目的は事業の経済性評価なので、知りたいのは過去のβではなくて、これから将来に向かっての事業のβである。過去の実績データをベンチマークとするβの信頼性の問題については、98ページで効率的市場仮説というテーマにおいて改めて議論する。

データの取り方によってβの値が変わるという問題もある。一つは推定期間である。

推定期間は過去半年とすることもできるし、10年とすることもできる。それによってβの値は変わるが、この問題に対する理論的な回答はない。実務の世界では、2〜5年の期間が採用されている。

もう一つは、リターンの間隔である。ここでは週次のリターンで説明したが、月次や日次でデータをとることも可能である。実務家が最も利用しているのはブルームバーグ社が提供するβの値であるが、ブルームバーグは期間が2年の週次のデータをベースにしてβを推計している。

また、**図表5−8**でプロットした点のバラツキが株式によって異なることは容易に想像が付く。バラツキの激しい株式の回帰直線から求めるβの値の信頼性が気になる人もいるかもしれない。しかし、このバラツキは株式のユニークリスクを表しているので、心配する必要はない。システマティックリスクとしては回帰直線の傾きが示す値が最も妥当ということになる。

● CAPMの公式

βを使うことで、ある株式Zに期待されるリターンを次のように表すことができる。これがCAPMである。それはZ社が営む事業のリスクとリターンの関係を表していると言える。

$$E(r_z) = \underbrace{r_f}_{\text{投資の時間的価値}} + \underbrace{\beta_z \{E(r_M) - r_f\}}_{\text{リスクに対する報酬}}$$

$E(r_z)$ ： 株式Zの期待リターン
r_f ： リスクフリーレート
β_z ： 株式Zのベータ
$E(r_M) - r_f$ ： マーケットリスクプレミアム

この式の意味を言葉で説明すると次のようになる。株式Zに期待されるリターンは2つの要素に分解される。一つはリスクフリーレート（r_f）である。それは株式に投資することによって生じる投資の時間的価値に対する報酬である。もう一つは、リスクに挑戦することに対する報酬であるリスクプレミアム（$\beta_z \{E(r_M) - r_f\}$）である。リスクがなければ（$\beta=0$）それに対する報酬はなく、リターンはr_fになる。リスクが株式市場と同じレベルであれば（$\beta=1$）、期待されるリターンはマーケットリターン（r_M）

第5章　リスクとリターン

と同じになる。つまり、ある株式の期待リターンは、その株式のリスクを表すβによって決まるということである。

CAPMによってリスク（β）とリターン（期待収益率）の関係を、**図表5-10**のように直線で表すことができる。この直線を証券市場線（SML：Security Market Line）と言う。こうして、「リスクとリターンは相関関係にある」というわれわれが直感的にわかっていることを、CAPMが定量的に表現することに成功したのである。

図表5-10　CAPMの考え方

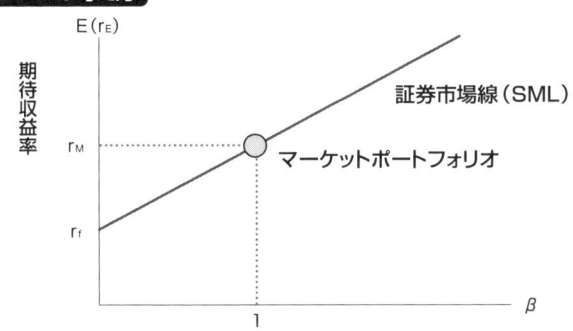

縦軸：期待収益率　$E(r_E)$、r_M、r_f
横軸：$β$、1
証券市場線（SML）
マーケットポートフォリオ

βの算出と同様に、CAMPの公式についても、どのデータを使うかという課題がある。まず、r_fは厳密に言うとリスクのない資産の期待リターンを指す。また、ビジネスの経済的価値を評価することが目的なので、r_fの回収期間は評価対象とするビジネスの寿命と一致していることが望ましい。しかし、そのような条件を完全に備えた資産は存在しないので、実務の世界では10年物の国債の利回りが使われている。

$E(r_M)-r_f$はマーケットリスクプレミアムと呼ばれていて、マーケットポートフォリオとリスクフリー資産の利回りの差を表す。つまり、株式というリスクのある投資に挑戦することに対する報酬ということである。

マーケットリスクプレミアムについては株式市場と国債の歴史的データを基にした数値が使われることが多い。例えば、アメリカの1928年から2007年までの株式市場と国債の収益率の差の平均は、6.4%[注1]である。日本の1963年から2007年までのマーケットリスクプレミアムの平均値は6.0%[注2]である。当然のことながら、期間をどのように設定するかで数値は変わる。期間が短いと景気やインフレなどの影響で極端な数値になるので、長期で見たほうがよいとされているが、何年が妥当かということについての理論的な回答はない。また、われわれが知りたいのは過去の実績ではなく、これから将来に向かってのリスクプレミアムである。この点についても98ページの効率

的市場仮説のテーマにおいて議論する。実務においては、日本市場のマーケットリスクプレミアムは6％程度で設定しているケースが多い。

実際に企業のr_Eがどんな値をとるかについては、第6章「資本コスト」でまとめて説明することにする。

● CAPMの解明

CAPMは個別の株式のリスクとリターンを評価するために、手持ちのポートフォリオにある株式を組み入れることで、新しいポートフォリオを作る。そして、手持ちのポートフォリオと新しいポートフォリオを比較することで、その株式がポートフォリオにもたらすリスクとリターンのインパクトを評価するというアプローチを取る。その前提と計算の手順は次の通りである。

- 現在手持ちのポートフォリオのリターンを$r_{現}$とする。
- ある株式iを現在のポートフォリオに組み入れる。
- i株がもたらすリターンをr_iとする。
- ポートフォリオ全体に占める株式iのウエイトをw_iとする。
- i株を買うための資金はリスクフリーレート（r_f）で借り入れる。
- 新しいポートフォリオのリターンを$r_{新}$とする。

以上の前提に従うと、新しいポートフォリオのリターンは、次のようになる。

$$E(r_{新}) = r_{現} + w_i \{E(r_i) - r_f\}$$

株式iを組み入れることによって発生するポートフォリオの追加的リターンは、次のようになる。

$$E(r_{新}) - E(r_{現}) = w_i \{E(r_i) - r_f\} \quad \cdots (1)$$

新しいポートフォリオのリスク（分散）は、次のようになる。

$$\begin{aligned} Var(r_{新}) &= Var(r_{現}) + 2w_i Cov(r_{現}, r_i - r_f) + w_i^2 Var(r_i - r_f) \\ &= Var(r_{現}) + 2w_i Cov(r_{現}, r_i) + w_i^2 Var(r_i) \end{aligned}$$

w_iのウエイトが十分に小さいとすると、$w_i^2 Var(r_i)$は無視できるほど小さくなる。

第5章　リスクとリターン

そうすると新しいポートフォリオのリスクは次のようになる。

$$Var(r_{新}) \fallingdotseq Var(r_{現}) + 2w_i Cov(r_{現}, r_i)$$

したがって、株式iを組み入れることによって発生するポートフォリオの追加的リスクは、次のようになる。

$$Var(r_{新}) - Var(r_{現}) \fallingdotseq 2w_i Cov(r_{現}, r_i) \quad \cdots (2)$$

追加的リターン（1）を追加的リスク（2）で割ったものを、スワップレシオと呼ぶ。スワップレシオは、リスクとリターンのバランスを表す指標といえる。

$$スワップレシオ = \frac{E(r_i) - r_f}{2Cov(r_{現}, r_i)}$$

仮にスワップレシオが異なる株式が2つあるとすると、ポートフォリオの組み替えが行われる。なぜならば、スワップレシオの低い株（＝リスクに比してリターンが低い）を売ってスワップレシオの高い株を買うことによって、同じリスクでより高いリターンが実現するからだ。このプロセスはあらゆる株式のスワップレシオが一致するまで続く。

したがって、ポートフォリオが最適化するための条件は、新たにポートフォリオに組み入れる株式iのスワップレシオと、現在のポートフォリオのスワップレシオが一致することである。

$$\frac{E(r_i) - r_f}{2Cov(r_{現}, r_i)} = \frac{E(r_{現}) - r_f}{2Cov(r_{現}, r_{現})} \quad [Cov(r_{現}, r_{現}) = Var(r_{現})]$$

$$\frac{E(r_i) - r_f}{Cov(r_{現}, r_i)} = \frac{E(r_{現}) - r_f}{Var(r_{現})}$$

両辺にCov $(r_{現}, r_i)$ を乗じて展開すると次の式を得る。

$$E(r_i) - r_f = \frac{Cov(r_{現}, r_i)}{Var(r_{現})} \{E(r_{現}) - r_f\}$$

$\frac{Cov(r_{現}, r_i)}{Var(r_{現})}$ を $\beta_i^{現}$ と表すと、

$$E(r_i) = r_f + \beta_i^{現} \{E(r_{現}) - r_f\}$$

マーケットポートフォリオは常に最適化しているので、上式の現ポートフォリオをマーケットポートフォリオ（M）としても問題はない。そうするとCAPMの公式が得られる。

$$E(r_i) = r_f + \beta_i \{E(r_M) - r_f\}$$

$$\beta_i = \frac{Cov(r_M, r_i)}{Var(r_M)}$$

4 ● 株価をめぐるその他の理論

リスクという対価をどれだけ支払うかで、その見返りとして株式投資のリターンが決まる、というのがCAPMに代表されるモダンファイナンス理論の考え方である。つまり、株価はリスクとリターンの関係で決まると考えるわけだ。しかしながら、世の中にはそれとは異なる流派もあるので、ここで紹介しておこう。代表的なものとして、ファンダメンタル価値理論と、砂上の楼閣理論という2つの潮流がある。

❶ファンダメンタル価値理論（The Firm-Foundation Theory）

ファンダメンタル価値理論の考え方は、投資対象にはファンダメンタル価値（＝本源的価値）という確固たる値があり、現状分析と将来予測を精密に行うことでそれを推定できる、というものだ。

基本的な投資戦略は、株価がファンダメンタル価値を下回れば購入し、上回れば売却することになる。ファンダメンタル価値の源泉は企業の収益力であり、今後期待できるキャッシュフローの現在価値を計算することでファンダメンタル価値を推定できると考える。企業の業績がどうなるかを公開情報に基づいて分析して株価を評価する証券アナリストのアプローチは、ファンダメンタル価値理論に基づいていると言えよう。また、「オマハの賢人」と呼ばれ、世界で最も尊敬されている投資家のウォーレン・バフェットもこの流派に属していると言える。

ファンダメンタル価値理論の信頼性はひとえに将来の予測にかかっているが、これが当てにならない。企業の将来がどうなるかということについては、誰も確実に予測することはできない。実際にアナリストの予測を検証しても、過去の成長トレンドに基づいた外挿法による予測よりも優れているという証拠は見当たらないようだ。したがって、ファンダメンタル価値理論の主張もそれほど確固たるものとは言えない。

❷砂上の楼閣理論

　もう一つの流派は、砂上の楼閣理論と呼ばれるものである。この理論は、株価は市場の心理学的な要素で決まると考える。最も有名な砂上の楼閣理論は、マクロ経済学の創始者であるJ・M・ケインズによる美人コンテスト論である。この美人コンテストはイギリスで行われていたもので、新聞紙上に100人の美女の写真を掲載し、読者に6名連記で投票させる。賞金が与えられるのは、トップ6人に選ばれた美女に投票した人である。

　ケインズによれば、このコンテストで読者が賞金を得るための方法は、自分が最も美しいと思う美女を選ぶのではなく、他の読者たちが美人だと思うであろう女性を選ぶことである。

　これを株式投資に当てはめると、どんな企業であれ、買い手が支払った価格よりも高い価格で、他人に売りつけることができる見通しが立てばよいということだ。つまり、どのような市場の心理的状況が大衆の砂上の楼閣作りを引き起こすかを探り当てて、一般投資家が気付く前に投資する、というのが基本的な投資戦略となる。

　株価のチャートを見て株価の予測をするテクニカル分析も、砂上の楼閣理論の系譜に属すると言える。テクニカル分析を行う人をチャーティストと呼ぶが、チャーティストは、株価の動きから他の投資家がどのように反応するかを読むので、極論すれば、チャートさえあれば会社名がなくてもOKということになる。

　チャーティストの主張とは裏腹に、コンピュータを駆使して株価データを解析しても、特定のパターンは発見されていない。仮にチャートから株価のパターンが見つかったとすると、みんながその必勝法を採用する。そうするとパターンそのものが崩れて必勝法が必勝法でなくなってしまう。また、株価のパターンから近い将来に株価が1000円から1200円に上がると判断したら、その瞬間に株価は1200円になるはずである。パターン通りに株価が動くのを待っている必要は、何もない。したがって、チャーティストの主張は自滅へと至ることになる。

　砂上の楼閣理論の最新のトレンドは行動ファイナンスである。特に、2002年にその開祖の一人であるD・カーネマンがノーベル経済学賞を取ったことで注目を集めている。

　モダンファイナンス理論は経済学の一分野なので、ホモ・エコノミクスという前提を置いている。つまり、人は合理的な行動をすると見なしている。これに対して、投資家は合理的な行動をしていない、というのが行動ファイナンスの主張である。投資家は合理性からシステマティックに乖離するので、そのような非合理的な行動を特定し、定量化できると主張する。投資家の非合理的な行動を生み出す要素としては、自信過剰、認知バイアス、群集心理、損失回避などが挙げられている。

　これに対するモダンファイナンス理論の見解は次のようになっている。非合理的な行

動をする投資家は必ず存在するが、それはランダムなのでお互いに影響は相殺されて株価に対する影響はない。仮に投資家が非合理的な行動を取れば、株価は適正水準から乖離する。そうすると合理的な投資家が鞘を取るべく行動して*注3、株価は適正水準に収斂する。非合理的な投資家の行動によって市場にシステマティックなエラーが発生するのであれば、市場は効率的ではないことになり、市場に勝てるチャンス（アービトラージのチャンス）があることになる。しかし、そのような現象はこれまでのところ発見されていない。

● ——— **効率的市場仮説**

　将来のビジネスの経済性を評価するためのCAPMが、過去のデータに基づいて成り立っていることに違和感を覚えるのは当然である。そこで、この点についてのファイナンス理論の考え方を説明しよう。それは効率的市場仮説、あるいはランダムウォーク（Random Walk：千鳥足）と呼ばれる考え方である。

　ランダムウォークという通称は、株価の変動がランダムであるというところから来ている。この仮説を最初に提唱したのは、フランスの数学者のバシュリエで、1900年のことである。株価の変動はランダムなため予測は不可能である、と主張したバシュリエはその後50年以上も忘れ去られることになるが、1950年代になってコンピュータが本格的に利用されるようになると、株価のパターンについての実証研究が行われるようになった。その結果、株価はランダムに動くというバシュリエの仮説が確認されることになる。

　このことは当初は困惑をもって受け止められた。しかし、これが逆に効率的市場仮説を生み出す契機となる。つまり、株価がランダムに動くのは、それだけ市場が効率的に機能していると考えるのである。現在の株価は将来に対するあらゆる情報が織り込まれて形成されている。新しい情報が発生したら、それに応じて株価が変動する。新しい情報とは、予測できない情報のことである。したがって、常に新しい情報に反応して形成される株価を予測することはできないことになる。これが効率的市場仮説の考え方である。

　例えば、円安になるとトヨタの業績が向上し、その結果株価も上がるとしよう。そうすると、円安になる直前にトヨタの株を買って、円安になった段階で売れば確実に儲けることができる。ところが、いつ円安になるかは誰にもわからないはずだ。また、トヨタの株価が上昇する前に一定のパターンを示すとすると、そのサインを見てトヨタ株を買えば、必ず儲けることができるはずだ。しかし、この話も成り立たない。なぜなら、そのサインを見た瞬間に投資家が殺到して、トヨタの株価は急騰するからである。

このようなランダムウォークの考え方を簡単な例を使って説明すると次のようになる。**図表5－11**のような値動きをしている株があるとする。明日の株価はいくらになると思うだろうか。株価にはパターンがあるということを信奉しているチャーティスト（株価チャートに基づいて株価の動向を分析する専門家）はモメンタム（勢い、趨勢）を重視する。そうすると明日の株価は970円という予測が成り立つかもしれない。

図表5－11　株価のランダムウォーク

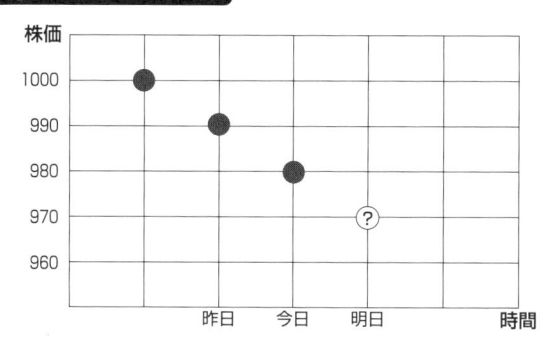

株価
- 1000：昨日
- 990：今日
- 980：今日
- 970：明日（？）
- 960

時間

　これに対してランダムウォークの考え方は、現在の株価は将来に対するあらゆる情報が織り込まれて980円になっている。明日になって発生する新しい情報がよいニュースであれば株価は上がり、悪いニュースであれば株価は下がる。よいニュースと悪いニュースが発生する確率は中長期的には50対50である。そうすると両者は相殺されて、明日の株価の期待値は980円になる、と考える。

　チャートの世界には、「三尊天井」、「三川宵の明星」、「三空叩き込み」などエキゾティックな名称のパターンがあるとされている。しかし、いくら実証研究をしても株価がパターンを示すことは発見されていない。それにもかかわらずチャーティストが洋の東西を問わず存在しているという事実は興味深いことである。

　人間は偶然の悪魔に身を任せるよりは、何らかの手掛かりを希求する生き物である。それゆえ、当たるも八卦当たらぬも八卦の占い師を必要とするわけだ。当たる保証は何もないのにチャーティストに対するニーズがなくならないということは、それだけ株価がランダムウォークに従っていることの証であるとも言えよう。

　さて、事業の経済的価値を評価するときに本当に知りたいのは、これから将来におけるβであり、マーケットリスクプレミアムである。しかし、将来の正確な予測はできない、ということを前提とすると、これまでの実績が最も信頼できる根拠になる。それよ

りも優れた方法があると主張しても、それはたいした実績もない営業担当者が「私が必ず売ってみせます」と大言壮語するのに近い。

　過去のデータが将来を正確に表す保証はないが、他の方法と比べると「実績がある」という点が強みである。また、産業構造が大きく変わらなければ、過去の実績が将来の有力な手掛かりになるというのは、実務家の現場感覚とも近いと言えよう。

　このような効率的市場仮説の考え方を背景としてCAPMは過去のデータに基づいたβやマーケットリスクプレミアムを採用しているのである。そういう観点から言うと、実務におけるCAPMは正確な絶対値を追求しているわけではない。あくまでも、最も妥当な近似値を追求しているのである。

●─── 効率的市場仮説の3つの形態とその帰結

　効率的市場仮説には、株価に反映されている情報の程度に応じて3つの形態がある。

❶ウィークフォーム
　現在の株価は過去の株価に含まれている情報を反映している、とする。したがって、過去の株価をいくら調べたところで、継続的に超過利潤を得る投資を行うことは不可能ということになる。その帰結は、テクニカル分析派（チャーティスト）の否定である。

❷セミストロングフォーム
　現在の株価が過去の株価だけでなく、すべての公開情報を反映している、とする。したがって、何らかの情報が公表されれば、株価は直ちに調整されることになる。その帰結は、ファンダメンタル価値派の否定である。

❸ストロングフォーム
　未公開情報やインサイダー情報をも含むあらゆる情報が現在の株価に反映されている、とする。したがって、持続的にマーケットリターンを上回る超過利潤を上げられるような投資は不可能ということになる。その帰結として最も有名なのが「投資のプロは目隠しした猿に勝てない」という仮説である。それは、猿に目隠しをして新聞の株式欄に向かってダーツを投げさせる。そうやって選んだ株式にプロの推奨銘柄は勝てないというものだ。

　それなら実際に試してみようじゃないか、ということになって、ウォールストリートジャーナル（WSJ）紙上において1988年10月からプロと猿の対戦が始まった。対戦は、4人の投資のプロが選んだ銘柄とWSJの社員がダーツを投げて選んだ4銘柄のパフォーマンスを比較するというやり方で毎月行われた。本物の猿を使うと保険などの費用がかかるという理由で、WSJの社員が猿の代役を務めたということである。

当初は1カ月後の株価、1990年からは6カ月後の株価で勝負が行われた。企画が始まってから10年後の1998年に100試合の対戦成績がまとめられた。結果は、プロの61勝39敗だった（つまり、ダーツの39勝61敗）。また、マーケットポートフォリオであるダウ平均との対戦成績を見ると、プロの51勝49敗だった。

プロのプライドをもってすれば、これでは自分たちが猿に勝ったとは言えないだろう。さらに言えば、勝負のやり方もプロに有利に働いていた。例えば、勝負は株価の比較だけで行われたので、配当は無視された。故意か偶然かは別として、プロは無配当の株式（＝配当落ち（第9章180ページ参照）がない）を選択する傾向があった。

また、プロの選んだ株式は権威あるウォールストリートジャーナルが紹介するプロの推奨銘柄であり、もっともらしい推奨理由も紹介されていた。これに対して、ダーツが選んだ株式にはそのような権威も、選ばれた理由もない（当然！）。このためプロの選んだ株式にはアナウンスメント効果が働いて、株価が上昇する傾向が見られた。また、上記の対戦成績は新聞に発表される前の株価を基準に使っているが、発表後の株価を基準にすると（アナウンスメント効果を排除）、ダーツが選んだ株式のほうがわずかだが上回っていた。

このことから、ストロングフォームが正しいかどうかは別として、株式市場は極めて効率的であるということが確認できるだろう。

コラム：βは死んだ？

リターンを得るためにはリスクを冒すしかない、というのがモダンファイナンス理論の考え方である。そのリスクを表す係数がβである。したがって、モダンファイナンス理論にとってβの信頼性は、極めて重要なポイントとなる。このテーマを巡ってはβの誕生以来さまざまな議論が繰り広げられてきたが、その中でも大きな衝撃を与えたのが、シカゴ大学のファーマとフレンチが1992年に発表した実証研究*注である。筆者もそのときシカゴ大学にいたのだが、ファーマが高らかに「β is dead!」と宣言していたのが印象的であった。

ファーマとフレンチは1963年から1990年までのアメリカの株式市場の実証データを使って、βとリターンの関係を分析した。分析の方法は、すべての株式をβの値の高低に応じて10段階に分類し、各段階の株式で構成したポートフォリオについて、そのリターンを調べる、というものである。

1963年からのデータを使用したのは、1962年以前のデータが成功している大企業に偏っていてバイアスが存在していること、および、分析に必要な株主資本

の簿価のデータが揃っていないので分析の整合性がとれないためだとしている。つまり、1963年以降というのは、整合性のある客観的なデータに基づいた最も長期にわたる分析ということである。

分析の結果、「βとリターンの関係はフラットだ（＝相関関係はない）」とファーマとフレンチは結論付けた。つまり、βとリターンの間にはCAPMが主張するような右上がりの直線（＝正の相関関係）は存在しないということが判明した。また、会社の規模（時価総額）と簿価／時価比率（株価純資産比率の逆数）という2つの要素とリターンの間に強い相関が見られると指摘した（規模が小さく、簿価／時価比率が高いとリターンが高い）。

彼らはそれを踏まえて、CAPMの代替モデルとして、（1）β、（2）規模、（3）簿価／時価比率の3つの要素で株式の期待リターンが決まるという、スリーファクターモデルを提案した（2人の頭文字からFFモデルとも呼ばれる）。

図表5-12　ファーマとフレンチの研究

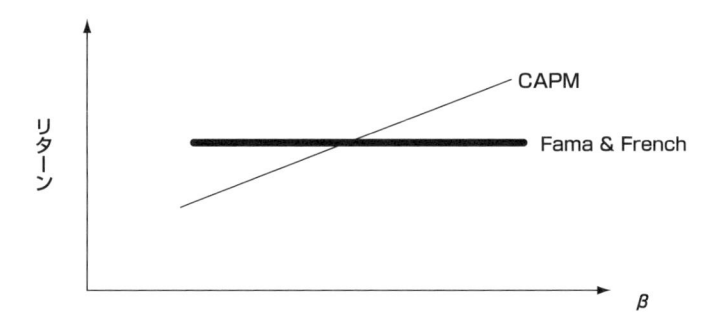

縦軸：リターン、横軸：β。CAPMは右上がりの直線、Fama & Frenchは水平な直線。

ファーマとフレンチの分析の意味するところは、マーケットにはCAPMでは説明できないシステマティックリスクが存在していて、それについては何らかの理由で会社の規模と簿価／時価比率という2つの要素が代理変数の役割を演じている、ということである。これに対して、1990年代のデータで分析すると、βとリターンの間に正の相関関係が見られるという実証研究もある。リスクとリターンを巡る研究はまだまだ発展途上である。

注：E. Fama and K. French, "The Cross-Section of Expected Stock Return," *Journal of Finance*, 47 (1992)

注1：Dardamon Online
注2：イボットソン・アソシエイツ・ジャパン株式会社『Japanese Equity Risk *Premia* Report 2008』
注3：これをアービトラージと呼ぶ。アービトラージとは、リスクなしに割安な株を買って、割高な株を売ることによって利益を追求することである。これによって、株価の非合理的な変動は解消され、効率的な市場価格が形成される。

第6章 資本コスト

Point

　原材料にコストがあるように、希少な資源である資本にもコストがある。資本のコストとは、資本を提供することの見返りとして投資家が要求するリターンである。したがって、資本コストを上回るリターンを達成しなければ、ビジネスを継続することはできない。

Case

　ミラー社はアメリカのセントルイスを本拠地とする総合電機メーカーである。日之出製作所とミラー社は長年にわたり交流があり、現在もさまざまな形態の提携をしている。ミラーの社長であるジャック・グールドは日之出の小坪社長とは旧知の間柄で、同じエンジニア出身ということもあり親しくしていた。そのグールドから小坪に対して、「ミラー社はコンポーネント事業部の売却を検討しているが、日之出に買収する意思はあるか」という打診があった。そこで、小坪はミラー社を訪問することにしたのだった。

　小坪が約束の時間に訪問すると、グールド社長が汗を拭きながら外から戻ってきた。「小坪さん、お久しぶりです。お待たせしてしまって申し訳ありません。アナリストを集めたミーティングがダウンタウンのホテルでありまして、長引いてしまったというわけです。アナリストとのミーティングは本当に気を遣いますよね」
　半ば同意を求められた形になった小坪は、あいまいな微笑を返すしかなかった。工場に出向くことはあっても、アナリストを集めたミーティングに出向くという経験は、小坪にはなかったからだ。
　「実を言うと、コンポーネント事業もアナリストから突き上げを食っているのですよ。『なぜ続けているのか』ってね」とグールドは話を続けたので、小坪も疑問をぶつけた。「たしかコンポーネント事業部は黒字だと聞いてますが」
　日本では黒字の事業を売却するという話はほとんど聞いたことがないので、小坪は質問を続けた。

「事業が黒字なのに、なぜアナリストからそのように言われるのですか」
「ご承知の通り、ミラーはこの数年の間にハイテク企業へと業態の転換を進めてきました。この戦略は順調に進んでいますが、事業領域をリスクの高いハイテクにシフトさせた結果、会社のハードルレートも上昇してしまったのです。コンポーネント事業はハイテクではありませんから、理屈の上ではハードルレートは低くてもいいはずです。ところが、全社のハードルレートが高くなっているので、それと比べるとコンポーネント事業部の収益性が、どうしても問題視されてしまうのです。経営戦略の成功が皮肉なことに一部の事業に影を落とすことになったわけです」

ハードルレートという言葉に聞き覚えのない小坪はグールドに尋ねた。
「ハードルレートとは何のことでしたかな」
「これは失礼しました。ドクター小坪には学術用語で言うべきでした。資本コストのことですよ。企業が資本コスト以上の収益を上げなければならないことから、ハードルという言葉が使われているのですよ」

成田に向かう機中で小坪はグールドとの交渉を振り返っていた。コンポーネント事業については、その実態をつかむことができた。また、日之出にとってシナジー効果があることも確認できた。しかし、気になることもあった。グールドは「資本コストのせいでコンポーネント事業部を売却する」と言っていたが、これはどういうことだろうか。資本コストをベースにして経営を考えるというのはアメリカでは常識とされるようだったが、果たして日本ではどうなのか。そもそも日之出の資本コストはどうなっているのだろうか。

また、グールドは、アナリストとのミーティングを社長にとって最重要の仕事と位置付けていた。それは、社内会議と業界団体との会合に忙殺される自分とはずいぶんと違う話だった。勘のいい小坪は、世界をリードするミラー社の経営者と自分の仕事のスタイルがかなり違うのではないかと感じた。一気に喉に流し込んだビールはほろ苦かったが、苦いと感じたのはビールのせいばかりではなかった。

理論

1●資本コスト

投資家（資金提供者）から資本を提供された経営者は、その対価を支払わなければならない。それは、原材料の提供を受けた納入業者にその対価を支払うのとまったく同じ

理屈である。経営者が資本に対して支払わなければならない対価は、投資家の要求するリターンである。

投資家の提供する資本の形態は、負債と株式の2つに分かれる。このうち負債の対価は、金利である。金利のコストは、企業が借入を行う際に資金提供者（＝債権者）との間で取り決められる。債権者は企業のリスクを判断して、金利の水準を決定する。金利を支払えるだけのリターンを事業から回収できなければ、経営者は債権者によって倒産に追い込まれる。

一方、株主資本の対価は、配当とキャピタルゲイン（株価の上昇）という形態をとる。株主の要求するリターンも金利と同様に、リスクに応じた水準で決まる。株主資本の対価については資金提供者との間で取り決めはされないが、リスク資本である株主資本に対しては金利以上のリターンが要求される。株主資本のコストを上回るリターンを実現する経営が行われないと、投資家は資本の提供を差し控えるようになる。そのため、経営者は常に株主資本コストを上回るリターンを実現しなければならない。

負債と株主資本で構成される資本のコストを、資本コストと呼んでいる。資本コストは、投資を行うために必要となる資本に対して発生するコストなので、事業の経済的価値を計算するときの割引率となる。資本コストで割り引いたNPVが正であるということは、投資家の要求するリターンを実現しているということを意味している。また、あるプロジェクトに投資をするということは、他にも存在する投資機会を諦めるということを意味する。したがって、別の言い方をすると、資本コストとは、他にも存在している投資機会に投資をしないことによって諦めなければならない収益率、つまり、資本の機会費用を表している。

図表6-1　資本コストの考え方

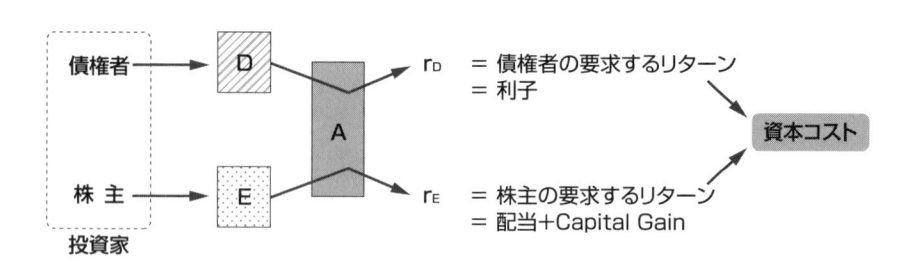

債権者 → D ↘
　　　　　　A → r_D ＝ 債権者の要求するリターン
　　　　　　　　　　＝ 利子
株　主 → E ↗
　　　　　　　→ r_E ＝ 株主の要求するリターン
　　　　　　　　　　＝ 配当＋Capital Gain
投資家　　　　　　　　　　　　　　　　　→ 資本コスト

1980年代に日本の製造業が低価格・高品質を武器にしてアメリカ市場に本格参入を

した際、アメリカ企業が価格対応をしてシェアを死守することをせず、いともあっさりと撤退するケースがよく見られた。筆者もそのような経験をして驚いたものだが、その背景として、資本コストを経営の基本に据えるアメリカの経営とシェアの拡大を経営の基本に据えていた当時の日本の経営との違いがあった。当時のマスコミの論調では、日本の製造業が圧勝したことになっていて、Japan as No. 1などと賞賛されたものだ。

ところが、**図表6-2**を見ると斜陽の代名詞だった80年代のアメリカの製造業は、黄金時代の日本の製造業よりも高い収益を維持していたことがわかる。このデータから、アメリカ企業が資本コストに見合わない事業から手を引いたのに対し、資本コストを認識していなかった日本企業が利益を犠牲にしてシェアを取っただけ、と解釈することもできる。そうすると、日本企業が圧勝したとは必ずしも言えないだろう。

図表6-2　日米企業セクターの収益性比較（1980～88年平均）

	日本	アメリカ
売上高営業利益率	5.2%	9.8%
売上高税引後利益率	2.2%	4.5%
株主資本利益率（ROE）	8.6%	13.9%

日本　　：NRI350から総合商社を除いたもの
アメリカ：S&P Industriesの平均

出所：井出正介、高橋文郎著『ビジネス・ゼミナール企業財務入門』日本経済新聞社、1997年、P.383

● 資本コストの定義式

資本コストは、通称WACC（Weighted Average Cost of Capital、加重平均資本コスト、ワックと言う）と呼ばれている。それは文字通り、事業を支える資本の構成要素である負債（D）と、株主資本（E）のコストを加重平均したものである。

$$WACC = \frac{D}{D+E} \times (1-T) \times r_D + \frac{E}{D+E} \times r_E$$

　　　D：有利子負債の市場価値
　　　E：株主資本の市場価値
　　　T：実効税率
　　　r_D：負債コスト（利子率）
　　　r_E：株主資本コスト＝r_f＋β×マーケットリスクプレミアム

資本コストの考え方と定義式の構造は単純だが、実際に計算しようとするとそれほど簡単には行かないので注意が必要だ。まず、何のために資本コストが必要かという目的を、しっかりと認識しておく必要がある。資本コストは投資の意思決定を行うために使う。そのため、本当に知りたいのは過去や現時点の資本コストではなくて、これから将来に向かって発生する資本コストである。プロジェクトを行うに当たって知りたいのは、現在の人件費ではなくて将来の人件費だ、と言うのと同じである。しかし、未来のことは誰にもわからない。そこで、現時点における最も確からしい数字に基づいて資本コストを求めることになる。

　定義式における（D／D＋E）や（E／D＋E）といった、DとEの比率を資本構成と言うが、資本構成も将来の資本構成がどうなるかという観点から設定するのが原則となる。そうすると2つのアプローチが考えられることになる。

　一つは、対象となる事業や会社の資本構成は、最適なDとEのバランスである最適資本構成（第9章173ページ参照）に最終的には落ち着くという考え方に立って、最適資本構成でDとEを設定する。もう一つは、現時点の資本構成が最も確かな将来の資本構成の手掛かりになるという効率的市場仮説の考え方に立って、現状の資本構成でDとEを設定する。どちらが正しいということは理論的には言えないので、次項で説明するように、状況に応じて判断しなければならない。

　現時点の資本構成を採用する場合は、E（株主資本）の市場価値を計算しなければならないが、これについても絶対的なやり方はない。例えば、現時点の株価が投機的な思惑の影響を強く受けているとしたら、現在の株価×発行済み株式数で計算した株主資本の市場価値（＝時価総額）が、将来の株主資本のベンチマークとして適切かという疑問が残る。逆に、直近の株価の平均値を採用すると、そのようなノイズは除去されるかもしれないが、どれだけの期間の株価の平均値を使えばよいかという別の問題が発生する。これも理論的な解答はないので、状況に応じて判断しなければならない。

　一方で、意見の一致を見ている点として、負債（D）も株主資本（E）も簿価ではなく、時価を用いる。なぜならば、資本コストはプロジェクトの資金調達に要するコストだが、そのような資本（DとE）は簿価ではなくて、市場価格で発行されるからである。ただし、負債については、時価のデータを入手することが難しいので、簿価で代用する。借入金の簿価と時価の間に大きな差はないのが普通なので、実務上の問題はないことが多い。

　また、負債（D）は、B/S上のすべての負債ではなく、有利子負債を指す。利子が資本としての負債のコストだからである。例えば、買掛金は負債ではあるが、負債としてのコストが発生しているわけではないので対象外となる。

　負債のコストに（1－税率）を掛けるのは、利子費用は損金処理をして税金の負担を

減らせるので、実質的なコスト負担が税率の分だけ軽減されるからだ。借入金利が10%で実効税率が40%だとすると、キャッシュフローから見た金利の実質負担コストは6%ということになる。

● 資本コストの計算例：NECの資本コスト

それでは実際に企業の資本コストを計算してみよう。ファイナンス理論は純粋に知的な体系なので、実務との間に若干のギャップがあるのが普通だ。そのため、ファイナンス理論をどのように実務に応用するかということがポイントになる。

そこで、実務の最前線ではどのようにして資本コストを計算しているかという観点に立って、NEC（日本電気）の資本コストを計算してみよう。なお、データについては2008年3月末を基準としている。

■資本構成の考え方

資本構成については、NECの最適資本構成と考えられる比率を用いる。個別企業の最適資本構成は各社の財務戦略や経営理念に基づく部分も多く、一意的にはその水準を決定することが難しい。そのため、個別企業の資本構成は業界の平均的な資本構成に落ち着くという考え方、もしくは、個別企業の現状の資本構成が最適資本構成に近いとする考え方を採用することが多い。

総合電機業界は、パナソニックなど一部で著しく負債比率が小さいという特徴的な財務戦略を採っている企業も存在する。そのため、業界の資本構成はNECの最適資本構成としては考えがたいと判断し、NECの現状の資本構成を用いることにする。

■E（株主資本）

Eは時価を使うので、株価×株式数で求める。株価については、一定の期間の株価を平均して見たほうがよいという判断から、2008年3月を基に3カ月のVWAP（Volume Weighted Average Price：出来高加重平均価格）を使う。ピンポイントのタイミングでは投機的な思惑等が入ってくる可能性もあるので、3/31の終値では真の値に対してノイズ（誤差）があると考えたからだ。株式数は、2008年3月末時点の発行済み株式数から自社で取得した自己株式数を差し引いた流通株式数を用いる。

$$
\begin{aligned}
E(時価) &= 株価 \times 流通株式数 \\
&= 427.9378円 \times (2,029,732,635 - 4,946,798)株 \\
&= 866,482（百万円）
\end{aligned}
$$

■D(有利子負債)

Dについては、有価証券報告書に記載された有利子負債(長期と短期の両者を含む)の金額(簿価)で代用する。

D(簿価) ＝758,777(百万円)

■資本構成

以上からNECの資本構成は次のように考える。

負債比率＝D÷(D＋E)＝46.7％ ／ 株主資本比率＝E÷(D＋E)＝53.3％

■r_E(株主資本コスト)

株主資本コストを構成する3つの要素は次のように考える。

リスクフリーレート(r_f)は、2008年3月末時点における長期日本国債(10年)の実績データを使う。それによると、リスクフリーレートは1.284％となる。

$β$はNECのヒストリカル$β$を使う。ヒストリカル$β$はブルームバーグ社より取得できる。2008年3月末から過去2年間で観測されたNECの週次$β$は1.104である。

マーケットリスクプレミアム〔$E(r_M)－r_f$〕は、長期的に市場において観測された数値を用いるべきと考える。イボットソン・アソシエイツ・ジャパン(株)の『Japanese Equity Risk *Premia* Report 2008』によると、日本の株式市場の1963～2007年の45年のマーケットリスクプレミアムの平均値は6％となっている。

以上からNECのr_Eは次のように算定される。

$$
\begin{aligned}
r_E &= r_f + β × マーケットリスクプレミアム \\
&= 1.284\% + 1.104 × 6\% \\
&= 7.91\%
\end{aligned}
$$

■r_D(負債コスト)

負債コストは、主に2通りの算定方法がある。一つは、有価証券報告書から2008年度におけるNECの実績値を調べる方法である。もう一つが、リスクフリーレートに格付け債券のスプレッド(リスクフリーレートからの乖離)を加算して算出する方法である(格付けについては第10章の補論を参照のこと)。つまり、リスクフリーレート＋負債スプレッドの形で負債コストを求めるわけだ。実務では後者のケースが比較的多いの

で、本書もそれに従うことにしよう。

NECの格付けはBBBとなっており、償還期間が10年のBBB格付け債券の対日本国債の負債スプレッドの平均値は0.488となっている（ムーディーズが0.521、S&Pが0.455）。したがって、NECのr_Dは次のように推定される。

$$r_D = \text{リスクフリーレート} + \text{負債スプレッド}$$
$$= 1.284\% + 0.488\%$$
$$= 1.77\%$$

■税率（T）

NECの実効税率は、有価証券報告書から40.5%であることがわかる。

■NECの資本コスト（WACC）

以上の数値を基にして計算すると、NECの資本コストは次のようになる。

$$\text{WACC} = \frac{D}{D+E} \times (1-T) \times r_D + \frac{E}{D+E} \times r_E$$
$$= 46.7\% \times (1-40.5\%) \times 1.77\% + 53.3\% \times 7.91\%$$
$$= 4.71\%$$

●───資本コストの算定に関する注意事項

資本コストを実際に計算しようとすると、いくつか気になる点が発生するはずだ。ここでは実務で遭遇する代表的な課題について説明する。

❶ βが見つからない

実務で手がけるプロジェクトの大半は、会社の本業のプロジェクトである。その場合は、会社のβを使えばよい。しかし、本業とはまったく異なる新規事業をやる場合に、βとして何を使えばよいかということが課題になる。また、βは株価の実績データから導かれるので、非上場企業についてはβがわからないことになる。

このような場合の対処として、類似企業のβや該当する業界のβをベンチマークとして使用する。例えば、微細回路基板事業というニッチなビジネスのβが欲しい場合は、微細回路基板を専業で行っている企業があれば、そのβが使える。そのような企業がなければ、くくりを広げて電子部品業界のβを使えばよいだろう。βというのは、その算

出方法を見れば明らかだが、あくまでも妥当と考えられる近似値である。したがって、ベンチマークとしての妥当性があれば大きな問題はない。

非上場企業の評価をする場合も、上場している類似企業をベンチマークとすればよい。例えば、サントリーのβを求める場合は、キリンやアサヒビールのβを使えばよい。両社の業態がサントリーと同じでないとしても、アルコールを中心とした飲料事業ということでは同じだからである。

重要な点は、数字の厳密性よりも判断の妥当性である。妥当性があれば、経営者は投資家に対して自らの経営判断の合理性について説明責任を果たすことができるからだ。

❷個別プロジェクトのファイナンシング

プロジェクトのファイナンシングと、全社の資本構成の整合性が気になることがある。例えば、A社で投資金額が10億円のプロジェクトPを行うとする。そのための資金として、A社は10億円を銀行から借り入れるとする。この場合、プロジェクトPは100％借入によって行われることになるが、WACCにおけるDとEはどうしたらよいだろうか。全額借入だからDだけでEはゼロとするか、それともA社全体の資本構成を前提としてWACCを計算するか。

このような場合は、全社の資本構成を使ってWACCを計算するのが原則である。その理由は、投資家はプロジェクトPのような個別のプロジェクトのために資本を提供しているのではなく、A社の行っている事業活動に対して資本を提供しているからである。100％借入というのは、プロジェクトPの担当者の視点にすぎない。

❸資本構成が変わる場合

WACCは全社の資本構成を使って計算するのが原則だが、投資のための借入金額が巨額になる場合は全社の資本構成そのものが変わってしまう。このような場合は、上記の原則とは異なる対応が必要となる。資本構成が変わると、DとEの比率が変わるだけでなく、次項で説明するようにβの値が変わるので、資本コストの値も変化するからだ。

A社のβと言った場合、それはA社の過去の株式の実績データから算出されている。したがって、そのβは、A社の資本構成を前提にしていることになる。そのため、前提となる資本構成が変われば、βも変わる。βの決定要因のところで述べたが、財務レバレッジ（借入を増やすこと）がβに影響を与えるからである。

この問題は、上述の❶にも関係する。例えば、サミュエル・アダムスを展開するボストンビールが日本市場への参入プロジェクトを立ち上げて、ベンチマークとしてキリンを選んだとしよう。キリンは従来の安定性重視から有利子負債をいとわない積極策へと

財務戦略の転換を現在進めている*注1。そのためキリンの資本構成はボストンビールとは大きく異なっている。この場合、キリンのβをボストンビールのプロジェクトのベンチマークとしてそのまま使用するのは適当ではない。無借金で事業を展開するボストンビールの資本構成に合ったβに調整する必要がある。

それ以外に資本構成の変化が問題になるケースとしては、M&Aが挙げられる。M&Aは巨額の借入金を伴うことが多いので、買収後の資本構成はそれまでと大きく変わってしまうことが多い。そこで、資本構成とβの関係についてもう少し詳しく説明しよう。

●── 財務レバレッジとβの関係

資本構成が変化すると、βの値も変化することについて、簡単な数値例で確認しておこう。ある会社Xは、資産の市場価値（＝事業の市場価値）が1000億円で、全額株主資本でファイナンシングされている。来年の景気は、好況、堅調、不況の3通りの可能性があり、株式市場のリターン（r_M）はそれぞれ15％、10％、5％になる。

X社の資産の価値も景気に応じて変動する。好況の場合は1600億円、堅調の場合は1200億円、不況の場合は900億円になるとする。負債が存在しないので、X社の資産の価値＝株主資本の価値となる。そうすると、株主資本のリターン（r_E）は、それぞれ60％、20％、▲10％となる。

図表6-3　X社:負債がない場合

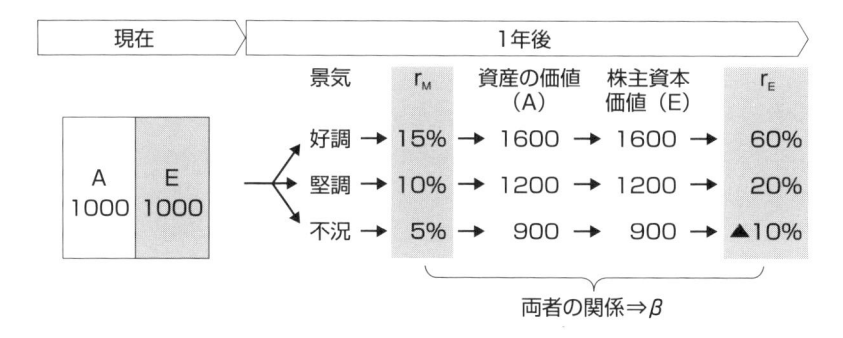

現在		1年後						
		景気		r_M	資産の価値(A)	株主資本価値(E)		r_E
A 1000	E 1000	好調	→	15％ →	1600 →	1600	→	60％
		堅調	→	10％ →	1200 →	1200	→	20％
		不況	→	5％ →	900 →	900	→	▲10％

両者の関係⇒β

ここでX社の資本構成だけを変更して、負債＝400億円、株主資本＝600億円、としよう。負債の金利を5％とし、説明の単純化のため税金は存在しないものとする。1年後にX社はどうなるだろうか。

B/Sの左側に変化はないので、資産は**図表6-3**と同じになる。B/Sの右側は、負債については5％の利子費用が発生するので、D＝400×1.05＝420億円となる。株主

資本の価値は、資産の価値から負債の価値を引いたものになるので、好況の場合は1180億円、堅調の場合は780億円、不況の場合は480億円となる。そうすると、r_Eは、それぞれ97％、30％、▲20％となる。負債が存在しない場合のr_Eと比較して、変動幅が大きくなっていることがわかる。

図表6−4　X社：負債が存在する場合

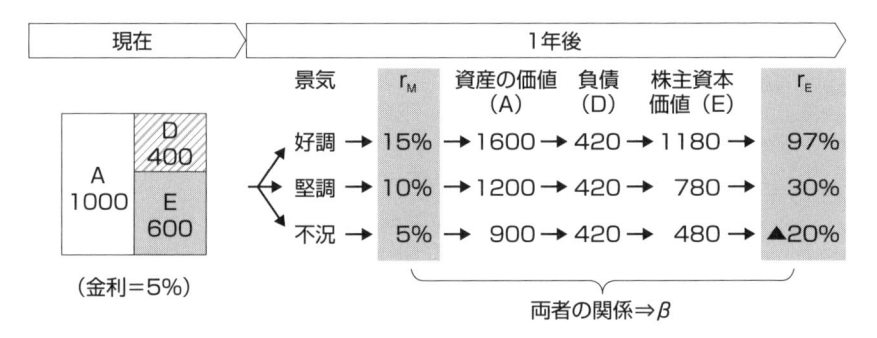

景気	r_M	資産の価値(A)	負債(D)	株主資本価値(E)	r_E
好調	15%	1600	420	1180	97%
堅調	10%	1200	420	780	30%
不況	5%	900	420	480	▲20%

(現在：A 1000、D 400、E 600、金利=5%)

両者の関係⇒β

第5章で説明したように、βとはr_Mの変化とr_Eの変化の関係を表している。負債が増えると、レバレッジ効果によってr_Eの変動が大きくなる。その結果、βの値も大きくなる。まとめると、**図表6−5**のようになる。

図表6−5　資本構成とr_Mとr_Eとの関係

株式市場 r_M	借金なし r_E	借金あり r_E
15%	60%	97%
10%	20%	30%
5%	▲10%	▲20%

結論から言うと、財務レバレッジとβは次のような関係になっている。この式によって、いかなる資本構成にも対応したβを求めることができる。

$$\beta_L = \beta_U\{1+(1-T)(D/E)\} - \beta_D(1-T)(D/E)$$

・β_L：借入が存在する場合のβ（レバードβ）。上記の例で言えばキリンのβ
・β_U：借入が存在しない場合のβ（アンレバードβ）。資産β（Asset β）とも言う。キリンが無借金になった場合のβ

- β_D : 負債のβ
- T   : 税率
- D   : 有利子負債
- E   : 株式の時価

株主がリスクを負担するので債権者はリスクを負担しない、と仮定すればDのリスクはなくなるのでβ_Dもゼロとなる。その場合、上式は次のように表される。実務ではこの式を使うことが多い。

$$\beta_L = \beta_U\{1+(1-T)(D/E)\}$$

この関係式は次のように考えることで導かれる。まず、100%株主資本の場合の企業の価値をB/Sで表すと、次のようになる。

無負債資産（UA）	E_U	株主資本	E_U

無借金なので、株主資本はE_U（アンレバード）、βもβ_Uと表す。資産のβについても、β_{UA}（アンレバードアセット）と表す。B/Sの左右は一致するので、無負債資産の$\beta_{UA}=\beta_U$となる。

ここにおいて借入を行う。金利r_D、借入額D、とし、これを永久に維持するとする。その結果、節税効果*注2（TS：Tax Shield）が毎年D×r_D×Tだけ発生し、その永続価値は（D×r_D×T）/r_D=DTとなる。そうするとB/Sは次のようになる。この場合の株主資本は負債が存在しているので、上記の表記に従えば、E_L（レバード）となるが、Lの表記は省略している（表記がなければEはE_Lを表す）。

節税効果（TS）	DT	負債	D
無負債資産（UA）	D+E−DT	株主資本	E
左合計	D+E	右合計	D+E

B/Sの資産のβである$\beta_{左}$はその構成要素の加重平均で表せるので、次ページにある式のようになる。

ここで、β_{TS}をβ_Dと書き換えている。β_{TS}は株式市場の変動と節税効果との関係を表すが、節税効果は金利を返済することで実現するので、節税効果のリスクは負債のリスクと同じと見なして、$\beta_{TS}=\beta_D$が成り立つと考えられるからである。

$$\beta_{左} = \{UA/(D+E)\}\beta_{UA} + \{TS/(D+E)\}\beta_{TS}$$
$$= \{(D+E-DT)/(D+E)\}\beta_{UA} + \{(DT/(D+E)\}\beta_{TS}$$
$$= \{(D+E-DT)/(D+E)\}\beta_{U} + \{(DT/D+E)\}\beta_{D} \cdots (1)$$

B/Sの右側のβも同様に表すことができる。この場合、Eは負債が存在しているのでβはβ_L（レバードβ）ということになる。

$$\beta_{右} = \{(D/(D+E)\}\beta_{D} + \{(E/(D+E)\}\beta_{E}$$
$$= \{(D/(D+E)\}\beta_{D} + \{(E/(D+E)\}\beta_{L} \cdots\cdots (2)$$

$\beta_{左}$と$\beta_{右}$は一致するので、(1)と(2)より財務レバレッジとβの関係を表す次の式を導くことができる。

$$\beta_L = \beta_U\{1+(1-T)(D/E)\} - \beta_D(1-T)(D/E)$$

　正確性という観点から言えば、資本コストの数値は近似値にすぎない。しかし、その背景となる概念を認識すれば、その重要性が理解できる。原材料にコストがかかっているように、資本にもコストがかかっているということだ。原材料のコストを知らずして経営ができないのと同様に、資本コストを無視して経営を行うことはできない。資本が希少な資源である以上、資本コストを上回る経営を行わないと資本を調達することは困難になる。グローバルな競争環境で生き残るためには、資本コストを意識することは不可欠である。

コラム：コアコンピタンス経営と資本コスト

　資本は希少な資源なので、経営者はそのコストに注意を払って資本の有効活用に努めなければならない。ところが、原材料であれば安くてよいものを仕入れ、無駄のないように使えばよいだけの話だが、資本にはそれだけではない側面があるので、注意が必要である。

　1980年代に日本の鉄鋼メーカーがこぞって半導体事業に新規参入をした。この経営判断に対する鉄鋼メーカーの論理は、「産業のコメと言われた鉄も成熟し、今後は大きな伸びは期待できない。このままではじり貧になることは間違いない。会

社の成長を維持するためには有望分野への進出が不可欠である。これから大きな伸びが期待され、新しい産業のコメと言われているのが半導体だ。産業のコメを提供するのがわれわれのミッションだ。したがって、半導体に参入する」というものだった。会社の成長を使命とする経営者としては、理にかなった経営判断に見えるかもしれない。しかし、資本コストの観点から見るとどうなるだろうか。つまり、希少な資源である資本を提供する投資家の観点に立つとどうか、ということである。

　まず、鉄の需要が頭打ちにあるという当時の鉄鋼メーカーの経営陣の認識に対しては、投資家としても異論はなかっただろう。また、半導体が有望な事業であるという認識も共有していただろう。しかし、だからと言って「半導体事業に参入せよ」ということにはならないはずだ。なぜならば、投資家は「これからの有望な事業は鉄ではなくて半導体だ」と思った瞬間に、株式のポートフォリオを一瞬にして組みかえることができるからだ。例えば、新日鉄の株式を保有している投資家は、新日鉄の株を売って、インテルの株式に乗り換えることができるのである。

　投資家が成熟した鉄鋼株に投資をするのは、相対的に安定したリターンを期待しているからである。したがって、投資家が鉄鋼メーカーに要求する基本コストは、ハイテクでリスクの高い半導体に比べて高いものではない。ところが、そのような投資家の意図によって提供された相対的にローコストの資本を、リスクの高い半導体事業に使うことは、会社の成長を希求する鉄鋼メーカーの経営陣にとってはおいしい話だが、投資家にとってはありがたい話ではない。半導体事業に資本を提供するなら、そのリスクに見合ったリターンを要求するのは当然のことである。

　さらに言えば、投資家は虎の子の資本を半導体事業に提供するに当たって、わざわざ鉄鋼メーカーに「半導体事業をやってください」と依頼するだろうか。常識的にはNoだろう。半導体であればコアコンピタンスのあるインテルに頼むのが普通だ。このように考えれば、コアコンピタンス経営という概念の背景にも、ファイナンス理論の原理原則が貫徹していると言えるだろう。

　もちろん、このことはファイナンス理論が「新規事業をやってはいけない」と言っているわけではない。新規事業に参入するかどうかはファイナンス理論の問題ではなくて、あくまでも事業戦略の問題である。競争優位を築くことができるのであれば新規事業であっても進出すべきだし、そうでないなら手を出すべきではない、ということである。

注1：「キリン、豪乳業2位を買収」『日本経済新聞』2008年8月26日
注2：第1章6ページ参照

第7章 バリュエーション

Point

プロジェクトにGoサインを出すかどうか、複数の投資案件の候補の中でどれがベストか、投資金額がいくらまでならメリットがあるか。このような判断を下す場合に、案件の経済的価値を計算する。それがバリュエーションである。バリュエーションの代表的な方法にNPVがある。

Case

日之出製作所は社内カンパニー制のパイオニアで、事業部に相当するカンパニーの運営は独立採算を原則としていた。カンパニー別のP/LやB/Sも早くから整備されており、それに基づいて各カンパニーは独自に投資プロジェクトを選定していた。投資金額が10億円を超えなければ、経営会議による承認も不要であった。

総合メーカーという日之出の性格上、ある投資プロジェクトをどのカンパニーが担当するかはそれほど明白ではなかった。そのため、1つのプロジェクトを巡ってカンパニー同士で取り合うということも珍しくなかった。

日之出では、ブラウン管を扱うディスプレイカンパニーの市川と、半導体カンパニーの尾上は次の次の社長候補としてライバルの関係にあった。その2人がいよいよ相まみえるというので、日之出の社内はその話で持ち切りだった。事の発端は液晶パネルだった。ディスプレイの世界では長年にわたってブラウン管がドル箱として君臨してきたが、液晶パネルが性能、価格ともブラウン管に取って代わるめどが立ってきたのである。この液晶パネル事業に対して、ディスプレイカンパニーと半導体カンパニーがそれぞれ名乗りを上げたのだった。

市川か尾上か——桟敷席も両派に分かれて大騒ぎとなっていた。社内雀によれば舞台裏は次のようになっていた。

「ブラウン管が液晶パネルに取って代わられるのは間違いない。したがって、ディスプレイカンパニーは液晶パネルを取れなかったらジリ貧だ。だが、市川はそんなことはお

くびにも出さず、『客を押さえているのはわれわれだから、ディスプレイカンパニーが担当するのが筋だ』という大義名分を掲げている。マーケティング重視というのは小坪社長の方針だからね」
「ところが、液晶パネルは製造技術的には半導体の製造とまったく同じ原理だ。だから、尾上が手を上げたというわけだ。その点から見れば、この勝負は尾上が有利な状況にある。戦略家の尾上としては、これをきっかけにディスプレイカンパニーを自分の傘下に入れようとしているのではないか」

騒々しい社内とは裏腹に、尾上の気持ちは沈んでいた。事業計画を立案している尾上の苦悩の原因は、半導体カンパニーの財務諸表にあった。巨額の投資が必要なメモリー半導体のせいで半導体カンパニーは莫大な借金を抱えるようになっていた。このうえさらに液晶パネルに巨額の投資をするとなると、社内借入による金利の負担はさらに重くのしかかってくる。プロジェクトの収支を試算したところ、社内金利の負担が大きくてなかなか利益が出ないことがわかった。

それに比べて、ディスプレイカンパニーはB/Sに借金がないばかりか、手元資金も豊富にあった。ディスプレイ事業はすでに大規模な投資は完了しており、大きく収益が上がる事業段階にあったのだ。このことは、ディスプレイカンパニーでやれば自己資金で投資をまかなえるので利益が出る、ということを意味していた。ディスプレイカンパニーに液晶パネルの技術がないとしても、やり手の市川なら韓国メーカーと提携するというシナリオを描いているに違いないと尾上は思った。
「日之出全体で見れば、製造ノウハウを持っている半導体カンパニーでやるほうがいいに決まっている。だが、金利負担で利益は出せないから、経営会議を通すのは簡単ではない……。しかし、そもそも利益によって事業の経済性を判断していいものだろうか」

理論

事業の経済的価値を評価することを、バリュエーション（valuation）と言う。代表的なバリュエーションの方法がNPVである。ここではNPVを中心として、APV（Adjusted Present Value）、IRR（Internal Rate of Return）、EVA（Economic Value Added）といった他のアプローチについても説明する。

1● NPV

事業の経済的価値を評価するためには、キャッシュフロー、現在価値、リスクの3つ

の視点が必要であると第1章で述べた。この3つの視点を織り込んだ経済性指標が、NPV（Net Present Value、正味現在価値）である。NPVが正の数字であれば、プロジェクトには経済的価値があるということになる。したがって、投資プロジェクトに対してGoサインを出すことができる。

図表7-1　NPVの構成

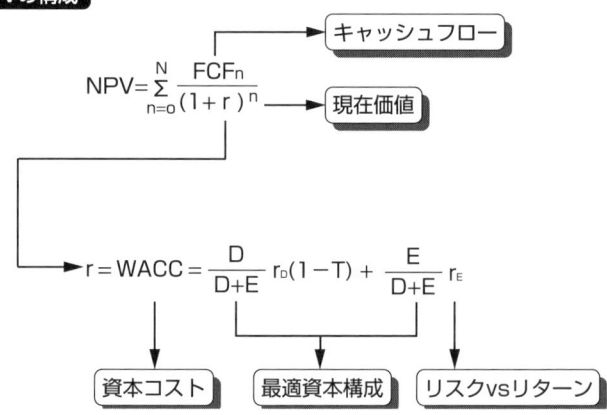

$$NPV = \sum_{n=0}^{N} \frac{FCF_n}{(1+r)^n}$$

→ キャッシュフロー
→ 現在価値

$$r = WACC = \frac{D}{D+E} r_D(1-T) + \frac{E}{D+E} r_E$$

↓　　　　↓　　　　↓
資本コスト　最適資本構成　リスクvsリターン

　定義式からわかるように、NPVとは毎年のFCF（フリーキャッシュフロー）をN年（期間）に至るまでr（割引率）で割り引いたものの合計である。そこにおいて変数は、FCFとrとnの3つだけである。したがって、この3つの変数さえわかれば、事業の経済的価値がわかることになる。それぞれについて説明をしよう。

❶フリーキャッシュフロー

　これまでの議論で、キャッシュフローという言葉は何度も使ってきた。それとは違うフリーキャッシュフローという用語が出てきたので、おやっと思う読者もいることだろう。実際、フリーキャッシュフローは、初めて接する人にはしっくりこない面がある。フリーキャッシュフローの定義は次のようになっている*[注1]。

　　　　FCF＝100％株主資本で資金をまかなった場合のキャッシュフロー
　　　　　　＝無借金だと仮定した場合のキャッシュフロー
　　　　　　＝営業利益×(1－税率)＋減価償却費－投資－⊿運転資本

　フリーキャッシュフローとは、100％株主資本で資金をまかなってプロジェクトを

行った場合、つまり、無借金でプロジェクトを行った場合に得られるキャッシュフローのことである。

　金利費用が発生しないことになるので、通常のキャッシュフローで「純利益」に相当する部分が「営業利益×(1－税率)」、つまり、税引後営業利益となっている。それ以外は第2章で説明したキャッシュフローと同じである。

　この定義に違和感を覚えるのは、プロジェクトが実際に借金を活用しても、あるいは、会社が借金を活用していても、無借金と仮定するところである。借金の有無が事業の経済的価値に影響を及ぼすのは事実である。それにもかかわらず、このような非現実的な仮定を置くのはもちろん理由がある。それは計算上の便法ということである。

　キャッシュフローに借金の要素を反映させると、事業の経済的価値の源泉であるB/Sの左側（資産）と、右側のファイナンシング（負債）の要素が混在してしまい、計算が複雑になる。

　そこで、いったん無借金ということにしてファイナンシングの要素を排除し、資産のリターンをフリーキャッシュフローという形で押さえる。そして、ファイナンシングの要素はすべて割引率で調整するというのが、NPVのアプローチである。

　無借金という非現実的な仮定を置いて計算しても事業の経済的価値を適切に導くことができるメカニズムについては、章末の補論（144ページ）で説明する。

❷割引率

　割引率には資本コストであるWACCを使う。本業のプロジェクトを実施する場合は、会社の資本コストを使う。本業とは異なる事業領域の新規事業のプロジェクトを実施する場合は、その業界の資本コストを使えばよいだろう。本業とは事業リスクの異なる新規事業について、本業の資本コストで評価するのは妥当性を欠くからだ。

　そういう意味から言うと、本業のプロジェクトでも、会社の資本コストの代わりに、会社が属する業界の資本コストを使うこともできる。βの算定のところで説明したように、βはあくまでも近似値である。個別企業の実績に基づいたβは、その会社の事実に基づいているという点は強みだが、われわれが知りたいのは事業のリスクである。そうすると事業のリスク係数としては、業界のβのほうがノイズ（統計的な誤差）が少ないという強みがある。

　また、資本構成についても個別企業で見るとさまざまな変化があるが、業界レベルで捉えると一定の傾向が見られる。例えば、製薬業界は無借金、重厚長大産業は借金が多く、エレクトロニクスはその中間にある。資本コストは資本構成の安定性を前提としているので、業界をベースにしたほうが資本構成の安定性があるという強みがある。

❸期間

期間についてはプロジェクトの寿命に応じて設定する。事業の寿命をどう見るかという経営判断が勝負所となる。プロダクトライフが5年しか期待できなければ、プロジェクトの期間は5年で設定する。鉄などの基礎素材であれば事業ライフは半永久的と考えられるので、期間は長期で設定する。その場合は、一定の期間（例えば10年）については毎年キャッシュフローを計算して、それ以降の期間のキャッシュフローについては残存価値（ターミナルバリュー）として一括して評価する。

❹残存価値の計算

残存価値とは、毎年のキャッシュフローを予測できる期間（例えば10年）以降のプロジェクトの経済的価値のことである。

残存価値の計算方法として用いられるのが、永続価値の定義式（51ページ参照）である。最終的には事業が安定して、キャッシュフローが一定の水準に落ち着くと想定するわけだ。例えば、10年目のFCFが1億円で、11年目からもこの金額が永続すると仮定する。割引率が5％とすれば、10年目の時点における残存価値は1／0.05＝20億円となる。不動産の賃貸事業のような場合はこのようなアプローチが有効であろう。

しかし、11年も先のキャッシュフローを正確に予測することは現実的には難しい。そのため、永続価値を使った残存価値はリアリティに欠ける面がある。そこで、もう一つのアプローチとして、相場を使って残存価値を評価する方法がある。これはわれわれが日常生活で行っているやり方である。

例えば、トヨタのクラウンを買うときに、5年間乗り回してから下取りに出すという目論見で購入予算を立てる。その場合、5年後の下取り価格を見積もるために、中古車情報雑誌を見て5年落ちのクラウンの相場をチェックするだろう。そして新車からの価格下落率を見て、それを参考にして購入予算の見積もりを立てるはずだ。これと同様の理屈で、事業価値の相場を残存価値として使うのである。

相場による代表的な評価方法としてEBITDAマルチプルがある。EBITDAとは、Earnings Before Interest, Tax, Depreciation & Amortization（利子前・税前・償却費前利益）で、イービットダーと言う。営業利益＋減価償却費で代用することが多い。マルチプルとは倍数という意味である。

この評価方法は、EBITDAの何倍でM&Aにおける買収価格が成立しているか、あるいは、EBITDAの何倍で株価（時価総額）が成立しているか、というアプローチである。例えば、食品業界のM&Aは、世界的に見てEBITDAの9倍程度で買収価格が成立して

いるという相場がある*注2。そうすると、食品事業については、プロジェクトを売却するとしたらEBITDAの9倍で売れると想定できるので、残存価値をEBITDAの9倍と設定するのである。事業の経済的価値の理論値がいくらであっても実際にこの価格で売れるのだからいいじゃないか、という現実的な考え方である。

EBITDAという指標が使われるのは、会計上の利益よりもキャッシュフローに近い概念なので、企業価値との連動性が高いと考えられるためである。もちろん、倍率としてEBITDAを使わなければならないということではない。売上高が事業価値の相場を最もよく表しているということであれば、売上高を使った倍数を使えばよい。

筆者の経験では、ファイナンス業界の人はEBITDAの倍率を重視するが、事業会社の人は売上の倍率を好むように思われる。これは、一番難しいのは事業の地盤を作ることで、地盤があれば、後は創意工夫をこらすことで何とかできると考えるのが事業家の発想だからであろう。

EBITDAマルチプルをバリュエーションで多用しているのが、買収ファンドである。日本で活動するファンド51社を対象にバリュエーションで「頻繁に使用する指標」を調査したところ、51社中44社と最も多くの支持を集めたのがEBITDAマルチプルである。次いでDCF（Discounted CF、NPVのこと）の33社である*注3。ファンドは企業を買収してから3〜5年という短期間で売却をする。したがって、実際にいくらで売れるのかというのが関心の的なので、相場を表すEBITDAマルチプルが指標として使いやすいのだろう。

以上の説明で明らかだが、バリュエーションは機械的なアプローチで数字を計算するものではない。よくよく考えてみれば、キャッシュフローもすべて見込みである。資本コストも概念的にはエレガントだが、実際の数字は近似値にすぎない。来年の景気もわからないのに10年以上先のことがわかるはずがない。したがって、数字だけを見ても何も判断はできない。バリュエーションにおいて鍵を握るのは、数字の考え方とその根拠となる事業戦略である。将来を正確に予測することは経営者には求められていない。しかし、「こういう根拠で判断した。したがって、自分の経営判断については合理的な根拠がある」という説明責任を果たすことが、経営者には求められるのである。

● ── **NPVによる投資プロジェクトの評価例**

それでは、実際にNPVの計算をやってみよう。実戦の役に立つように、企業で投資プロジェクトを評価する場面をできるだけリアルに再現したケース仕立てで説明をする。

＜ケース＞ インダストリープラスチック（IP）社の新規事業

❶家庭用プラスチック業界とIP社の状況

　インダストリープラスチック（IP）社の新規事業部の企画課長となった橋本は、就任早々、家庭用市場への新規参入を狙った事業計画の作成に参加することになった。営業と製造で作成された計画を、ファイナンスの専門家として完成させ、事業価値を評価することが橋本の任務だった。

　IP社は工業用プラスチック製品の大手メーカーで、主として工場で使われるコンテナを扱っている。製品は汎用品から精密加工を要求されるハイテク製品まで、幅広いラインアップを誇っていた。しかし、製造業の空洞化に伴い、内需は頭打ちとなっていた。また、プラスチック製品はかさばるために輸送費がかかり、輸出をして利益を得ることも難しかった。そこでIP社の経営陣は、国内市場において新しい事業を展開しなければならないと考えた。

　このような背景の下に半年前に新規事業部が設立され、このたび最初のプロジェクトとして家庭用プラスチック市場への新規参入が提案されたのである。

　家庭用プラスチック市場は、年間で1000億円の市場規模があると推定されている。不景気の影響で派手なレジャー需要が落ち込む中、家庭用プラスチック市場はガーデニングやキャンピングなどのブームにも支えられ、向こう5年間は年率4％程度の成長が期待されている。もっとも、少子化の影響もあり、それ以降の需要は横ばいになるものと思われている。市場はGP（ゼネラルプラスチック）社とHW（ホームウェア）社の専業メーカーが70％のシェアを押さえ、残りの需要はローカルの中小企業によって満たされている。

　IP社の戦略は、工業用プラスチックの製造で培ったノウハウを家庭用市場にも活用しようというものである。調査機関であるデータサーチ社によれば、売上に対するキャッシュコスト（売上原価から減価償却費を除いたもの）は競合が60％であるのに対し、IP社は40％でできるということだった。このようなコスト競争力を武器にしてIP社は、3年後に20％の市場シェアを取るという野心的な計画を立てていた。

❷データの入手

　事業計画のドラフトを手にした橋本は、必要なデータが揃っているかどうかをまずチェックした。用意されているデータは、P/Lベースの予測と資金調達の計画について説明したものだった。

第7章　バリュエーション　　　125

■事業収支計画

(単位：億円)

	Yr1	Yr2	Yr3	Yr4	Yr5	Yr6	Yr7	Yr8	Yr9	Yr10
全需	1000	1040	1080	1120	1170	1200	1200	1200	1200	1200
目標シェア	10%	15%	20%	20%	20%	20%	20%	20%	20%	20%
売上高	100	160	220	220	230	240	240	240	240	240
売上原価	64	88	112	112	116	96	96	96	96	96
・減価償却費	24	24	24	24	24	0	0	0	0	0
・その他	40	64	88	88	92	96	96	96	96	96
一般管理費	10	16	22	22	23	24	24	24	24	24
営業利益	26	56	86	86	91	120	120	120	120	120
利子費用	6	5	4	3	2	1	0	0	0	0
税引前利益	20	51	82	83	89	119	120	120	120	120
税金(50%)	10	26	41	42	45	60	60	60	60	60
純利益	10	26	41	42	45	60	60	60	60	60

■投資および資金計画

- 投資金額：120億円。初年度に全額投入する。
- 資金調達：全額借入で対応する。借入金利は社内レートの5％で設定。
- 資金返済：元本を毎年20億円返済し、6年目で完了。

　これだけのデータではバリュエーションができないことは明らかだった。そこで橋本がまず調べたのは、競合他社のデータだった。家庭用プラスチック事業は、工業用とはビジネスリスクが異なることが予想された。そこで、競合他社のデータを調べて、βを求める必要性を感じたのである。その結果、橋本は次ページにあるデータを入手した。

❸ βの算出

　このデータを基にして、橋本は家庭用プラスチック事業のβを計算した。最初にGP社とHW社の時価ベースでの資本構成を確認し、その数字を使って、それぞれの会社の

■競合他社の基礎データ

P/L

(単位：億円)

	GP社	HW社
売上高	400	300
製品原価	270	200
・減価償却費	30	20
・その他	240	180
一般管理費	50	40
営業利益	80	60
利子費用	6	4
税前利益	74	56
税金（50%）	37	28
純利益	37	28

B/S

GP社

現金	30	買掛金	70
売掛金	50	短期借入金	30
たな卸資産	80	長期借入金	100
固定資産	140	株主資本	100
計	300	計	300

HW社

現金	10	買掛金	50
売掛金	40	短期借入金	20
たな卸資産	60	長期借入金	50
固定資産	90	株主資本	80
計	200	計	200

株式情報

	GP社	HW社
株価	150円	200円
発行済み株式数	2億株	1億株
β	0.8	0.9

アンレバードβ（β_U）を求めた。両社の業績は歴史的に見ても安定しているので、負債のリスクはゼロと見なした（$\beta_D=0$）。

GP社
  D $=30+100=130$(有利子負債の金額。簿価で代用)
  E $=150\times 2=300$(株式時価総額)
  β_U^{GP} $=\beta_L/\{1+(1-T)D/E\}=0.8/(1+0.5\times 130/300)$
         $=0.66$
HW社
  D $=20+50=70$
  E $=200\times 1=200$
  β_U^{HW} $=\beta_L/\{1+(1-T)D/E\}=0.9/(1+0.5\times 70/200)$
         $=0.77$

　ベンチマークとなる企業のアンレバードβがわかったら、次は家庭用プラスチック業界のアンレバードβの算定である。GP社とHW社で市場の7割を押さえているので、両社の資産の時価（＝D＋Eの時価）をもって業界の資産の近似値としてもよいだろう。そうすると業界の資産総額は、GP社の資産が430億円（＝130＋300）、HWの資産が270億円（＝70＋200）なので700億円となる。両社のアンレバードβはそれぞれの資産についてのβ値なので、業界のアンレバードβは両社の資産による加重平均となる。

  $\beta_U^{業界}$ $=\beta_U^{GP}\times (430/700)+\beta_U^{HW}\times (270/700)$
         $=0.66\times (430/700)+0.77\times (270/700)$
         $=0.70$

❹割引率の決定

　こうしてプロジェクトで使う割引率を決定できるところまで来た。橋本は、家庭用プラスチック事業は産業用とは違ってリスクが低いこと、そのため専業メーカーはIP社よりも負債を活用していて資本構成が異なることから、このプロジェクトを独立した会社と見なして評価すべきであると判断した。そのため、IP社のWACCではなく、家庭用プラスチック事業の業界のWACCを、割引率として採用することにした。

　業界の資本構成は、D＝130＋70＝200、E＝300＋200＝500、なので、業界のレバードβは次のように計算して求められる。

  $\beta_L^{業界}$ $=\beta_U^{業界}\times \{1+(1-T)D/E\}=0.70\times \{1+0.5\times 200/500\}$
         $=0.84$

業界の資本コストを算定するために必要となる情報を調べたところ、次のデータを得た。

　　r_f（リスクフリーレート）　　：2％
　　r_D（借入金利）　　　　　　：3％
　　マーケットリスクプレミアム：6％

これらのデータを基にして、橋本はまず株主資本の期待リターン（r_E）を計算した。

$$r_E = r_f + \beta_L^{業界} \times マーケットリスクプレミアム = 2\% + 0.84 \times 6\%$$
$$= 7.0\%$$

割引率として使う家庭用プラスチック業界のWACCは、次のようになった。

$$WACC_{業界} = (200／700) \times 3\% \times (1-0.5) + (500／700) \times 7\%$$
$$= 5.4\%$$

❺フリーキャッシュフローの算出

次に橋本は、フリーキャッシュフローの算出に取り掛かった。事業計画はP/Lベースなので、キャッシュフローを計算するために必要な運転資本の数字が欠落していた。そこで、競合他社の財務情報をベンチマークとすることにした。GP社とHW社のB/Sから運転資本を計算すると、次のようになった。

　　GP社の運転資本　＝受取手形＋在庫－支払手形＝50＋80－70
　　　　　　　　　　　＝60
　　HW社の運転資本　＝50

運転資本の額は売上と連動するのが一般的なので、両社の売上に占める運転資本の比率を計算すると、それぞれ15％と17％であった。IP社の場合は、新規参入で経験が乏しいので運転資本のコントロールは先発2社の水準には届かないと見た橋本は、売上高に対する運転資本の比率を20％と仮定することにした。

エクセルに数字を入力しようとして改めて事業計画を眺めていた橋本は、気になる点を発見した。一つは一般管理費だった。事業計画では、売上高に対する一般管理費の比

第7章　バリュエーション

率が10％で設定されていた。これは本業の産業用プラスチックのプロジェクトに対して設定されている社内ルールである。B to BとB to Cでは、販売費を含む一般管理費の水準は違うのではないかと思った橋本は、競合他社の一般管理費をチェックした。その結果、売上に対する一般管理費の比率はGP社が13％、HW社も13％であることがわかった。

新規参入に当たってはブランドの確立のために宣伝広告も積極的に打つ必要がある中で、10％という数字は非現実的だった。そこで競合他社よりも高い一般管理費が避けられないと判断した橋本は、最初の5年は30％、6年目以降は20％で数字を設定することにした。

もう一点は、設備のメンテナンスだった。計画では120億円の設備投資を5年で減価償却をし、それ以降は設備の保守費用を織り込んでいなかった。これも非現実的と判断した橋本は、本業で発生している保守費用を参考にして、6年目以降毎年10億円を保守投資として計上することにした（減価償却は発生しないものとする）。

❻新しい事業収支計画とFCF

（単位：億円）

	Yr0	Yr1	Yr2	Yr3	Yr4	Yr5	Yr6	Yr7	Yr8	Yr9	Yr10
売上高		100	160	220	220	230	240	240	240	240	240
売上原価		64	88	112	112	116	96	96	96	96	96
・減価償却費		24	24	24	24	24	0	0	0	0	0
・その他		40	64	88	88	92	96	96	96	96	96
一般管理費		30	48	66	66	69	48	48	48	48	48
営業利益		6	24	42	42	45	96	96	96	96	96
運転資本		20	32	44	44	46	48	48	48	48	48
税引後営業利益		3	12	21	21	23	48	48	48	48	48
減価償却費		24	24	24	24	24	0	0	0	0	0
投資	120						10	10	10	10	10
△運転資本		20	12	12	0	2	2	0	0	0	0
FCF	−120	7	24	33	45	45	36	38	38	38	38

❼残存価値の設定

事業計画ではYr10までの年度別の計画数字が記されていた。NPVを計算するためには、Yr11以降の残存価値についての判断も必要だった。事業戦略の説明を受けていない橋本にとって、残存価値は判断しかねる課題だった。そこで、非現実的かもしれない

がYr10のキャッシュフローが横ばいで永続するケースと、マルチプルを使ったケースの両方を用意することにした。マルチプルについては、競合他社の資産（時価）に対するEBITDA（営業利益＋減価償却費）と売上を比較することでマルチプルを算定した。

EBITDAの倍数
・GP社の資産（時価）÷GP社のEBITDA（営業利益＋減価償却費）＝430÷110＝3.9倍
・HW社の資産（時価）÷HW社のEBITDA＝270÷80＝3.4倍

売上の倍数
・GP社の資産（時価）÷GP社の売上＝430÷400＝1.08倍
・HW社の資産（時価）÷HW社の売上＝270÷300＝0.9倍

IP社の事業計画による事業の将来像は、規模において現在のHW社には及ばないが、収益性はHW社に勝るということになっている。そこで橋本はマルチプルとしてHW社のものをベンチマークとして採用することにした。

こうして3つのタイプの残存価値を設定した。

（1）永続価値法　　　　　　：38÷5.4%　　＝704
（2）マルチプル（対EBITDA）：96×3.4倍　　＝326
（3）マルチプル（対売上）　　：240×0.9倍　＝216

❽NPVの算出

残存価値をYr10に計上して、最終的にFCFは次のようになった。

	Yr0	Yr1	Yr2	Yr3	Yr4	Yr5	Yr6	Yr7	Yr8	Yr9	Yr10
FCF	−120	7	24	33	45	45	36	38	38	38	38
残存価値（1）											704
残存価値（2）											326
残存価値（3）											216

FCF合計											
（1）	−120	7	24	33	45	45	36	38	38	38	742
（2）	−120	7	24	33	45	45	36	38	38	38	364
（3）	−120	7	24	33	45	45	36	38	38	38	254

NPV（1）= 547億円
NPV（2）= 327億円
NPV（3）= 261億円

　NPVを計算した結果はプラスとなり、その経済的価値も少なくとも261億円と見積もられた。これによって、このプロジェクトは数字上の問題がないことはわかった。ただし、計画通りに行くかどうかはすべて事業戦略にかかっていた。事業計画を見る限りにおいて、IP社の事業戦略の核心はそのコスト競争力にあった。家庭用プラスチック事業のKSF（Key Success Factor、成功の鍵）は果たしてコスト競争力なのだろうか。「明日の幹部会議ではまずこの点が議論の中心となるはずだ。事業部長の竹下には事前にそれを伝えておこう」と橋本はつぶやいた。

● NPVの注意事項

　ファイナンス理論は事業の経済的価値を定量的に評価する指標として、NPVが最適であるとしているが、それはNPVが完全無欠であると主張しているわけではない。特に注意を要する点として、割引率であるWACCの安定性が挙げられる。WACCの値が安定するためには、会社の資本構成（DとEの比率）が安定していなければならない。これは、会社の資本構成は一定であるという前提を置いていることを意味している。ところが、厳密に言うと、株式の時価総額は日々変化するので、会社の資本構成が常に一定ということはない。一方で、資本構成は業界ごとに一定の傾向があるので、会社の資本構成は不安定であるとも言えない。そこで、次のような考え方で対応することになる。

　第1に、現在の資本構成に基づいたWACCを採用する。これは、現在の資本構成がこれからの資本構成を表す、最も確かな手掛かりであると判断できる場合に有効である。

　第2に、会社の時価ベースの目標資本構成を設定して、それを基準にして資本構成を設定してWACCを求めるという考え方がある。第9章「財務政策」で議論するが、企業にとっての最適な資本構成という考え方がある。企業が最適と考える資本構成を目指して財務政策を実行するのであれば、目標資本構成に基づいたWACCには妥当性がある。

　第3に、業界の資本構成を基にした業界のWACCを採用する。個別企業の資本構成はバラツキがあるが、最終的には業界の資本構成に収斂すると考えられるので、業界の資本構成が最適資本構成であると考える。どれが真実の値かということに関して、ファイナンス理論は答えを持ち合わせていない。WACCはあくまでも神のみぞ知る真実の値に対する近似値なので、実務的にはプロとして説明責任が果たせると判断した値を使えばよい。

一方で、資本構成が一定という前提が大きく崩れる場合もある。例えば、社運を賭けるような大型プロジェクトを借金によって実施する場合、M&Aを行う場合、ファンドの傘下に入る場合、などである。このような場合の典型的なパターンは、最初に大規模な借金をして、それをできるだけ短期間に減らしていく。このため、毎年の資本構成は大きく変わり、資本構成が一定というNPVの前提が崩れるので、NPVを使うことはできなくなる。このようなケースで活用されるのが、APV（Adjusted Present Value、調整現在価値）である。

2● APV（Adjusted Present Value、調整現在価値）

●──── APVの考え方

WACCを使ったNPVの論理構成には、そもそも、WACCの安定性に絡んだやっかいな問題がある。FCFをWACCで割り引くことによって、事業の経済的価値（A）、さらに株主資本の市場価値（E）を決定することができるが、そもそもEがわからないとWACCを計算することができないのだ。つまり、「Eを求めるためには、Eがわからないとダメ」ということである。このようにWACCを使ったNPVには、証明すべき結論を前提に用いるという循環性の問題がある。

もちろん、これによってNPVが有効性を失うということではない。実務において大半のプロジェクトは会社の資本構成に大きな影響を与えないので、WACCの安定性を前提としてよい。また、IP社のケースのように本業とは異なる業界に属するプロジェクトを行う場合は、その業界のWACCをベンチマークとして採用すれば問題はない。

しかし、会社の資本構成が著しく変化する場合は、WACCを使ったNPVはその前提条件が崩れる。そこで、APVの考え方が必要になる。

APVもNPVと同様に、B/Sの左側が生み出すFCFをベースとして事業の経済的価値を考える。NPVがB/Sの右側の要素をWACCに一本化して事業の価値を評価するのに対して、APVはベースとなるFCFの価値と負債による節税効果の価値に分けて事業の価値を評価する。簡単な数値例を使って説明しよう。

次のような営業利益を生むプロジェクトがある。このプロジェクトを無借金で行った場合は、投資家は株主だけとなり、手取りのキャッシュフローはFCFということになる（単純化のため減価償却費、投資、⊿運転資本は無視する）。

営業利益	60
税金（40％）	24
FCF	36 →株主のCF＝投資家のCF

　このプロジェクトを負債を活用して行うと、次のようになる。ただし、利子費用（＝借入額×金利）は10とする。

営業利益	60
利子費用	10 →債権者のCF
税前営業利益	50
税金（40％）	20
税引後CF	30 →株主のCF

（債権者のCF＋株主のCF＝投資家のCF）

　この場合、投資家は債権者と株主ということになるので、投資家のCFは10＋30＝40となる。無借金の場合と比べると投資家の手取りは4億円増えることになる。これは利子費用が税控除の対象となるので、節税効果が発生するからだ。節税効果（40－36＝4）は、利子費用×税率（＝10×40％＝4）という式で表すことができる。この数値例から、投資家の手取りはFCFに節税効果を加えたものに一致することがわかる。

$$\text{投資家（債権者＋株主）の手取り} = 10+30 = \mathbf{40}$$
$$\text{‖}$$
$$\text{FCF＋節税効果} = 36+4 = \mathbf{40}$$

以上から、事業の経済的価値は次のように一般化できることがわかる。

　　事業の経済的価値＝投資家の手取り＝債権者のCF＋株主のCF
　　　　　　　　　　＝FCFの価値＋節税効果の価値

　これがAPVのアプローチである。つまり、事業の経済的価値を100％株主資本による場合の価値（＝FCFの価値）と節税効果の価値に分解して評価するのである。節税効果はファイナンス用語としてはTS（Tax Shield、shieldは盾の意）と呼ばれることが多いので、次のように表す。

$$\text{APV} = \text{FCFの現在価値} + \text{節税効果の現在価値}$$
$$= PV(FCF) + PV(TS)$$

APVは100%株主資本でプロジェクトを実行した場合の価値に、節税効果の価値を加えていくので、FCFの現在価値を計算するときの割引率は、100%株主資本の場合の資本コストを用いる（βはアンレバードβを使う）。

割引率：$r_E = r_f + \beta_U \times \text{マーケットリスクプレミアム}$

節税効果の現在価値を計算するときの割引率は、借入金利（r_D）を使う。節税効果が実現するためには利益が出ていることが条件となるが、そのリスクは借入金利に反映されていると考えるからである。

● ── **APVの計算例**

それでは簡単な数字を使ってAPVを計算してみよう。投資金額が10億円、毎年の税引後キャッシュフロー（＝FCF）が3億円、期間が5年のプロジェクトを考える。このプロジェクトのために5億円を借り入れることにし、借金は毎年1億円ずつ返済していく。100%株主資本の場合に期待されるリターン（r_E）は10%で、借入金利は5%、税率は40%とする。

まず、100%株主資本の場合のプロジェクトの経済的価値を求める。これは一般的にベースケースと呼ばれている。

（単位：百万円）

$$PV(FCF) = -1000 + \frac{300}{1.1} + \frac{300}{(1.1)^2} + \frac{300}{(1.1)^3} + \frac{300}{(1.1)^4} + \frac{300}{(1.1)^5}$$

$$= 137$$

節税効果（＝金利費用×税率）は次のようになる。

	Yr0	Yr1	Yr2	Yr3	Yr4	Yr5
借入金残高	500	400	300	200	100	0
金利費用		25	20	15	10	5
節税効果		10	8	6	4	2

節税効果の現在価値は次のとおりである。

$$PV(TS) = \frac{10}{1.05} + \frac{8}{(1.05)^2} + \frac{6}{(1.05)^3} + \frac{4}{(1.05)^4} + \frac{2}{(1.05)^5}$$

$$= 27$$

以上から、APVは次のようになる。

APV＝ベースケース＋節税効果＝137＋27＝164(百万円)

仮に負債額が一定だと仮定すると、節税効果（$D \times r_D \times T$）は毎年一定となるので、永続価値の定義式が使える。その場合、APVは次のように表される。

APV＝PV(FCF)＋($D \times r_D \times T$)／r_D＝PV(FCF)＋DT

● WACC法とAPV法の使い方

バリュエーションには、WACCを使ったNPV（ここではWACC法と呼ぶ）と、APVという2つのアプローチがあるので、混乱しないようにそれぞれの使い方について整理をしておこう。

WACC法とAPV法では、前提とする資本構成の条件が異なる。WACC法は資本構成が一定とするのに対して、APV法は資本構成を一定としない。つまり、両者は異なる測定条件に対応した評価方法である。測定条件が異なる以上、WACC法とAPV法の計算値は一致しない。それはWACC法とAPV法のどちらが正しいということではなく、測定条件の違いを反映しているということにすぎない。したがって、一つのプロジェクトをWACC法とAPV法の2通りの方法で評価することはありえない。測定条件、つまり、対象となるプロジェクトの状況に応じて、WACC法とAPV法を使い分けることになる。

理論的には、WACC法には循環性の問題があるので、APV法のほうがエレガントである。しかし、会社の中でプロジェクトを行う場合、APV法で必要となる節税効果の算定が難しいというやっかいな問題が発生する。それぞれ一長一短があると言えよう。

● WACC法が有効なケース
・会社の本業のプロジェクト

- 会社のWACCを使う
・会社の本業とは異なる事業領域の新規プロジェクト
- プロジェクトの属する業界のWACCを使う
- APV法が有効なケース
・会社の資本構成が大きく変化する場合
- 企業買収、リストラ
- 会社の本業のプロジェクトだが、社運を賭けるような巨大プロジェクト
・ゼロから独立したプロジェクトを始める場合
- 起業

3 IRRとEVA

事業の経済的価値を評価するその他の指標として、IRRとEVAがある。

IRR (Internal Rate of Return)

IRRは内部収益率とも言い、NPVがゼロとなるような割引率のことである。IRRがWACCを上回れば、事業の経済的価値があるという判断ができる。

$$\sum_{n=0}^{N} \frac{FCF_n}{(1+r)^n} = 0$$

上式を満たす $r = IRR$

判断基準：IRR > WACC

IRRはNPVとは双子の関係にある。パーセンテージで数値が得られるので、直感的に事業の収益性をイメージしやすい利点がある。ほとんどの場合においてIRRは有効に機能するが、注意が必要なときもある。

第1に、キャッシュフローの正負の変化が複数回あると、IRRが複数存在してしまうので、そのような場合は判断基準として使えない。通常のプロジェクトでは起こらないが、リストラなどのケースではありえる話である。

第2に、IRRが規模の違いを反映しないために起こる問題がある。つまり、率vs規模の問題である。会社にもたらす価値の絶対額の極大化を図るのが経営の原則なので、IRRが高くてNPVが小さいプロジェクトと、IRRは低いがNPVは大きいプロジェクトがあったとすると、後者を選択しなければならない。一方で、投資に使える資本予算に

第7章　バリュエーション

制約がある場合は、IRRの高いプロジェクトから選択していくのが適切な判断となる。

●──── EVA（Economic Value Added：経済的付加価値）

EVAはその開発者の名前が特定できるという点で非常にユニークな指標である。もともとは、1980年代にコカ・コーラのボトラーの評価を行う際の指標として、チェース・マンハッタン銀行にいたG・ベネット・スチュアート3世が考案したものである。その後ベネットは、銀行の同僚でFCF概念の生みの親でもあるジョエル・スターンと共同で、コンサルティング会社のスターン・スチュアートを創立し、EVAは同社の登録商標となっている。

EVAは1990年代から世間の注目を集めるようになった。その理由は、それを最も早く（1982年）かつ積極的に導入したコカ・コーラが業績を長期的に向上させることに成功したので、EVAの効果が認められるようになったからである。アメリカでは、デュポン、フィリップモリス、ダウなど多くの企業がEVAを導入している。日本でも、花王がEVAを採用して成果を上げていることが伝えられている（『日本経済新聞』2008年10月17日）。

❶EVAとは

EVAとは、税引後の営業利益から投下資本に対して発生した資本コストを引いたものである。EVAもNPVと本質的に同じ考え方に基づいている。NPVは事業の経済的価値を表すためには適切な指標だが、毎年の業績がどうなっているのかということについてはわからない。

そこで、NPVを毎年の業績に分解して、オペレーションを管理できる指標にしたものがEVAであると理解しておけばよいだろう。EVAがプラスであれば、資本コストを上回る経済的価値が発生していることになり、マイナスであれば企業価値を破壊していることになる。

EVAの定義は次のようになっている（略語表記はG・ベネット・スチュアートの原典に従った）。

$$EVA_n = 税引後営業利益 - 資本コスト \times 投下資本額$$
$$= NOPAT_n - c^* \times capital_n$$

　・EVA_n：n年度のEVA
　・$NOPAT_n$（Net Operating Profit After Tax）：n年度の営業利益×（1－税率）

- c^*：資本コスト（＝WACC）
- $capital_n$：n年度の期初のネット資産に投下されたキャッシュの総額で、下記の通り。

$$capital_n = \sum_{t=0}^{n-1} I_t$$

$$I = (投資 - 減価償却) + \varDelta 運転資本$$

❷EVAとNPVの関係

EVAは、NPVをベンチマークとすると理解しやすい。そこでFCFをEVAの文脈で表してみると、次のようになる。

$$\begin{aligned} FCF &= 営業利益 \times (1-税率) + 減価償却費 - 投資 - \varDelta 運転資本 \\ &= 営業利益 \times (1-税率) - \{(投資 - 減価償却費) + \varDelta 運転資本\} \\ &= NOPAT - I \end{aligned}$$

FCFはNOPATからIを引いたものになることがわかる。これに対して、EVAはIの代わりにIの累計（$\sum I_t$）にc^*（＝WACC）を掛けたもの、つまり、投下した資本に発生する資本コストを引いたものである。したがって、EVAとは、毎年のオペレーションから得られたリターン（NOPAT）から、そのリターンを生み出した投下資本（capital）に対して発生した資本コストの金額を差し引いたもの、ということになる。

スターン・スチュアートは、EVAの現在価値の総和のことを、MVA（Market Value Added）と呼んでいるが、実はこれがNPVと同じ数値になる。EVAのおもしろい点は、毎年のFCFとEVAの値は一致しないのに、両者の現在価値の総和が一致するところである。

$$EVA_n \neq FCF_n$$

$$PV(EVA_n) = \sum \frac{EVA_n}{(1+c^*)^n} = MVA$$
$$\parallel$$
$$PV(FCF_n) = \sum \frac{FCF_n}{(1+c^*)^n} = NPV$$

EVAの現在価値がFCFの現在価値であるNPVと一致するからくりは、次のようにな

第7章　バリュエーション

っている。

- 初年度に投資I_0を行う。まだオペレーションが始まらないので、NOPATは発生しない。したがって、Yr0のEVA$_0$＝0となる。
- 1年目のEVA$_1$はNOPAT$_1$から期初のcapitalであるI_0に資本コストc*を乗じたものを引いて求める。
- 2年目のEVA$_2$はNOPAT$_2$から期初のcapitalであるI_0+I_1に資本コストc*を乗じたものを引いて求める。
- 3年目以降も同様で、n−1年度まで投資を行う。
- n年度以降は新規の投資は完了し、それ以降のキャッシュフローは定常状態に入るとする。つまりNOPATはn年度以降はNOPAT$_n$の値で永続する。

そうすると、EVAとFCFは次のように表される。

図表7−2　EVAとFCFの年度ごとの推移

(N：NOPAT)

Yr	EVA	FCF
0	0	$-I_0$
1	$N_1-c^*\times I_0$	N_1-I_1
2	$N_2-c^*\times(I_0+I_1)$	N_2-I_2
3	$N_3-c^*\times(I_0+I_1+I_2)$	N_3-I_3
↓	↓	↓
n−1	$N_{n-1}-c^*\times(I_0+\cdots+I_{n-2})$	$N_{n-1}-I_{n-1}$
n	$N_n-c^*\times(I_0+\cdots+I_{n-1})$	N_n
n+1	$N_n-c^*\times(I_0+\cdots+I_{n-1})$	N_n
n+2	$N_n-c^*\times(I_0+\cdots+I_{n-1})$	N_n
↓	↓	↓

　EVAとFCFは、毎年同じNOPATの値を含むので、双方からNOPATを差し引いて、投資の部分（Iを含む項目）だけに注目すると次ページの**図表7−3**のようになる（わかりやすいように、数字の正負は逆転させている）。

図表7-3　EVAとFCFの年度ごとの投資部分

Yr	EVA	FCF
0	0	I_0
1	$c^* \times I_0$	I_1
2	$c^* \times (I_0 + I_1)$	I_2
3	$c^* \times (I_0 + I_1 + I_2)$	I_3
↓	↓	↓
n−1	$c^* \times (I_0 + \cdots + I_{n-2})$	I_{n-1}
n	$c^* \times (I_0 + \cdots + I_{n-2} + I_{n-1})$	0
n+1	$c^* \times (I_0 + \cdots + I_{n-2} + I_{n-1})$	0
n+2	$c^* \times (I_0 + \cdots + I_{n-2} + I_{n-1})$	0
		0
↓	↓	↓

　上記のEVAの数字を年度ごとに縦に並べたマトリックスで表す。そうすると、次のようになる。

図表7-4　EVAとFCFの構造

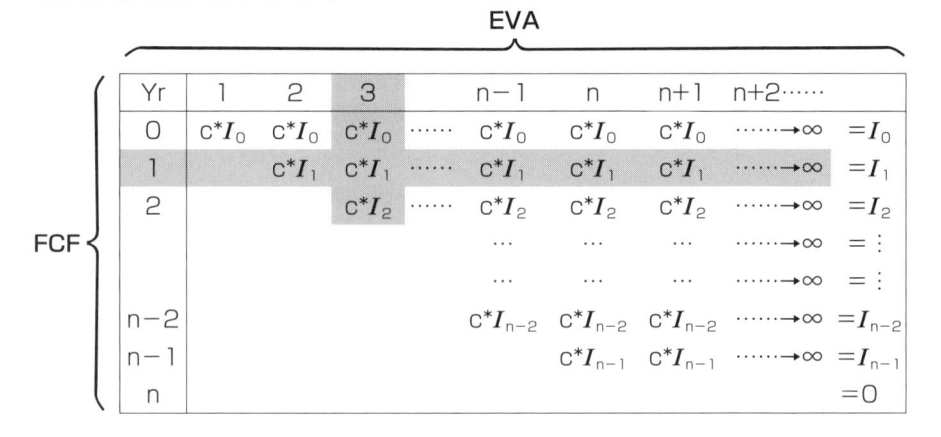

EVA →

Yr	1	2	3	…	n−1	n	n+1	n+2 …	
0	c^*I_0	c^*I_0	c^*I_0	……	c^*I_0	c^*I_0	c^*I_0	……→∞	$=I_0$
1		c^*I_1	c^*I_1	……	c^*I_1	c^*I_1	c^*I_1	……→∞	$=I_1$
2			c^*I_2	……	c^*I_2	c^*I_2	c^*I_2	……→∞	$=I_2$
					…	…	…	……→∞	$=\vdots$
					…	…	…	……→∞	$=\vdots$
n−2					c^*I_{n-2}	c^*I_{n-2}	c^*I_{n-2}	……→∞	$=I_{n-2}$
n−1						c^*I_{n-1}	c^*I_{n-1}	……→∞	$=I_{n-1}$
n									$=0$

FCF ↓

マトリックスの数字を縦に眺めると、EVAの数値になっていることがわかる。例えば、横軸のYr3の下にある数字を縦に見ると、**図表7-3**のEVAのYr3の数字である$c^* \times (I_0 + I_1 + I_2) = c^* I_0 + c^* I_1 + c^* I_2$を縦に並べたものになっている。このようにして表記したEVAの数字を、今度は横に見てみよう。例えば、2行目を見るとYr2から$c^* I_1$という数値が永続していることがわかる。したがって、2行目の数値の現在位置は永続価値の定義式を使って、$c^* I_1 \div c^* = I_1$となることがわかる。これは**図表7-3**のFCFのYr1の数値と一致する。

このことから、同じマトリックスを縦に見たものがEVAで、横に見たものがFCFを使うNPVであることがわかる。したがって、MVA＝NPVの等式が成り立つのである。

❸EVAの利点と利用方法

EVAの現在価値の総和がNPVと一致することから、EVAは事業の経済的価値を適切に表していると言える。EVAの生みの親であるスチュアート自身も、EVAがNPVの概念に基づいていることをEVAの正当性の根拠としている。

NPVは将来の複数年度にわたるキャッシュフローを割り引いたものの総和なので、単年度ベースでのスコアを算出することができない。これに対し、EVAは単年度ベースでスコアを算出できる点が強みである。企業における業績評価が1年単位で行われているという現実を踏まえると、そのサイクルに対応して適切なスコアを計算できるEVAの実用的価値は、大きいと言えよう。

EVAという新しい概念を導入した企業は、成果を出すためにさまざまな工夫をしているようである。

キリンビールでは、具体的にEVAを上げるためにはどうすればいいのかというドライバー（作用因）を5つ示している。それは、〔1〕売掛金の回収サイトの短縮、〔2〕在庫の削減、〔3〕余剰資金の有効活用（子会社は余剰資金を貯め込まず、投資案件がない場合は配当金を増やし本社に還元する）、〔4〕EVAマイナス事業からの撤退、〔5〕EVAプラス事業のM＆A（合併・買収）、である。この5つの要素が改善すればEVAはプラス、悪化すればEVAはマイナスになる。このようにEVAそのものではなく、その変動要因を具体的に表すことで、現場への浸透を図っている。

また、エアコンでパナソニックと熾烈なトップ争いを演じているダイキン工業では、EVAを直接現場に導入するのではなく、「売上債権（売掛金や受取手形）の回収期間短縮」、「在庫圧縮」、「投資効率向上」という3つの目標数値に分解して現場に落とし込むことで、EVAの成果を実現しようとしている*[注4]。

❹EVAが活用しにくい局面

一方で、税引後営業利益から投下資本にかかった資本コストを差し引くというEVAの構造から、EVAが業績管理指標として機能しにくい場合があることが推定できる。EVAを上げるには営業利益を上げるか、投下資本（＝流動資産＋固定資産）を下げるかの2つのアクションがあるが、後者について実際にできることは在庫削減や売上債権の回収促進などの流動資産の削減である。

なぜならば、固定資産は本質的には事業の性格によって規定されるからだ。そうすると、固定資産のウエイトの高い重厚長大型の事業は、流動資産のウエイトが小さくなるので、投下資本にかかった資本コストを大きく削減することは難しくなる。

その結果、資本コストは固定費のようになってしまって、業績の良し悪しを見るためにはEVAでも営業利益でもたいして変わらないということになる。特に、景気の上昇局面でその傾向が強くなる。景気の下降局面では資本コストを負担するEVAのほうが営業利益よりも結果が悪く出るので、事業のリストラクチャリングを考えるサインとして機能しやすいとは言える。

逆に言えば、流動資産のウエイトの高い事業では流動資産のコントロールがEVAの結果に強く反映されることになるので、EVAが威力を発揮しやすいと言えよう。

4● その他の注意を要する指標

事業の経済性を評価する伝統的な指標として、回収期間と会計上の収益率がある。両者とも簡単に計算できることと直感的に理解しやすいことから、実用的価値を認められていた。しかしながら、指標としての理論的根拠は薄弱なので、注意が必要である。

❶回収期間（Payback）

回収期間は、投資金額が回収されるのに要する期間のことである。ガイドラインとなっている期間よりも短い期間で回収できるならば、投資を実行する。次のようなプロジェクトの回収期間を計算してみよう。

	Yr0	Yr1	Yr2	Yr3	Yr4	Yr5
CF	−200	80	90	100	110	120

200(Yr0)＝80(Yr1)＋90(Yr2)＋30
30÷100(Yr3)＝0.3年
回収期間＝2.3年

NPVと比較すると、回収期間の弱点は明らかである。
　①投資の時間的価値を無視している。回収期間が同じでも、期間の初めにリターンが集中するケースと終わりに集中するケースでは、経済的価値が異なる。
　②回収期間以降のキャッシュフローの価値を無視している。上記の数値例で言えば、2.3年目以降のキャッシュフローの価値が考慮されない。
　③プロジェクトのリスクを無視している。プロジェクトのリターンはそのリスクに見合ったものでなければならないが、回収期間はリスクと無関係に決まる。
　④判断基準があいまいである。回収期間が何年以内だったらよいかという根拠がまったくない。

❷会計上の収益率（Accounting Rate of Return）

　会計上の収益率というのは通称で、さまざまなバリエーションがある。会社によってはROI（Return On Investment）とか、ROA（Return On Asset）と呼んでいる場合もある。基本的には次のような構造を持っていて、パーセント表示で表すことが特徴である。

　　会計上の収益率＝会計上の利益 ÷ 投資金額
　・リターンの概念として、粗利、営業利益、純利益などの会計上の利益が使われる。
　・分子には、投資後の一定期間（5年、10年など）の平均利益額が使われることが多い。
　・分母としては、投資総額を使うケースが多い。

　会計上の収益率にも回収期間と同様の弱点がある。
　①リターンとして会計上の利益を使っている。キャッシュフローと違って会計上の利益は一義的には決まらないので、経済的価値の評価をすることが難しい。
　②投資の時間的価値を無視している。また、対象となる期間を過ぎた後のことも無視している。さらに、評価の対象とする期間を何年に設定するかということも、根拠が不明確である。
　③リスクを無視している。会計上の利益にリスク要因は反映されないので、会計上の収益率だけを見ると、ハイリスク＝ハイリターン型のプロジェクトが著しく有利になってしまう。
　④判断基準があいまいである。会計上の収益率が何％だったらよいのかということについての根拠がない。

それではいったい、日本のビジネスの現場におけるバリュエーションの指標はどうなっているかというと、残念ながらファイナンス理論が支持するNPVは、まだ少数派である。2004年度に1288社（そのうち資本金10億円以上の大手企業が851社、製造業は749社）を対象にして経済産業省が行った調査[*注5]によると、事業投資の意思決定については、伝統的な財務諸表分析（利益率、売上高成長率、損益分岐点など）で行っている会社が49％と最も多かった。次いで回収期間法が24％で第2位だった。NPV（およびIRR）といったDCF法は11％で第3位にとどまっている。

補論（1）●無借金と仮定するNPVの計算方法の妥当性について

本論で見たように、NPVの計算ではFCFを使う。つまり、借金を活用したとしても、無借金という人為的な仮定を置いてプロジェクトのキャッシュフローを計算する。このことに違和感を覚えるのは当然のことである。そこで、借金を活用した場合でも、FCFで事業の経済的価値が適切に評価できることを確認してみよう。

APVの説明で、投資家のリターンについて、次のことを確認した。

債権者のリターン＋株主のリターン ＝ FCF ＋ 節税効果

この式を時間軸で分解して考えると、t年度におけるそれぞれの値は次のようになる。
（左辺）
債権者のリターン＝$D_{t-1} \times r_D$（前年度末の負債残高に金利を乗じた金額）
株主のリターン　＝$E_{t-1} \times r_E$（前年度末の株式時価総額に株主の期待リターンを乗じた金額）
（右辺）
FCF＋節税効果　＝$FCF_t + r_D D_{t-1} T$（当年度に発生するキャッシュフローと節税効果）

以上の値は、t年度におけるフローのリターンを表している。一方、投資プロジェクトのリターンにはフローだけでなく、ストック（資産）もある。例えば、マンションに投資したら毎年家賃収入というフローのリターンを得るが、マンションという資産を売ってストックのリターンを回収することもできる。そこでt年度における資産の価値をV_tとすると、上記の式は次のようになる。

第7章　バリュエーション　　　145

$$V_{t-1}+D_{t-1}r_D+E_{t-1}r_E=FCF_t+r_D D_{t-1}T+V_t \quad \cdots\cdots(1)$$

（1）式の意味するところは、2009年度のマンション事業の価値は、（左辺）2008年度末のマンションの価値に2009年度に期待する投資家のリターンを加えたものであり、それは、（右辺）2009年度に発生したFCFと節税効果に2009年度末のマンションの価値を加えたものに等しい、ということである。マンション事業の価値を前年度末を基準にして見るか、当年度末を基準にして見るかということである。

さて、（1）式の左辺は、V_{t-1}をくくり出すと、次のように書き換えることができる。

$$V_{t-1}+D_{t-1}r_D+E_{t-1}r_E=V_{t-1}\{1+(D_{t-1}/V_{t-1})r_D+(E_{t-1}/V_{t-1})r_E\} \quad \cdots\cdots(2)$$

NPVで使うWACCは資本構成が一定という前提を置いているので、負債比率は一定ということになる。負債比率は負債を資産で割ったものになるので、ここではD／Vと表すことができる。表記を単純化するためD／V＝Lとすると、負債比率はLとなる。（2）式をLを使って書き換えると、（1）式は次のようになる。

$$V_{t-1}\{1+Lr_D+(1-L)r_E\}=FCF_t+r_D D_{t-1}T+V_t \quad \cdots\cdots(3)$$

（3）式を最終年度（N年度）で考えてみよう。N年度では投下した資本（＝資産）をすべて回収するので、リターンはすべてフローの形態を取り、ストックV_Nはゼロとなる。最終年度にマンションを売却すれば、そのリターンはフローとして計上され、ストックはゼロになるということだ。したがって、N年度において（3）式は次のようになる。

$$V_{N-1}\{1+Lr_D+(1-L)r_E\}=FCF_N+r_D D_{N-1}T \quad \cdots\cdots(4)$$

（4）式において、D_{N-1}はLV_{N-1}と表せる（$L\times V_{N-1}=(D_{N-1}/V_{N-1})\times V_{N-1}=D_{N-1}$）ので、次の式を得ることができる。

$$V_{N-1}\{1+Lr_D+(1-L)r_E\}=FCF_N+r_D LV_{N-1}T \quad \cdots\cdots(5)$$

（5）式をV_{N-1}について解くと、次のようになる。

$$V_{N-1} = FCF_N / [1 + \{Lr_D(1-T) + (1-L)r_E\}] = FCF_N / (1+WACC) \quad \cdots(6)$$

同様にN−1年度についても計算すると、次のようになる。

$$V_{N-2}\{1 + Lr_D + (1-L)r_E\} = FCF_{N-1} + r_D LV_{N-2}T + V_{N-1} \quad \cdots\cdots(7)$$

(7) 式をV_{N-2}について解くと、次のようになる。

$$V_{N-2} = (FCF_{N-1} + V_{N-1}) / (1+WACC) \quad \cdots\cdots(8)$$

ここに(6)式を代入すると、次の式を得る。

$$V_{N-2} = FCF_{N-1} / (1+WACC) + FCF_N / (1+WACC)^2 \quad \cdots\cdots(9)$$

この要領で0年度まで計算していくと、V_0は次のように表される。

$$V_0 = \sum_{n=1}^{N} \frac{FCF_n}{(1+WACC)^n} \quad \cdots\cdots(10)$$

V_0は投資をした時点におけるプロジェクトの経済的価値を表しているので、$V_0 =$ NPVということになる。

$$NPV = \sum_{n=1}^{N} \frac{FCF_n}{(1+WACC)^n}$$

以上より、資本構成が一定という前提を置くと、プロジェクトが借金を活用していても、FCFとWACCを組み合わせることで、事業の経済的価値を適切に評価できることがわかる。

補論(2) ●NPVとAPVの関係

WACC法によるNPVとAPVでは前提とする資本構成の条件が異なるので、計算結果も異なることになる。しかし、WACCが大きく変化しない場合に、両者の値が近似しなければ、指標としての正当性が失われることになる。そこで、整合性のある条件を入

第7章　バリュエーション　147

為的に設定することで、両者の値が近似することを確認してみよう。

❶考え方

投資をすることで正のNPVが実現すると、それによってEの価値が増加して資本構成そのものが変化してしまう。資本構成が変化するとNPVの割引率であるWACCが変化してしまう。これに対して、APVの割引率は変化しない。そのため、両者を同じ条件で比較することができなくなる。そこでNPVの値がゼロに近いプロジェクトを想定する。そうするとEの増加は無視することができるので、WACCの値もほとんど変化しない。したがって、このような特殊な条件を設定することでNPVとAPVをほぼ同じ条件で比較することが可能になる。

❷ケース

プロジェクトXは、投資金額が260億円で、翌年度から12億円のFCFが永続的に続くと期待される。現状の時価ベースのD／E＝100%で、負債は一定額を維持するものとする。$\beta_L=1$、負債はリスクフリーレートで調達可能とし、$r_f=2\%$である。マーケットリスクプレミアムは6%、税率は40%とする。

■NPVによるバリュエーション

- CAPMより、$r_E=2+1\times 6=8\%$
- WACC＝0.5×2%×（1－0.4）＋0.5×8%＝4.6%
- NPV＝－投資額＋FCF／WACC＝－260＋12／0.046＝－260＋260.87
　　＝0.87億円

■APVによるバリュエーション

- 100%株主資本の場合のベースケースの価値を求めるために、アンレバードβを求める。
- $\beta_U=\beta_L\div\{1+(1-税率)\times(D/E)\}=1\div\{1+(1-0.4)\times 1\}=0.625$
- これを基にしてベースケースの現在価値を求める。
- $r_E=2+0.625\times 6=5.75\%$
- ベースケースの現在価値＝12／0.0575＝208.70
- 投資金額の260億円をE＝130億円、Dは130億円で調達する。負債額を維持した場合、節税効果の現在価値は次のようになる。
    - 節税効果の現在価値＝$r_D\times D\times$税率／$r_D=D\times$税率＝130×40%＝52

・APV＝－投資額＋ベースケースの現在価値＋節税効果の現在価値＝－260＋208.70＋52＝0.70億円

　以上から、整合性のある条件において、NPVとAPVの値は約1億円で近似することが確認できる。

注1：実はフリーキャッシュフローにも定義がいくつかあるので、注意が必要である。日本経済新聞は、キャッシュフロー計算書の営業活動によるCFと投資活動によるCFを足したものを、フリーキャッシュフローとしている。事業の経済性評価の場合は、本書の定義を使わなければならない。
注2：「キリン、豪乳2位を買収」『日本経済新聞』2008年8月26日
注3：杉浦慶一「日本のバイアウト・ファンドの投資原理─案件の発掘から投資の回収まで─」『東洋大学大学院紀要』第42集、2006年
注4：「EVA＆MVA最強の会社──EVAで強くなれ！　先駆企業の検証」『週刊東洋経済』2000年11月04日号
注5：2004年3月31日現在における経済産業省設備投資調査

第2部

ファイナンス概念の応用

第8章 企業価値

Point

　会社全体の経済的価値を企業価値と言う。それは、企業が将来にわたって生み出すキャッシュフローの現在価値のことである。企業価値は、株価の算定、M&A、リストラなどを判断するときの基準となっている。また、子会社や関連会社などグループ企業を一体的に運営しなければならない連結経営においては、企業価値の考え方が不可欠となる。

Case

　日之出製作所による、ミラー社のコンポーネント事業部の買収は順調に話が進み、最終的な段階に入っていた。小坪とグールドによるトップ会談の後、日之出では部品事業部が担当として細目を詰め、いよいよ本日の経営会議で最終決定をすることになっていた。会議では、部品事業部長の姫川による説明が行われていた。買収の背景、期待されるシナジーに続いて、財務上の数字へと説明は進んだ。

　「ミラー社のコンポーネント事業は、売上が100億円、純利益が3億円程度の安定した事業です。これまでの交渉で、80億円であればミラー社も売却に応じるという手応えをつかんでいます。投資金額が80億円とするとNPVは20億円となります。したがって、この投資は行うべきであるというのが部品事業部としての結論です」

　順調に進んだ会議はこのまま終わるかと思われたが、ここで姫川が複雑なスキームを提案するという意外な展開となった。

　「さて、わが社を取り巻く環境は厳しく、投資についても自己資金を徹底的に抑制するようにという指示を頂戴しております。そこで、当プロジェクトについても、パートナーとしてアメリカの関連会社であるヒノデファイナンスと近畿商事の参加を仰ぎ、日之出製作所40%、ヒノデファイナンス30%、近畿商事30%の出資比率にしたいと思います。これによって経営権を握りながらも日之出本体の負担金額を32億円に減らすことができます。さらに、32億円は全額借入で対応いたします。借入金利は2%程度で

しょうから、乱暴に言ってしまえば、日之出は虎の子の自己資金を一銭も使わずに、3％のリターンのある会社を2％の借入で手に入れるという算段です」

　日之出の経営会議のメンバーは、どちらかと言えば財務には疎いエンジニアと営業出身者が中心だった。したがって、一銭も使わずに黒字の子会社が手に入るという話に感心しながらも、おいしい話には落とし穴があるのではないかという本能的な警戒心を抱いたのだった。そこで、真面目が取り柄の北島専務は、一同の懸念を代表して何か言うべきだと思った。しかし、何と質問すればよいかがわからなかったので、出てきた言葉は凡庸きわまりないものだった。
「これで本当に大丈夫なのか」
「もちろん大丈夫です」
　愚問をあしらうかのように姫川が素っ気なく答えたので、一同は沈黙した。何だか腑に落ちないという雰囲気が漂う中、会長の城山がぽつりと言った。
「要するに、日之出にとっていくら儲かる商売なんだ」
　予想外の素朴な質問に、今度は姫川が戸惑う番だった。城山の質問は本質を突いたものだった。城山は経営会議のメンバーに向かって言った。
「私が聞いているのは、この買収案件と、例の長崎の新工場の建設とどちらが儲かるかということだよ。それがわからないと、どっちを優先すべきかわからないだろう？」

理論

　ファイナンス理論において、経営の目的は企業価値の極大化にあるとしている。企業価値の極大化という統一的な目的関数を選択することによって、初めて経営判断の品質管理が可能になる。なぜならば、経営判断の妥当性が、企業価値の増加に結び付くかどうかという唯一の尺度で判断できるようになるからである。

1● 企業価値の考え方

　B/Sを使って表現すると、企業の価値とは、企業が保有する資産（A）の市場価値ということになる。その資産は、事業資産と非事業資産に分けることができる。事業資産とは、本業でキャッシュフローを生み出すことに貢献している資産のことである。具体的に言うと、工場、営業所、たな卸資産、売上債権などである。非事業資産とは、本業にとって直接必要ではない資産のことである。例えば、有価証券、遊休不動産、ゴルフの会員権、美術品などである。

事業資産は、企業が運営する事業を統合したものである。したがって、事業が創出するキャッシュフローから、その経済的価値（NPV）を算定することができる。非事業資産は事業を運営するうえで必ずしも必要ではないので、手離したらいくらで売れるかという時価評価を行うことで、その経済的価値を算定できる。こうして求めた企業の保有する資産の経済的価値が、企業価値である。

会計学のルールに従って取得価格で表されるB/Sの資産をベースにして企業価値を表現すると**図表8-1**のようになる。

図表8-1　企業価値の考え方

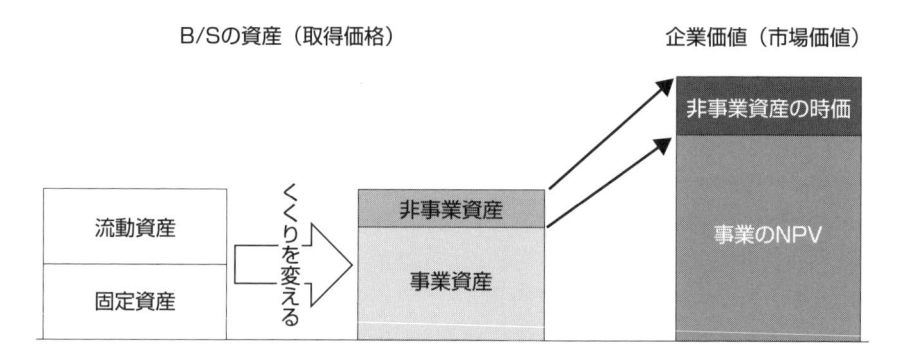

B/Sの資産（取得価格）　　　　　　　　　　　企業価値（市場価値）

|流動資産|
|固定資産|

くくりを変える

|非事業資産|
|事業資産|

|非事業資産の時価|
|事業のNPV|

企業価値は、株価、M&A、リストラなどを評価するときの基礎になっている。アメリカ企業が、ダイナミックに事業ポートフォリオを組み替えながら業態を進化させ続けているのも、早くから企業価値の極大化を経営の目的関数としたことが背景にある。

企業価値の算出方法は、プロジェクトのNPVを求める場合と同じである。

①会社の事業が生み出すフリーキャッシュフローを予測する。
②会社の目標資本構成を設定する。
③βをアンレバーした後に目標資本構成に合わせてリレバーして、WACCを計算する。
④残存価値を決定する（永続価値、あるいは、マルチプル）。
⑤フリーキャッシュフローをWACCで割り引いてNPVを求める。これが事業資産の経済的価値となる。
⑥非事業用資産を特定し、それについて時価評価をする。
⑦事業資産と非事業用資産の価値を合計する。

2 ● 株価の理論値

　企業価値を算出したら、株価の理論値を計算することができる。企業価値は資産（A）の市場価値であり、それは負債（D）と株主資本（E）の市場価値と等しい。このうち、借入時に元本と金利の条件が決められる負債の価値が、簿価と大きく乖離することはあまりない。
　したがって、企業価値から負債を引いたものが株主資本の市場価値となる。これを発行済み株式数で割ったものが株価の理論値となる。

図表8-2　株価の考え方

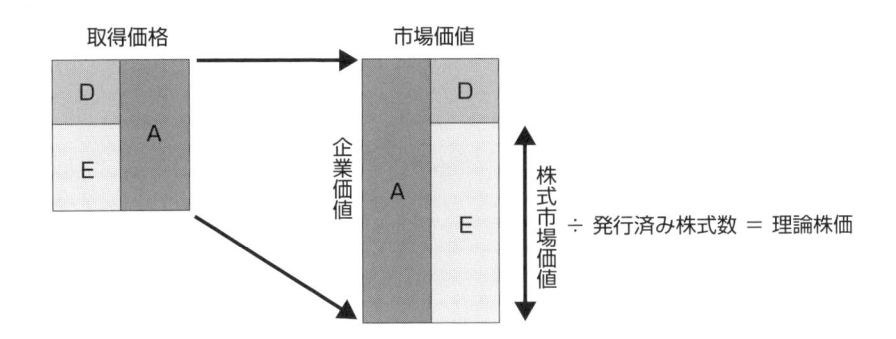

　簡単な数字を使って企業価値と理論株価を計算してみよう。

　A社は毎年100億円のFCFを創出し、それが永続するとする。負債は300億円。割引率は10%。発行済み株式数は2億株とする。A社の企業価値と理論株価は次のようになる。

$$A社の企業価値 = FCF / 割引率 = 100 / 0.1 = 1000億円$$
$$A社の株主資本の市場価値 = 企業価値 - 負債 = 1000 - 300 = 700億円$$
$$A社の理論株価 = 株主資本の市場価値 \div 発行済み株式数$$
$$= 700 \div 2 = 350円$$

　仮に、A社の今日の株価が300円だとすると、A社の株は市場から適正に評価されて

いないことになる。その場合、A社の株は「買い」と判断できることになる。

　企業価値と、そこから導かれる株価の理論値のメカニズムを理解すると、アメリカの経営者がしばしば口にする「経営者の役割は株価を上げることだ」という言葉の意味がわかる。その言葉の裏には、「株価を上げるためには企業価値を極大化しなければならない。企業価値を極大化するためには長期的なキャッシュフローを極大化しなければならない。長期的なキャッシュフローの極大化を約束するのは競争優位を確立することだ」という強固なロジックが存在しているのである*注1。

　したがって、株価を上げるということは、長期的な観点から経営を行うことを意味するのである。また、競争優位が構築できたかどうかは株価でチェックされるのだ、という定量的な縛りを自らに課していることにもなる。「あらゆる手を打つことで業績を伸ばします」と経営者がいくら力説しても、株価が反応しなければ、それは単なる願望にすぎないということである。

　そうすると、株価は企業の実力を表す指標として優れていることがわかる。それは他の指標と比較すると明らかである。例えば、売上と利益は過去の実績はわかるが、将来の見込み数字については来年度のものしか企業から公表されない。それより先の見通しはわからない。また、数字の発表もせいぜい年に2回しか行われないので、情報の鮮度もよいとは言えない。マーケットシェアも有力な指標であるが、シェアが実力を表すビジネスもあれば、そうとは言えないビジネスもある。また、シェアの情報は、入手することが必ずしも容易ではない。

　それに比べて、株価の情報は、現在から将来に向かって会社が創出するキャッシュフローの現在価値に対する市場の審判であり、その数値は毎日入手することができる。おまけにタダで手に入るのである。

　もちろん、株式市場において日々形成される株価と理論株価が常に一致している保証はない。株式市場には相場の動向やオーバーシューティング（過剰反応）という要素もあるので、短期的に見ると株価と理論値が乖離することも多い。このため、株価は実業から遊離した投機的なものと思われることもある。

　しかし、長期的に見た場合、株価はそれがよって立つ企業のキャッシュフロー創出能力と無関係ではありえない。他の条件を同じとした場合、業績の劣った企業、つまりキャッシュフロー創出能力が弱い企業の株価が、キャッシュフロー創出能力に優った企業の株価を持続的に上回るということは、決してないのである。投機的な価格は本源的な価格に収斂するというのが、市場のメカニズムである。

株価とPER

　本源的な価値に基づいた理論値による評価とは別に、相場で株価を判断する方法もある。キャッシュフローを基にしてマンションの価値を評価できるが、それよりも不動産屋に行ってマンションの価格を調べたほうが手っ取り早い場合もある。企業価値や株価も同様で、市場における相場で評価する方法がある。代表的なものが株価収益率（PER：Price-Earnings Ratio）である。PERは、1株当たり利益の何倍で株価が取引されているかを表す指標で、次のように表される。

$$PER = \frac{株価}{EPS}$$

　（EPS：Earnings Per Share、1株当たり利益）

　PERの分子と分母に発行済み株式数を掛けると次のように展開できる。

$$PER = \frac{株価 \times 発行済み株式数}{EPS \times 発行済み株式数} = \frac{株式時価総額}{純利益}$$

　この式からPERとは、純利益と株式時価総額の関係を表す指標であることがわかる。株式市場のデータから、PERの数値は会社別にも業界別にも簡単にわかるので、その実用性は高い。例えば、先ほどのA社の純利益が60億円で、A社の属する業界のPERが15倍だとする。この場合、上記のPERの式から、A社の株式時価総額＝PER×A社の純利益＝15×60＝900億円、と推定できる。A社のFCFから企業価値を計算し、そこから株式時価総額の理論値を求めたら700億円となったが、現在の相場では900億円と評価される可能性があるということになる。

連結経営の方法論

　日本も遅ればせながら2000年から連結決算へと移行したが、ビジネスの現場はそれより以前からグローバル化の進展によって連結経営が不可避となっている。連結経営における経営判断は、伝統的な単体経営の方法論だけでは難しい。なぜならば、連結経営には単体経営にはない固有の課題があるからだ。それは、①グループ企業の事業に直接タッチせず、株式を通して間接的に関与すること、②自社だけでなく、グループ企業の株式を保有する他の出資者も経営にかかわってくること、の2点である。

　このような場合は、ファイナンス理論のフレームワークを使わない限り、適切な経営判断を下すことは難しい。簡単なケースを使って連結経営の方法論を説明をしよう。

日之出製作所は、「フランスで設立されるK社に出資しないか」という打診を近畿商事から受けた。K社は毎年100億円相当のエレクトロニクス製品を購入することになっており、ここで出資に応じれば、日之出として100億円の売上を確実なものにできるという。

このプロジェクトの基本情報は次の通りである。

　　　投資総額　　　　：150億円
　　　資金計画　　　　：株主資本＝50億円、借入金＝100億円
　　　日之出の出資比率：30％（⇒50×30％＝15億円）
　　　資本コスト　　　：10％
　　　K社のFCF

年	Yr1	Yr2	Yr3	Yr4………	Yrn
FCF	10	10	20	20………	20

K社に対する100億円の売上から日之出が期待できるFCFは、次の通りである。

年	Yr1	Yr2	Yr3	Yr4………	Yrn
FCF	3	3	3	3………	3

これが、日之出が単独で行うプロジェクトであれば、単純にNPVで評価すればよい。ところが、連結経営においては、投資対象が株式という形態をとり、しかもさまざまな出資比率の可能性がある。また、設立した会社に対する取引も発生する。このケースも投資総額は150億円のプロジェクトだが、日之出が用意しなければならない金額はわずかに15億円である。また、毎年100億円の取引も新たに発生することになる。このプロジェクトがどれだけの経済的価値を日之出にもたらすかということがわからないと、このプロジェクトと自社で行う他のプロジェクトのどちらが儲かるか、ということに答えられない。

このような連結経営における典型的なプロジェクトの評価は、次のように行う。
　まず、これまでと同じようにK社プロジェクトのNPVを計算し、NPVがプラスであることを確認する。NPVがプラスであれば検討を進める。

$$\text{K社プロジェクトのNPV} = -150 + \frac{10}{1.1} + \frac{10}{(1.1)^2} + \left(\frac{20}{0.1}\right) \div (1.1)^2 = 33$$

第8章 企業価値

次に、このプロジェクトが日之出に対してどれだけの経済的価値をもたらすかを評価しなければならない。そこで、企業価値の概念を使う。K社の企業価値は、K社が創出するFCFの現在価値であるから、Yr1からのFCFの現在価値となる。

$$K社の企業価値 = \frac{10}{1.1} + \frac{10}{(1.1)^2} + \left(\frac{20}{0.1}\right) \div (1.1)^2 = 183$$

これをB/Sで表現すると、次のようになる。

図表8-3 K社のプロジェクト

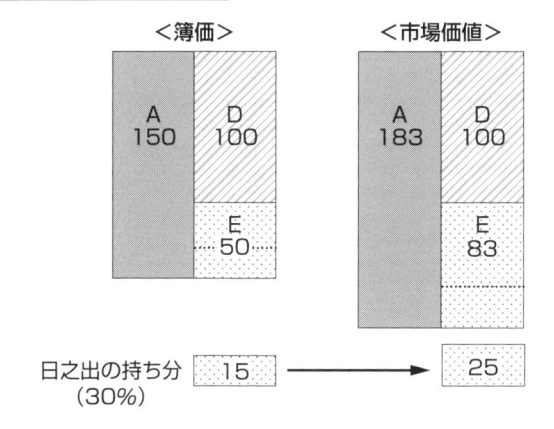

<簿価>
A 150 | D 100
       | E 50

<市場価値>
A 183 | D 100
       | E 83

日之出の持ち分（30％） 15 → 25

K社の企業価値が183億円であるから、借入金の100億円を差し引いて、株主資本の市場価値は83億円になる。83億円と出資金額の50億円の差の33億円がNPVということである。日之出のK社に対する出資比率は30％なので、日之出はK社の株主資本のうち、83×30％＝25億円の価値を手に入れることになる。K社に15億円出資したら、その株式の価値が25億円になるということである。

次に、K社向けに発生する取引の経済的価値を計算する。製品の販売によって毎年3億円のFCFが期待できるので、取引の経済的価値は永続価値の公式を使って、次のようになる。

K社との取引の経済的価値＝3／10％＝30億円

以上の計算から、このプロジェクトは日之出にとって、15億円の株式投資が10億円増えて25億円になり、新規の取引が30億円の価値をもたらすことがわかる。日之出の企業価値は、10＋30＝40億円増加することになる。仮に日之出の発行済み株式数が5000万株だとすると、このプロジェクトによって日之出の株価は、理論的に80円だけ上昇することになる。

　　40億円÷5000万株＝80円／株

　このようなジョイントベンチャーのケース以外にも、関係会社からの増資依頼、株式の保有比率の変更など、連結経営においてはさまざまなバリエーションが考えられる。どんなケースにおいても、企業価値の考え方がわかっていれば、適切な経営判断が可能になるのである。

● ——— **経営の多角化と企業価値**

　次に、経営戦略のテーマとしても取り上げられる経営の多角化について考えてみよう。事業を多角化することで収益を安定させることは、企業経営にとって意味があると思われている。単一事業は需要変動に対する抵抗力が弱いが、複数の事業を手がけると需要変動に対する抵抗力を付けることができるからだ。

　Aという事業にBという事業を組み合わせた多角化企業A・Bを考えると、多角化したA・Bの売上と利益はAとBを単純に足したものになるので、メリットは生じないが*注2、売上と利益の変動が小さくなるというメリットが生じることになる。そこで、このメリットが企業価値に対してどのような影響を与えるかを考えてみよう。

　この問題については、投資家は経営者に事業の多角化をお願いしなくても、株式のポートフォリオを組み替えることによって、自分で多角化ができるということがポイントとなる。そのため、企業が多角化して収益の安定を図ろうとしても、投資家はそれに対してプレミアムを支払う理由はない。つまり、事業を多角化して収益が安定化したとしても、βが低下して資本コストが下がり、それによって企業価値が向上するということはない。

　実際に数字を使って経営の多角化について検証してみよう。全額株主資本でファイナンシングされている事業Aの現在の価値は1000億円である。来年の景気は、好況、堅調、不況の3通りの可能性がある。景気に応じて、Aの価値は、それぞれ1800億円、1400億円、800億円になるとする。好況になる確率は20％、堅調の確率は30％、

第8章 企業価値

不況の確率は50%で、その場合に株式市場のリターン（r_M）は、それぞれ15%、10%、5%となるとしよう。

今年	来年					
Aの価値	Aの価値	r_E		景気	確率	r_M
1000	1800	80%	←	好況	20%	15%
	1400	40%	←	堅調	30%	10%
	800	▲20%	←	不況	50%	5%
1000	1180	18%				8.5%

来年度のAの事業価値の期待値は次のようになる。

$$E(事業Aの価値) = 1800 \times 20\% + 1400 \times 30\% + 800 \times 50\%$$
$$= 1180億円$$

負債は存在しないので、事業の価値は株主資本の価値となり、Aの株主資本のリターンは次のようになる。

$$E(r_E) = (1180/1000) - 1 = 18\%$$

事業Aのリターンのばらつきを表す分散の値は次のようになる。

$$Var(r_E) = 0.2 \times (80\% - 18\%)^2 + 0.3 \times (40\% - 18\%)^2 + 0.5 \times (▲20\% - 18\%)^2$$
$$= 1636$$

事業Aのβを求めると次のようになる。

$$Var(r_M) = 0.2 \times (15\% - 8.5\%)^2 + 0.3 \times (10\% - 8.5\%)^2 + 0.5 \times (5\% - 8.5\%)^2 = 15.25$$
$$Cov(r_E, r_M) = 0.2 \times (80\% - 18\%) \times (15\% - 8.5\%) + 0.3 \times (40\% - 18\%) \times (10\% - 8.5\%) + 0.5 \times (▲20\% - 18\%) \times (5\% - 8.5\%) = 157$$
$$\beta_A = Cov(r_E, r_M) / Var(r_M) = 10.3$$

事業Aはハイリスク・ハイリターン型の事業と言ってよいだろう。そこで、事業収益を安定させるために、安定したリターンが期待できる事業Bも手がけることで多角化を図ることにする。事業Bも全額株主資本でファイナンシングされていて、景気に応じて次のようなリターンが期待される。

今年	来年					
Bの価値	Bの価値	r_E		景気	確率	r_M
2000	2200	10%	←	好況	20%	15%
	2400	20%	←	堅調	30%	10%
	2100	5%	←	不況	50%	5%
2000	2210	10.5%				8.5%

事業Bについても同様のやり方で計算すると、次の値が求められる。

$E(r_E)$ = 10.5%
$Var(r_E)$ = 42.25
$Var(r_M)$ = 15.25
$Cov(r_E, r_M)$ = 0.2×(10%−10.5%)×(15%−8.5%)
　　　　　　　＋ 0.3×(20%−10.5%)×(10%−8.5%)
　　　　　　　＋ 0.5×(5%−10.5%)×(5%−8.5%)
　　　　　　＝ 13.25
$β_B$ = $Cov(r_E, r_M)$／$Var(r_M)$ = 0.87

事業Bは事業Aと比べるとローリスク・ローリターン型の事業であることが確認できる。それでは、事業Aに事業Bを加えて多角化を図った場合に、事業A・Bはどうなるだろうか。数字はAとBを単純に足したものになる。

今年	来年					
A・Bの価値	A・Bの価値	r_E		景気	確率	r_M
3000	4000	33.3%	←	好況	20%	15%
	3800	26.7%	←	堅調	30%	10%
	2900	▲3.3%	←	不況	50%	5%
3000	3390	13.0%				8.5%

多角化した事業A・BのリターンはAとBのリターンを加重平均したものになる。

第8章 企業価値

$$
\begin{aligned}
E(r_E) &= (1000/3000) \times 18\% + (2000/3000) \times 10.5\% \\
&= 0.2 \times 33.3\% + 0.3 \times 26.7\% + 0.5 \times \blacktriangle 3.3\% \\
&= 13.0\%
\end{aligned}
$$

一方、事業A・Bの分散は、ポートフォリオのメカニズムによってAとBの分散の加重平均よりも小さくなる。

- 事業A・Bの分散 $Var(r_E) = 0.2 \times (33.3\% - 13\%)^2 + 0.3 \times (26.7\% - 13\%)$
  $+ 0.5 \times (\blacktriangle 3.3\% - 13\%)^2$
  $= 272$

- 事業Aと事業Bの分散の加重平均 $= (1000/3000) \times 1636 + (2000/3000) \times 42.25$
  $= 573$

しかしながら、それによって株主にとってのリスクを表す β が低下することはない。事業A・Bの β の値は、以下のように、AとBの β を加重平均したものと一致することが確認できる。

$$
\begin{aligned}
Var(r_M) &= 15.25 \\
Cov(r_E, r_M) &= 0.2 \times (33.3\% - 13\%) \times (15\% - 8.5\%) + 0.3 \times (26.7\% - \\
&\quad 13\%) \times (10\% - 8.5\%) + 0.5 \times (\blacktriangle 3.3\% - 13\%) \times (5\% - \\
&\quad 8.5\%) \\
&= 61.17
\end{aligned}
$$

- $\beta_{A \cdot B} = Cov(r_E, r_M) / Var(r_M) = \mathbf{4.01}$
- β_A と β_B の加重平均 $= (1000/3000) \times \beta_A + (2000/3000) \times \beta_B = \mathbf{4.01}$

以上の結果から、多角化して事業収益が安定しても、株主にとってのリスク（β）が低減されるわけではないことがわかる。つまり、多角化によって事業のリターンの変動は小さくなるが、株主にとってのリターンとリスクの水準は一定のままである。そのため、株主は多角化経営に対してプレミアムは支払わない。つまり、多角化によって企業価値が上がることはないということである。

これはファイナンスにおいて、「価値の加法性」と呼ばれている原則である。事業資

産Xの価値がPV(X)、事業資産Yの価値がPV(Y)であるときに、事業資産XとYを保有する企業の価値は、PV(X)とPV(Y)を足したものになる。価値の加法性は、X社とY社が合併しても企業価値は増えないということを示唆している。

$$PV(X+Y) = PV(X) + PV(Y)$$

3 ● M&A（企業の合併・買収）

投資をする対象が企業になった場合は、M&A（Mergers & Acquisitions）と言われる。対象が企業になっただけのことだから、NPVで経済的価値を評価するという基本は変わらない。したがって、M&Aの成功の定義は次のように表される。

M&A後の企業価値 ＞ 買収企業の企業価値 ＋ 被買収企業の企業価値

これは明らかに価値の加法性というファイナンスの原則と矛盾することになる。

●——— M&Aが生み出す価値の源泉

そこで課題は、2つの会社が一緒になることで、1＋1が2よりも大きくなるメカニズム、つまり、価値を創造するメカニズムがM&Aに内在しているか、ということになる。M&Aにおいて価値の源泉とされているものを見てみよう。

❶シナジー効果

M&Aにおけるシナジー効果とは、2つの会社の経営資源を組み合わせることで、それぞれが単独で活動するよりも大きな経済的価値が生じることである。代表的なものが、規模の経済である。M&Aによって規模が拡大すると、売上増による固定費の負担軽減、間接部門の共有による合理化、原材料の大量仕入れによるコストダウンなどが可能になる。それによってキャッシュフローが増加し、企業価値が増えることが期待される。

また、単純な規模の拡大に加えて、お互いに相手の足りない所をカバーする補完関係を構築することで、キャッシュフローの増加が期待できる。例えば、ガソリン車＋ディーゼル車のように商品の品揃えを充実する、東日本＋西日本のような地理的なカバレッジを拡大する、ワンストップショッピングの体制を確立する、などが挙げられる。

一方で、規模の不経済というメカニズムも存在する。2つの独立した会社が取引を行

えば、そこに市場メカニズムが働く。それによって効率的な資源配分が実現する。ところが、両社が一緒になると、両社間の取引市場は消滅する。その結果、市場メカニズムが働かない内部取引に移行することになる。市場メカニズムが働かないと経済的価値がどれだけ損なわれるかは、旧社会主義国やお役所の実態を見れば明らかであろう。

ビジネスの中核となるものだけに経営資源を集中して、それ以外はアウトソーシングを活用する企業が近年増えている。その背景には市場メカニズムを利用したほうが企業価値にとってプラスであるという判断がある。したがって、規模が大きくなれば規模の経済が自動的に働くわけではないことに、注意が必要である。

❷節税効果

M&Aは負債を使って行われることが多い。その典型がファンドによって主導されるLBO（Leveraged Buyout）*注3である。LBOでは買収金額の大半が負債で調達される。その結果、節税効果が発生することになる。シナジー効果とは違って、負債によって節税効果が発生するメカニズムは確実に存在する。しかし、節税効果は本質的にはM&Aと関係ないという点には注意が必要だ。M&Aに頼らなくても、会社が自らの意思で負債を増やせば、節税効果が発生することになる。

以上のことから、M&Aにおいて価値を創造するハードなメカニズムは、意外に当てにならないことがわかる。むしろ、ソフトな面に価値創造のポイントがあると言える。

❸イナーシャの打破

M&Aにおける価値創造のソフトなメカニズムとして考えられるのは、組織のイナーシャの打破である。企業も生き物であるから、一定の環境の中に安住してしまうと組織が不活性化する。これをイナーシャと呼んでいる。現状維持の力が働いて、価値創造が促進されなくなるというのが典型的な現象である。

M&Aによって組織のイナーシャを打破し、それによって価値の創造が促進されることが考えられる。例えば、M&Aを契機にした不採算事業からの撤退である。不採算事業から撤退することは、理屈の上ではM&Aとは無関係に行えるのだが、現実的には難しい場合が多い。「実力会長の悲願のプロジェクトだ」、「現社長が常務時代に立ち上げた事業で、撤退すると社長の責任問題になってしまう」、「競争力を失った工場だが、あそこはわが社の創業の地だ」などというデリケートな事情が常にある。これに対して「ノー」と言うことは、株主にとってよいことだが、それを言った本人が社内で厚遇される保証はない。

また、企業は、業績が悪化して追い詰められると、保有している遊休不動産や株式などを売却することが多い。業績悪化という非常事態に背中を押されて、ようやくアクションがとられるというわけだ。このような不活性資産は価値創造に不可欠とは言いがたいので、保有している意味は少ない。もっと早く現金化して魅力的な投資機会に再配分していれば、企業価値を増大させることができたはずだ。そういう意味において、M&Aは危機を人為的に創造することで資産の活性化を促進すると言える。
　経営陣の交代というのも不活性資産のケースと同じである。買収のターゲットとなる企業は、潜在能力はあるがそれがフルに発揮されていないケースが一般的である。つまり、現行の経営陣では本来達成できるはずの企業価値の実現ができていないということである。M&Aを機に、有能な経営陣に入れ替えれば、企業価値の増大が期待できる。

● M&Aのターゲットになりやすい企業

　M&Aによる価値創造のメカニズムがわかれば、どのような企業がM&Aのターゲットとして狙われやすいかもわかる。そこには2つの観点がある。一つは、企業のファンダメンタルズ、もう一つは企業のオペレーションである。

　ファンダメンタルズについては、事業価値の源泉が有形資産やブランドにある企業や、ローテクでキャッシュフローが安定している企業がM&Aのターゲットとなりやすい。
　事業価値の源泉が有形資産やブランドにあるとターゲットになりやすい理由は、その逆のケースを考えるとわかりやすい。事業価値の源泉が開発能力やノウハウにある場合は、買収した後に価値創造の中心となっていたチームが会社を辞めたら終わりである。また、何らかの理由でノウハウが発揮されなくなって業績が低下しても、買い手企業が有効な対策を打ち出すことは難しい。これに対して、有形資産（例えばビル）やブランド（例えば商標）であれば、それを保持している限り事業は運営できる。また、いざというときにはそれを再度売りに出せば、買い手を見つけることもできる。撤退戦略が担保されているということである。
　また、ローテクでキャッシュフローが安定しているということは、企業価値を計算しやすいということである。モノを買う以上、適正な価格がわからなければ買うわけにはいかない。例えば、ハイテク事業は代替品の参入も含めた製品の世代交代が頻繁に起こるため、業績の変動が激しい。加えて、巨額の投資が必要な場合も多い。このため、キャッシュフローを予測することは非常に難しいので、ハイテク企業の適正価格はわかりづらい。これに対して、ローテクでキャッシュフローが安定している事業は、適正な価格を計算しやすい。

「オマハの賢人」と呼ばれ、世界で最も尊敬されている投資家のウォーレン・バフェットは、ハイテク株に投資しないことでも有名である。

以上の議論を踏まえて、次のような会社を想定しよう。

- 商品は必需品で、需要は安定している。
- 技術的にローテクである。
- 強固なブランドを確立している。
- 無借金経営である。

この会社の収益性は高いことが推定される。無借金というのも、収益性が高く、投資の負担も大きくないので、結果的に借入をする必要がなくなったということであろう。一見したところ、死角はなさそうだが、このような会社が買収の標的とされる。負債をテコにしてこの会社を買収した場合、業績が安定しているので負債の返済は難しくないはずだ。その結果、節税効果による企業価値の創造が容易に実現できるだろう。

ファンダメンタルズにおいて、伝統的にこのような条件を満たしていたのが食品事業である。食品事業は需要が消滅することはないので、業績は比較的安定している。いったんブランドが確立されると、その威力が有効に働く。その結果、借入金を必要としない会社が多かった。

元GE会長のジャック・ウェルチは、1980年代の猛烈な買収戦略を振り返って、食品事業を買収しなかったのが失敗だったと述懐している（N・ティシー、S・シャーマン著『ジャック・ウェルチのGE革命』東洋経済新報社、1994年）。産業財を扱うGEがなぜ食品事業？と思うが、ファイナンス理論の観点から考えれば、ウェルチの思考も理解できるだろう。

もう一つの側面であるオペレーションについては、真剣に価値創造を追求しているとは言いがたい企業が、M&Aのターゲットになる。例えば、不採算事業や不活性資産を温存し、有能ではない経営陣に指揮されている会社である。そういった会社は、買収した後にさまざまなテコ入れをすることで企業価値を高めることができるからである。逆に、組織が持つ潜在的能力を経営者がフルに引き出している企業に、ファンドは手を出さない。これ以上企業価値を上げることが難しいだけでなく、経営者に辞められたら、企業価値が低下するからである。

したがって、ファンドなどからM&Aのターゲットにされたくなければ、企業価値を高めるあらゆる手を打つことが最善のアクションとなる。逆に、買収防衛策の導入に頼

るという打ち手は、本末転倒もはなはだしいということになる。M&Aによって小型モーターで世界No.1の座を築いた日本電産の永守重信社長は、日経ビジネスのインタビューでこの点について次のように語っている。

「上場企業で買収防衛策の導入が相次ぎ、株式の持ち合いも復活しているようですが、こうした動きには全く反対やなぁ。時代逆行もはなはだしい。ですから、日本電産では何もしてへんよ。そんなことをするのは、経営者が自分の会社の経営に自信がないことの表れですよ。
（中略）
　買収を防ぐには、単に時価総額を上げるだけではなく、やはり経営者に対する信頼性を高めないかんね。信頼が高ければ、『あの人が辞めたら、あの会社は二束三文やな』ということになるでしょう。その経営者がいなくなれば株価が下がるんだから、そういう会社には投資ファンドも手を出さない」

（『日経ビジネスオンライン』2008年3月26日）

● M&Aは本当に価値を創造するか

　これまでの議論で、M&Aにおける価値創造のメカニズムがそれほど強固なものではないことがわかったと思う。そこで実際はどうなっているのかを見てみよう。

　実証研究＊注4によると、M&A後の企業価値は、M&A前の買収企業の企業価値＋被買収企業の企業価値よりも増えていることが確認されている。M&Aは社会全体としては経済的価値を生んでいることになる。しかし、その増加額はわずかに2％である。

　興味深いのは、被買収企業はM&Aによって平均して16％というリターンを得ていることである。被買収企業の株式はプレミアムを乗せた高値で買われることが多いので、このようなリターンが実現している。これはM&Aにおいて価値を創造しているのは買収される側で、買収する側は企業価値を棄損していることを意味している。

　マスコミ報道を見ると、買収する側が勝者で、買収される側が犠牲者であるかのような印象を受けるが、実際は逆なのである。

　また、件数で見ると、M&Aは失敗するほうが圧倒的に多い。成功する件数が少ないのに、マクロで見るとわずかながら価値を創造しているということは、GEや日本電産のような一握りの企業がM&Aによって莫大な経済的価値を創造し、それによってその他大勢の失敗した企業の赤字総額をカバーしているということだ。このことから、GEのようにM&Aを行うケイパビリティがなければM&Aは企業価値創出の戦略オプションとしては難しいことがわかる＊注5。

コラム：ファイナンス理論のジョーク

　お堅いと思われているファイナンス理論の世界にもジョークがある。第5章で紹介した「投資のプロは猿に勝てない」というのもその仲間だが、他にも有名なものがあるので紹介しよう。

　シカゴ大学のファイナンスの教授と学生が、道端に落ちている100ドル札に出くわした。学生が拾い上げると、教授は言った。「ほっとけ。本物の100ドル札なら、そこに放置されているはずがない」

　これは効率的市場仮説のネタである。市場メカニズムを信奉するシカゴ学派は、当然のことながら効率的市場仮説の信奉者である。効率的な市場においてアービトラージ（ゼロリスクでリターンを得ること）のチャンスはない。したがって、リスクなしに100ドルのリターンを得ることはありえない、ということである。これと同じ趣旨で、「There is no free lunch.」（タダ飯はない）というのもよく使われるフレーズである。

　ファイナンス学者は陶器の店に行っても、どれが牛で熊かがわからない。

　これはモダンファイナンス理論に対するチャーティストの揶揄である。牛（Bull）というのは株式相場で強気を意味し、熊（Bear）というのは弱気を意味する。株屋の世界ではイロハのイとなる伝統的な概念なのに、モダンファイナンス理論はそんな基本的なこともわかっていない、と言っている。なぜ牛が強気で熊が弱気になるかと言うと、牛は角を下から上へ突き上げるので、その姿が株価の上昇を連想させ、熊を弱気と言うのは爪を上から下へと降り下ろす姿が株価の下落を連想させるからである。

　ちなみに、シカゴのプロバスケットボールのチーム名はブルズで、アメリカンフットボールのチーム名はベアーズである。大リーグのカブスは小熊である。さすがは投機の町シカゴである。

　NPVがプラスだから投資するのか、投資をするからNPVがプラスになるのか、それが問題だ。

経営会議に提出される事業計画は、審議を通すことが目的なので、NPVは必ずプラスになっているということである。2008年度において筆者が事業会社に直接確認した中で、割引率の社内レートの最低値は4%で、最高値は20%であった。最高値の会社はベンチャー企業ではなく、伝統ある名門化学企業である。
　他の化学企業に「割引率を20%としたらどうなるか」と聞いたところ、「それではNPVがプラスのプロジェクトはなくなる」という反応だった。それでも、この名門企業の経営会議に提出される事業計画のNPVはすべてプラスである。ただし、この会社が割引率を10%に下げても、NPVがプラスのプロジェクトの件数が増えるわけではないことは容易に想像できる。

　デリバティブはカミソリのようなものだ。それで髭を剃ることもできるし、自殺もできる。

　デリバティブとは先物、オプション、スワップなどの金融派生商品のことである。その理論的背景については本書の第10章で説明する。企業が突然大損をしたり、バブルが弾けたりすると、その犯人として疑われるのがデリバティブである。それだけデリバティブというのは強烈な作用があるということである。
　例えば、製造業の場合は、大きな商いをしようとすると、巨大な工場を作らなければならない。そのためには巨額のお金が必要となるし、工場を動かせる人材と技術も育成しなければならない。また、それだけ時間もかかることになる。したがって、大きな商いができるのは、ヒト、モノ、カネについてしっかりとした基盤を築いた人だけである。
　これに対して、デリバティブはわずかな元手で巨額のお金を瞬時に動かせるようになっている。だから、デリバティブはその使い方を誤ると大変なことになるわけだ。

注1：もちろん経営者の報酬が株価に連動しているという裏事情もある。
注2：多角化によって売上と利益がAとBを単純に足したもの以上になるなら、企業はコングロマリット化したほうが絶対的に有利というおかしな帰結に至る。
注3：LBOとは、買収先の資産（キャッシュフロー）を担保にして負債を調達し、それによって企業を買収する手法。買収金額の大部分が負債によって調達される。
注4：G. Andrade, M. Mitchell, & E. Stafford, "New Evidence and Perspectives on

Mergers," *Journal of Economic Perspectives*, Spring 2001.
注5：GEには100日プランという有名な合併統合プログラムがあり、100日間で買収した企業をGE化する強力なプログラムを持っている。

第9章　財務政策

Point

　投資を行うためには元手となるお金が必要である。そのための資本を調達する方法として、借入と株式の2つの選択肢がある。両者をどのようなバランスでコントロールすればよいか。また、利益の還元をどのように行えばよいか。財務政策も考え方の基本は常に企業価値の極大化である。

Case

　日之出製作所とミラー社が50%対50%で運営するジョイントベンチャーに、日之出ミラー社がある。同社は比較的安定したニッチ商品を扱っていたため、長年にわたり確実に利益を出していた。その結果、今では無借金経営を誇っており、日之出グループの中でも孝行息子と位置付けられていた。ところが、ミラー社の社長交代に伴い、無風状態だった日之出ミラーの運営についても波乱が訪れようとしていた。

　ミラー社では長年社長を務めたグールドが引退し、後任にはハイドパーク社のCFOだったハリー・デービスがスカウトされた。エンジニア出身のグールドに対して、デービスはファイナンスの出身だったので、ミラー社の経営スタイルも大きく変わることが予想されていた。期待に応えるべくデービスは、ミラー社を変革するためのリードプログラムと名付けたプランを策定した。そして、日之出ミラーも新しい方針に従うことが期待されたのだった。

　ミラー社から日之出製作所に届いた提案は、次のようなものだった。無借金の日之出ミラーのD/Eレシオ（負債と株主資本の比率）が最低でも1になるようにすること。そのために借入を行い、それによって手に入れたキャッシュを全額配当に回すこと、というものだった。日之出ミラーが借入をする根拠として、日本における日之出ミラーの同業者のD/Eレシオがいずれも1を超えていることをミラー社は挙げていた。レターには、「この財務政策は親会社の日之出にとってもよいことである。来月の取締役会にこの提案を諮りたい」と書かれていた。ミラー社からの提案を受けて、日之出の社内は困惑を

隠せなかった。
「無借金の優良会社にわざわざ借金をさせるとは、ミラーは何を考えているのだろう。金利負担で日之出ミラーの利益は半分以下になってしまう」
「これは日之出ミラーに打撃を与えて、その後にミラーが単独で日本に乗り込んで来るための陰謀ではないか。そもそも借金を配当の原資にするというのは、いったいどういうことだ」
「しかし、配当が返ってくるのは確かだから、日之出にとっても悪くない話かもしれない」
「冗談じゃない。それは蛸が自分の足を食っているようなもんだ」
「これが目先の銭しか考えないアメリカ流の経営だ。いったい会社というものを何だと思っているんだ。グールドがいたらこんなことには……」

憤慨する幹部たちの議論を収拾したのは、ミラー社との修羅場を数々経験してきた小坪社長だった。小坪は諭すように言った。
「自分たちの正義だけを主張したのでは、まとまる話もまとまらない。相手の立場に立って物事を見られるかどうかが交渉の鍵だよ。そもそもミラーがなぜそう言っているのか、彼らのロジックを理解している者はいるのか」

そう言われてみると、ミラー社がなぜそのような無謀とも思える要求をしてきたかについて、適切な理解をしている者はいなかった。そこで、小坪は関係者に対策を検討するように指示をし、改めて来週の月曜日に検討結果を突き合わせることにした。

理論

これまでは主として、B/Sの左側の資産（A）について検討を加えてきた。本章ではB/Sの右側の資本（D＋E）をマネジメントする財務政策について議論をする。取り上げる論点は、まず、他人資本（D）と株主資本（E）という2種類の資本をどのように組み合わせるのが望ましいかという最適資本構成と、資本提供者に対するリターンの還元をどのように考えればよいかという利益還元政策である。財務政策についても考え方の基本は企業価値である。

1●最適資本構成

最適資本構成とは、DとEの最適な組み合わせを指す。企業は最も有利な条件で資金を調達したい。そのため、企業が発行する証券（社債と株式）を最も高い値段で投資家が買ってくれるDとEの組み合わせを知りたい、というのがこの課題についてのそもそ

もの問題意識である。

1958年に至るまでこの課題に対する答えは謎のままであったが、モジリアーニとミラーによって理論的な解明がなされた。それは、企業の価値と資本構成は無関係である、という驚くべきものだった。この考え方は、2人の頭文字を取ってMM理論と呼ばれている。

MM理論は、税金が存在しないという仮定を置いて、そこから企業価値と資本構成の関係を導いている。簡単な数値例を使って最適資本構成について説明しよう。

必要投資額が1000百万円のプロジェクトがある。このプロジェクトは毎年200百万円の営業利益を生み出す（議論の単純化のために、減価償却費ー投資ー⊿運転資本＝0とする）。オプションUは無借金（＝株主資本1000百万円）、オプションLは借入を活用する（＝借入500百万円＋株主資本500百万円）。借入金利が4%だとすると、両者は次のようになる。

	オプションU	オプションL	
営業利益	200	200	
利子費用	0	20	→ 債権者の手取り
税前利益	200	180	
税金（0%）	0	0	→ 投資家のリターン
純利益	200	180	→ 株主の手取り

投資家（資金提供者）が受け取るキャッシュフローを見てみよう。オプションUにおいて投資家は株式からのキャッシュフローを受け取るので、その金額は毎年200百万円となる。オプションLにおいて投資家は負債と株式からのキャッシュフローを受け取るので、その金額は毎年20＋180＝200百万円となる。投資家が受け取るキャッシュフローは、借金があろうとなかろうと一定になる。投資家が受け取るキャッシュフローが企業価値になるから、資本構成と企業価値は無関係ということになる。これがMM理論の結論である。

ここから議論を発展させて、税金の存在を仮定しよう。税率を40%とすると2つのオプションは右ページの表のようになる。

投資家が受け取るキャッシュフローは、オプションUが120百万円、オプションLは、20＋108＝128百万円となる。税金が存在すると、負債を活用したほうが企業価値は増大することになる。その理由は節税効果である。

	オプションU	オプションL	
営業利益	200	200	
利子費用	0	20	→ 債権者の手取り
税前利益	200	180	
税金(40%)	80	72	
純利益	120	108	→ 株主の手取り

（オプションLの「債権者の手取り」と「株主の手取り」を合わせて「投資家のリターン」）

　このモデルに従うと、負債を増やせば増やすほど節税効果によって企業価値が増大することになる。しかし、現実はそのようにはならない。負債が増加すると、財務上の困難が発生し、それによって新たなコストが発生するからである。

　第1に、倒産コストがある。負債はあらかじめ決められた一定の条件とスケジュールで金利と元本を返済しなければならない。一方、売上から得られる営業キャッシュフローは変動するものである。そのため負債が増えすぎると債務不履行のリスクが増加する。その結果、債権者が要求する金利は高くなってしまう。

　第2に、エージェンシーコストがある。エージェンシーコストとは、債権者と株主の利害が衝突することによって発生するコストのことである。負債が増えすぎると債権者が債権の回収の安全性を優先して、企業価値を増やす投資機会に難色を示すことが起こる。どんなに良質な投資機会であっても、リスクが存在するからである。その結果、債権者が企業の事業活動に対して、何らかの制約条件を付けることが起こる。

　第3に、財務的柔軟性の喪失である。財務的柔軟性とは、手持ち資金と借入余力を持つことで、予測できない事態（ポジティブの場合とネガティブの場合の両方）に対応できることを指す。例えば、絶好の事業機会が突然訪れても、資金に余裕がなくて投資ができないというようなケースである。負債の増加によって財務的柔軟性が減少すると、企業の打ち手が制約を受けることになる。

　負債の著しい増加はこれらのコストを引き起こし、それによって企業価値はネガティブな影響を受けるようになる。このため、負債比率と企業価値の間には、概念的に次ページの**図表9-1**のような関係があるとされる。

　株主資本100％からスタートして、負債比率を上げていくと節税効果が発生して企業価値は上昇していく。しかし、ある段階から金利の上昇など負債の増加に伴うコストが上昇して、企業価値が減少するようになる。負債を増やすことのメリットがデメリットによって相殺される点が、最適資本構成ということになる。その理論値を知りたいところだが、今日のファイナンス理論もそれについては解明に成功していない。

　ファイナンス理論の一般的な見解としては、キャッシュフローが安全にコントロール

図表9-1　資本構成のトレードオフ理論

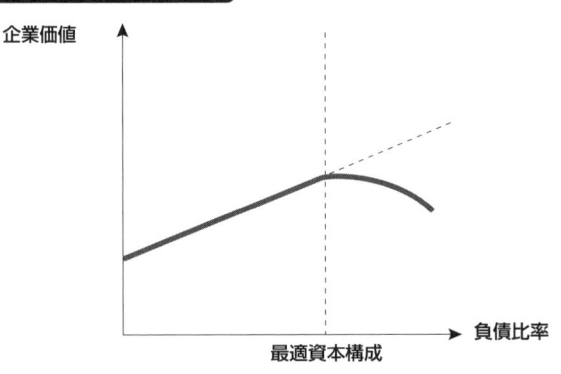

（縦軸：企業価値、横軸：負債比率、曲線のピークが「最適資本構成」）

できる範囲で借入を最大化せよ、ということになる。このような考え方は、資本構成のトレードオフ理論とも呼ばれている。

　負債によるメリットを積極的に活用するという方針に基づいて経営を行っているケースとして、IBMが挙げられる。IBMは伝統的に高い株主資本比率とトリプルAの格付けを誇っていたが、1990年代に入ってルイス・ガースナーによる大規模なリストラにより生まれ変わった後は、それに対するこだわりは捨てた。日本経済新聞のインタビューに対して、IBMのトレジャラーのジェフリー・サークス（当時）は、次のように答えている。

「現在の格付けはシングルAだが、トリプルAは欲しくない。トリプルAを取るためには250億ドルの手元資金を持たなくてはならない。それだけのキャッシュを持つコストに、トリプルAをもらうメリットは見合わない。
　使っている資本のトータルコストは、株主資本よりもコストが安い負債資本を多く利用するトリプルBの時に一番低い状態になると思う。だが、トリプルBは買収や自社株買いなど、急にまとまった資金需要への対応力がきわめて乏しい財政状態だ。シングルAなら負債もある程度利用できるし、買収などに柔軟な対応も可能だ。ちなみに、IBMの株主資本コストは13～18％くらい。税引後で3～5％程度の負債と比べると、断然高くつく資金だ」　（「自社株買い 米市場の視点」『日経金融新聞』1996年8月20日）

　一方で、ITバブル崩壊からサブプライム問題が起こるまでの2000年代は世界的に景

気が拡大したが、その過程において世界の主要企業は、負債比率の低下を図っている。UBSが2006年度の世界の上場企業1147社のデータを集計した結果、自己資本に対する借入金の比率は41％となって、負債比率は過去20年間で最低水準になっていることがわかった*注1。企業の実態は、景気拡大の局面で投資機会が豊富にあっても借入金を減らすことを優先しているように見える。したがって、現実はMM理論の帰結と一致していないとも言える。

● 事業の特性と資本構成

ビジネスにおいてリスクとリターンは正の相関関係にある。そのため、ビジネスを支える資本もリスク選好に応じて配分される。その結果、リスクの高い資産は、リスク選好の高い（＝ハイリターンを要求する）株主資本によってファイナンスされる。逆に、リスクの低い資産は、リスク選好の低い（＝確実性を要求する）負債資本によってファイナンスされることになる。

リスク選好という観点から言うと、資産における有形・無形の価値の源泉が取引できるかどうかということがポイントになる。価値の源泉が取引しやすいものは、確実性が高いので借入を活用しやすい。

例えば、貸ビル事業を見てみよう。貸ビル事業の価値の源泉は、ビルという有形資産にある。仮にこの会社が倒産したとしても、債権者はビルを押さえれば、賃貸収入を確実に維持できる。石油、金属、紙パルプなどの汎用の素材事業なども同様の性格を持つ。

また、食品事業は価値の源泉がブランドという無形資産にあって、ブランドを取引することができる。ダイエーがノンブランドの低価格でコーラ事業に挑戦してもコカ・コーラのブランドを打破することは難しかったが、サントリーはペプシのブランドを使ってコーラ事業に参入して健闘している。

このような価値の源泉の取引がしやすい事業は、負債を積極的に活用することが可能である。その結果、資本構成における負債の比率を高くすることができる。

これとは逆に、開発力、ノウハウ、アイデアなど、価値の源泉が目に見えないものは取引が難しい。ハイテク事業、製薬事業、ソフトウェア事業などがこれに該当する。このような事業は、目に見える資産を押さえたとしても、それが収益を生み出すわけではない。極端な言い方をすると、コアとなっている開発チームが会社を辞めてしまうと命運が尽きる。したがって、このような不確実性のある事業に対しては、リスクを好まない負債資本は配分されにくい。そのため、株主資本が活用されることになる。

企業価値の極大化のためには、キャッシュフローが安全にコントロールできる範囲で借入を最大化することが望ましいが、現実的には借入比率を自由に設定することは難しい。資本構成は本質的に事業の特性によって決まるからだ。このことは、資本構成の実態を業界別に見ると確認できる。

2● 利益還元政策

株主に対する利益の還元は、配当を通して行われていたので配当政策と呼ばれていたが、近年は、同様の目的で自社株買いが行われるようになっている。そこで、両者を総称して利益還元政策と呼ぶことにする。

◉─── 配当の企業価値に対する影響

新聞記事を見ると、配当を増やすことや自社株買いは、株主にとってよいことだという印象を受ける。ところが、MM理論の帰結として、「配当や自社株買いは企業価値に対して価値中立的である」というのがファイナンスの基本的スタンスである。つまり、増配や自社株買いは株主にとってプラスにはならないということである。

まず、配当が企業価値と株主に対してどのようなインパクトを与えるかについて、簡単なケースを使って説明しよう。D社が株主からの要求に応えて増配するケースを考える。配当の経済的効果だけを見るために、それ以外の条件は一定とする。特に、モデルの単純化のために、負債はゼロとする。また、経済的価値を評価するために、数字の表示はすべて時価とする。D社の時価ベースでのB/Sは次の通りである。

D社のB/S　　　（単位：億円）

現金	300	0	借　入	
その他資産	800	（総資本－借入）	株　式	
総資産	1100	1100	総資本	➡ 企業価値

D社は現金300億円と800億円のNPVを持つその他の資産を保有しているので、その総資産の市場価値は1100億円となる。D社の企業価値は1100億円ということである。B/Sの右側は左側と一致するので、総資本も1100億円となる。その結果、借入がないD社の株式の市場価値は1100億円となる。

　　　株式の市場価値＝総資本－借入
　　　　　　　　　　＝1100－0　＝1100億円

D社の発行済み株式数が1億株だとすると、D社の株価は1100円となる。

　　　株価＝株式の市場価値÷発行済み株式数
　　　　　＝1100÷1＝1100円

■増配後の株価

株主が1株当たり100円の増配を要求し、D社もそれに応じたとする。D社は増配のために、100円×1億株＝100億円の現金を支払うことになる。そこで、手持ちの現金から100億円を切り崩して、配当に充当することにする。配当を支払った後のD社の時価B/Sは次のようになる。

現金	200	0	借　入
その他資産	800	（総資本－借入）	株　式
総資産	1000	1000	総資本	➡ 企業価値

配当に手持ちの100億円を支払ったので、現金は200億円に減少する。その他の資産に変化はないので、総資産は1000億円となる。総資本も1000億円となり、借入はゼロなので、株式の市場価値は1000億円となる。

　　　増配後の株式の市場価値＝総資本－借入
　　　　　　　　　　　　　　＝1000－0＝1000億円

発行済み株式数は1億株のままであるから、1100円だった株価は増配後に100円値下がりして、1000円になる。

　　　増配後の株価＝1000÷1＝1000円

以上の結果に基づいて、1株当たりの株主の手取りを確認してみよう。株主の手取りは配当と株価の変動に伴うキャピタルゲイン（あるいはキャピタルロス）の総和であるから、次のようになる。

　　　株主の手取り＝配当増＋キャピタルゲイン（ロス）
　　　　　　　　　＝100＋（▲100）＝±0

増配をすることで株主の配当収入は増えるが、保有する株式が同じだけ値下がりするので、手取りの金額に変化はない。つまり、増配は株主の利益にはならないのである。

　D社の保有する現金は、当然のことながらオーナーである株主のものである。増配とは、それをD社の保管から株主の保管に切り替えるということにすぎない。つまり、もともと株主のものだった現金の保管場所が変わっただけなので、株主の経済的価値が増えることはない。したがって、配当は価値中立的となる。

　同様に、減配も価値中立的である。減配はもともと株主に支払う予定だった現金を企業の手元に置いておくということである。株主の手元に入る現金は予定より減るが、その分だけ会社の企業価値が当初の予定よりも高くなるので、株主にとっての経済的価値は変わらない。

　配当が価値中立的であることを実証しているのが、配当落ちである。配当落ちというのは、配当を受け取る権利が確定した翌日に、配当金の分だけ株価が下落する現象である。もしもこのような現象がなければ、配当を受け取る権利が確定する日に株を買って、翌日に売却すれば、2日間で配当金だけを手に入れられることになる。当然のことながら、そのようなおいしい話は存在しない。

● シグナリング理論

　一方で、増配を発表すると株価は上昇し、減配を発表すると株価は下落するということも実証的に確認されている。この現象を説明するのがシグナリング理論である。シグナリング理論は、増配や減配は投資家に対するシグナルとして機能すると考える。

　増配を意思決定することは、これから長期間にわたってそれだけ余計に配当金を支払うことを約束することになる。そのようなコミットメントを企業が自発的に行うのは、長期的にそれだけのキャッシュフローを生み出す自信が企業にあるからだ。投資家はそのような正のシグナルを増配の意思決定の中に読み取る。そこで「買い」の判断をする。その結果、株価は上昇する。

　逆に、減配は、企業が長期的に不振に陥るという負のシグナルとして機能する。そのため、株価は下落する。

　このようなシグナリング理論のメカニズムは、MM理論が対象としているテーマとは別の次元の話であることがわかる。シグナリング理論は企業のこれからの見込みについて述べているものなので、配当の価値中立性と矛盾するものではない。

注意が必要なのは、増配が負のシグナルになることもあるということだ。例えば、グーグルのように高成長企業は配当を実施しないのが一般的である。高成長企業は社内に魅力的なプロジェクトを豊富に抱えているので、手元のキャッシュを配当に回す余裕はない。株主側も「豚は太らせてから屠れ」という古言に従って「今は配当よりも事業の拡大が優先だ」という要求をする。そのため、高い成長率を維持してきた無配企業が配当の支払いを開始すると、魅力的な投資機会がなくなった証拠、という負のシグナルになる可能性がある。

例えば、マイクロソフトは2003年1月に初めて配当を実施した。さらに2004年7月20日に750億ドルもの巨額の現金を配当や自社株買いで株主に配分することを決定した。これを報道した7月24日付のイギリスの*The Economist*の記事のタイトルは、「成長の終わり？」というものだった。この皮肉なタイトルの裏には、それまでのマイクロソフトの強気の主張がある。例えば、マイクロソフトのCFOのグレッグ・マフェイ（当時）は日本経済新聞のインタビューに対して次のように述べていたのだ。

「株主の多くは高成長を期待し、そしてリスクがあるのを承知でマイクロソフトの株を購入している。成長機会が豊富にある限り、（キャッシュを）配当に回すよりも投資や企業買収に回すほうが株主の利益になる。成熟した企業の場合、高配当を求める保守的な株主層が多数派となり、配当政策も異なるだろうが、当社はなお成長段階にある」

（『日経金融新聞』1998年2月23日）

ドッグイヤーとは言え、わずか5年後に配当開始を決定したわけであるから、*The Economist*の皮肉にも一理あると言えよう。

● 自社株買いの企業価値に対する影響

自社株買いについても引き続きD社のケースを使ってその経済的なインパクトを調べてみよう。増配をした後のD社の時価B/Sは、次のようになっている。

現金	200	0	借　入
その他資産	800	1000	買い付け前株式
総資産	1000	1000	総資本	➡ 企業価値

自社株買いを行う前、つまり、買い付け前の株価は、先ほど計算したように1000円である。ここでD社が手持ちの現金から100億円を使って、自社株買いを行うことを決定する。株価は1000円なので、1000万株を購入することができる。

100億円÷1000円／株＝1000万株

1000万株の自社株買いを行った後のB/Sは、次のようになる。

現金	100	0	借　入
その他資産	800	(総資本ー借入)	買い付け後株式
総資産	900	900	総資本

➡ 企業価値

　自社株買いのために100億円使うので、手元の現金は100億円となる。その結果、総資産は900億円となる。総資本も900億円となり、借入はゼロなので自社株買い付け後の株式は900億円となる。また、自社株を1000万株買い戻すので、株式数は1億株から9000万株へと減少する（株式は消却する）。その結果、買い付け後の株価は次のようになる。

買い付け後株価＝900億円÷9000万株＝1000円

　株価は自社株買いをした後も、買い付け前と同じである。つまり、自社株買いは株価を上昇させないことがわかる。自社株買いも価値中立的なのである。

◉───　**株主に報いる方法**

　増配も自社株買いも価値中立的だとすると、どうすれば株主に報いることができるだろうか。それは、NPVがプラスのプロジェクトを行うことである。引き続きD社のケースを使って説明しよう。

　D社において投資金額が100億円で、現在価値が190億円の投資機会が見つかったとしよう。そこで、D社は手持ちの現金をこのプロジェクトに使うことを決定する。そうすると、D社の時価B/Sは次のようになる。

現金	0	0	借　入
プロジェクト	190		
その他資産	800	(総資本ー借入)	プロジェクト実施後の株式
総資産	990	990	総資本

➡ 企業価値

　投資金額が100億円で、現在価値が190億円なので、このプロジェクトのNPVは90億円（＝ー100＋190）となる。企業価値はNPVの金額分だけ増加するので、990億円となる。その結果、プロジェクト実施後の株式の市場価値は990億円となり、

株主の経済的価値は90億円増加する。また、株価は1100円に上昇する。

$$\text{プロジェクト実施後の株価} = 990億円 \div 9000万株 = 1100円$$

株価は1000円から1100円へと100円のアップとなるが、これはプロジェクトのNPVを株式数で割ったものに等しいことがわかる。

$$\text{NPV}（90億）\div \text{株式数}（9000万株）= 100円$$

NPVがプラスのプロジェクトを行うこと以外にも、株主に報いる方法がある。それは本章の冒頭のケースでも述べたように、借入を行うことである。借入で入手した現金で配当あるいは自社株買いを実施すればよい。借入による節税効果で企業価値が増加し、株主の経済的価値が増加することになる。

鉄鋼国内第2位のJFEは2008年2月に転換社債で3000億円を調達し、そのうち1200億円を使って自社株買いをすると発表した。すでに日本企業によっても、このアプローチは実践され始めている。

● 利益還元政策と事業のライフサイクル

利益還元政策は価値中立的なので、株主の経済的価値を増やさない。株主の経済的価値を増やすためには、NPVがプラスのプロジェクトを行わなければならない。そこから、利益還元政策のあるべき姿も見えてくる。なぜならば、NPVがプラスのプロジェクトの数は、企業のライフサイクルに応じて変化するからである。創業期から成長期までは魅力的なプロジェクトが豊富に存在するので、企業は手元のキャッシュを株主に還元する余裕はない。また、株主も企業が積極的に投資をして企業価値を大きくすることを期待する。このような段階においては、利益還元政策を実行する必然性は少ない。

企業が成熟期に向かうとともに、営業キャッシュフローは潤沢になる。その一方で、魅力的な投資機会は減ってくる。そのため、使い途のない現金が企業に発生するようになる。このような段階においては、利益還元政策を発動して、配当や自社株買いを行うことが適切となる。余剰資金が手元にあると経営者が無謀な投資に走って、企業価値を棄損するケースが頻繁に観察される。これがしばしば「帝国を建設する」と呼ばれる経営行動である。この問題は提唱者の名前にちなんでマイケル・ジェンセンのフリーキャッシュフロー問題と呼ばれているが、このような問題を防ぐためにも、利益還元政策を発動することが望ましい。

成熟期から衰退期に向かうと投資機会はさらに減るので、積極的な利益還元政策が望ましいことになる。借入を組み合わせた利益還元もあるだろう。株主も積極的な回収を要求し、成熟した企業から刈り取ったキャッシュを将来性のある有望企業に投下することで、社会全体の経済的価値の極大化に努めることになる。

コラム：MM理論とピザ

　第8章で説明した企業価値や、この章で説明した財務政策の考え方は、1960年前後に発表されたフランコ・モジリアーニとマートン・ミラーによる一連の研究の成果に基づいている。アメリカ人にとってm&mと言えばお馴染みのチョコレートのブランドなので、両者による理論もM&Mという愛称で通っている。

　MM理論の本質は、企業の価値はB/Sの左側で決まるのであって、右側で決まるものではない、という至ってシンプルなものである。そこから、資本構成の価値中立性、配当の価値中立性という帰結を導いたのである。このように説明されると当たり前のように思えるが、MM理論が登場するまでは、どのような視点で企業の価値を判断すればよいのかがよくわからなかったのである。そのため、企業価値を最大化するような資本構成があると考えられていた。また、配当を増やすことは株主にとってよいことだと認識されていたのだ。MM理論はまさにコロンブスの卵で、ファイナンス理論の世界に革命を起こしたとも言われている。

　シカゴ大学のミラー教授は、MM理論の功績で1990年のノーベル経済学賞を受賞した（モジリアーニはすでに1985年に受賞）。そのとき筆者もシカゴ大学にいたのだが、地元のTVリポーターから「あなたは何を発見してノーベル賞をもらったのですか」と聞かれたミラー教授が、MM理論をシカゴ名物のピザに例えて「1枚のピザを半分に切っても4つに切っても、ピザ全体の価値は変わらないということを発見したのですよ」と、茶目っ気たっぷりに答えていたのが印象的だった。これにはシカゴっ子も拍手喝采だったのは言うまでもない。

注1：「借入金依存最低水準に」『日本経済新聞』2007年6月14日

第10章 オプション

POINT

オプションはファイナンス理論の最前線である。NPVがビジネスを静学的に捉えるのに対して、ビジネスを動学的に捉えるのがオプションの考え方である。

CASE

　日之出製作所のシステム事業部では、ある案件を巡って激しい議論が行われていた。それは電気自動車の制御システムについてであった。電気自動車はすでに第1世代が市場に投入されており、世界的な環境問題から将来性が期待されていた。
　ところが、日之出ではハイブリッド自動車への対応に忙殺されて、第1世代への参入を見送らざるをえなかったのだ。ここに来てようやくハイブリッド自動車への対応も一段落したので、日之出も電気自動車への参入の検討を開始したのだった。

　プロジェクトの担当を命じられたのは、事業開発課長の伏見だった。市場調査をした伏見は、電気自動車向けの市場がこれから大きく成長すると判断した。そして、今から第1世代に参入してもチャンスが少ないので、第2世代に照準を合わせて新規参入を狙うのが得策であると考えた。それを前提として必要な社内リソースと期待できる売上を見積もり、事業計画を策定した。しかし、NPVはマイナスになってしまった。
　ガソリン車用の制御システムでは定評のある日之出だが、電気自動車については経験がないので、どうしても先発メーカーに対する競争優位を構築するめどが立たないのがその原因だった。

　伏見の報告を聞いたシステム事業本部の幹部会議は、久々にヒートアップした。金庫番の管理部長が早速注文を付けた。
　「残念ながらNPVがマイナスでは、このプロジェクトにGoサインを出すわけにはいきませんね」
　これに対して、営業部長が反論を加えた。

「入門料を払わずに新規参入ができると考えるなんて、大企業の傲慢もいいところだ。T自動車に行って『新規参入なので利益が出るような価格で買ってください』と言えというのか」
　これに同調する意見が続いた。
「10年後を考えてみましょう。世界で何百万台もの電気自動車が走っていますよね。それに日之出の制御システムがまったく搭載されていないというのは、おかしくありませんか。自動車用の制御システムと言えば日之出、というのが世間の常識でしょう」
「その通りだ。そもそも事業計画の数字が保守的すぎるのじゃないか」
「第2世代への新規参入は入門料と割り切って、第3世代で儲けるというシナリオでいいじゃないか。何とかなるよ。いや、何とかしてみせるよ」
　これに対して再び管理部長が口を挟んだ。
「おっしゃることはごもっともです。私だってそう希望します。しかし、NPVがマイナスの事業計画を出して経営会議が通るとお思いですか」
　これには一同も沈黙を余儀なくされてしまった。
　議論を収拾すべく、事業本部長の灘が伏見に指示を出した。
「君の策定した事業計画の数字は妥当だとは思う。しかし、実際のビジネスはもっとダイナミックなものだ。つまり、数字も刻々と変化するものだ。それを事業計画に反映することはできないものかと思う。こういう話は経営企画部の桂川に相談してみてくれたまえ」

　伏見の相談を受けた桂川は静かに耳を傾けていたが、そのうち身を乗り出してきた。そして、驚くべきことを言った。
「事業計画のNPVがマイナスだからといって、そのプロジェクトに価値がないということにはなりません。確かにこのプロジェクトは経済的価値がありそうですね。これはやるべきかもしれません」
　それを聞いた伏見は困惑を隠せなかった。
「NPVがマイナスでも経済的価値があるって？　いったいどういうことよ……」

理論

1 ● NPVの前提の限界

　事業の経済的価値を表す指標としてNPVが最適であると説明したが、NPVが完全で

あると言っていないことには注意が必要だ。実は、NPVはその計算過程においてある前提を置いているので、すべての局面において最適であるとは言えない。それは、未来は確定している、という前提である。これから期待できるキャッシュフローの数字はだいたいこんな感じだ、というのではNPVは計算できない。そこで、予測数字を固めて、それに基づいてNPVを計算することになる。現時点で未来の数字を確定し、確定した未来を前提としてNPVが計算されるのだ。それがビジネスに対して、どのような意味合いを持つかを認識することは重要である。

　確定した未来を前提とした投資の意思決定は、次のようになる。まず、確定した未来の数字に基づいてNPVを計算し、投資の意思決定をする。プロジェクトをやることが決まったら、当初の計画に従ってアクションをとる。そして、予定したタイミングでプロジェクトを完了する。最終的に、すべてが計画通りに行けば、計算したNPVの金額に等しい経済的価値が手に入る。計画通りに行かなければ、当初予定した経済的価値を手に入れることに失敗する。
　この説明から、「確定した未来」というNPVの前提の限界が明らかだろう。なぜならば、実際のビジネスは決してこのようには行われていないからである。

　実際のビジネスの意思決定は次のように行われる。まず、計画を立てて、期待できるキャッシュフローの数字を見積もる。ここまでは同じである。しかし、現実のキャッシュフローがどうなるかは、実際にやってみないとわからないことが多い。そこで、見積もったNPVが正であれば、まずはプロジェクトを実行してみる。ときとしてNPVが正になるように事業計画を作ることもある。そして、ある段階で、これは行ける、という手ごたえをつかんだならば、本格的にコミットしていく。逆に、これは無理だ、と判断したら、そこで撤退する。あるいは、事業を違う方向へと転進させる。
　このように、計画が計画通りに行かないのが実際のビジネスなので、様子を見る、追加投資をして勝負に出る、撤退する、進路を変更する、など、ありとあらゆるオプションを用意してプロジェクトを遂行して行くことになる。このような現実をNPVを使って評価することは難しい。

　未来は確定しているという前提から導かれる帰結は、実務家にとっては結果論にすぎない。実務家にとって必要なのは、結果論ではなくて、どんな手が打てるかというオプションである。そして、戦略的なオプションを持っていればいるほど、変化対応力が生まれ、プロジェクトを有利に進めることが可能になる。つまり、オプションには経済的

価値があるということだ。そして、NPVではこのオプションの価値を評価することが難しいのである。

そこで、オプションの価値を評価するオプション価格モデルが登場するのである。

2● オプション

ビジネスでオプションと言うと、2つの意味がある。一つは、上記のように選択肢とか、さまざまな打ち手というような意味である。もう一つは、金融商品のオプションである。後者について、金融商品という観点から言うと、デリバティブ（金融派生商品）の一つと位置付けられる。デリバティブには、オプションの他に、先物、スワップなどがある。

ビジネスの戦略的打ち手を意味するオプションと金融商品のオプションは、一見したところ別のもののようだが、その経済的価値についての考え方は本質的に同じである。金融商品である株式を対象としたCAPMからビジネスのリスクとリターンの関係を洞察したように、金融商品のオプションから、ビジネスにおける戦略的打ち手の経済的価値を洞察することができる。そこで、まずは金融商品のオプションから説明を始めよう。

●──── オプションとは

オプションは、先物やスワップとともにデリバティブ（金融派生商品）を代表する商品である。デリバティブとは、derive（派生する）という言葉がルーツで、元になる商品の価格に依存して価格が決定される商品の総称である。元になるものから派生して生まれるという点が特徴で、そのためデリバティブと呼ばれている。

元になるものは、価格変動を伴う取引が行われるものであれば何でもよい。大豆などの農産物や金などの天然資源、債券、株式、株価指数などの金融商品、通貨などさまざまなものが派生元となっている。これらのデリバティブは、それぞれ商品取引所、資本市場、為替市場で活発に取引されている。

オプションとは、指定した証券や商品を、ある決められた期間内にあらかじめ決めた価格で売ったり、買ったりする権利のことで、この権利が金融商品として市場で売買されるのである。あくまでも権利であるから、それを行使する義務はない。つまり、権利は行使しても、行使しなくてもよいのである。

オプションに馴染みのない人は、自動車保険のようなものとイメージすればよいだろう。オプションと自動車保険を比較すると、よく似ていることがわかる。

	費用	期間	満期の時点の結果
自動車保険	保険料	有	費用だけ払って終わり。または保険金を得る
オプション	オプション価格	有	費用だけ払って終わり。または利益を得る

自動車保険は、保険料を支払うと一定の期間において保険金を得る権利を手に入れることができる。期間内に事故がなければ、保険料を支払っただけで終わる。期間内に事故が起こると、権利を行使して保険金を得る。この仕組みは、上の表に示したようにオプションとよく似ている。

◉ オプションの機能と具体例

オプションの具体例を説明する前に、まずオプションの基本用語を押さえておこう。
- 原資産　　派生元の証券や商品（例えば、A社の株式）
- 行使期間　オプションを行使できる期間（例えば、1年間）
- 満期日　　行使期間の最終日（例えば、1年後の最終日）
- 行使価格　あらかじめ決められた、オプションを行使する価格（例えば、100円）
- プット　　売る権利
- コール　　買う権利

それでは、実際にオプションがどのように機能するかを簡単な数値例を使って説明しよう。

A社の現在の株価は100円である。1年後にA社の株価は120円に値上がりするか、80円に値下がりするか、どちらかだとする（どちらになるかはわからない）。現在A社の株を持っていて、値下がりのリスクをヘッジしたいあなたは、行使価格100円、行使期間1年のプットオプションを買う。プットオプションというのは売る権利のことである。これによってあなたは、1年後に100円でA社の株を売る権利を手に入れることになる。

1年後の満期日におけるあなたのアクションは次のようになる。

(単位：円)

現在	1年後				
株価	株価	株式の手取り A	オプション	オプションの手取り B	最終手取り額 A＋B
100	120	20	行使しない	0	20
	80	▲20	行使する	20	0

株価が120円になるということは、A社の株は市場で120円で売れるということなので、A社の株を100円で売れる権利であるプットオプションの価値はない。その場合は、オプションを行使する意味がない。一方、株価が80円になると、A社の株を100円で売れる権利は、20円の価値を持つ。なぜならば、市場でA社株を80円で買って、プットオプションを行使すれば100円で売ることができるからだ。

最終的な結果は次のようになる。

A社の株価が120円になった場合は、保有している株式からのリターンで20円の手取りとなる。一方、株価が80円になった場合は、株式で20円の損失が発生するが、オプションを行使することで20円を手に入れることができるので、合計するとゼロとなる。このように、プットオプションによって保有している株式の値下がりというリスクをヘッジすることが可能になる。

当然のことながら、このようなリスクヘッジがタダでできるわけはない。リスクヘッジができることの対価として、オプションには値段が付いている。それをオプション価格、あるいはオプションプレミアムと呼んでいる。この例から、オプションとは保険のようなものだということがわかるだろう。

同じケースで100円のプットオプションの代わりに、100円のコールオプション、つまりA社株を100円で買う権利について考えてみよう。その場合、結果は次のようになる。

(単位：円)

現在	1年後				
株価	株価	株式の手取り	オプション	オプションの手取り	最終手取り額
100	120	20	行使する	20	40
	80	▲20	行使しない	0	▲20

株価が120円になると、100円で買えるという権利を行使してA社株を100円で買い、市場で120円で売却して20円のリターンを得ることができる。保有しているA社株の価値も20円上がるので、合計で40円のリターンが手に入る。逆に、株価が80円になると、100円で買う権利は価値がないので、コールオプションは行使しない。保有しているA社株の価値が20円下がるので、全体として20円の損となる。この場合、コールオプションにリスクヘッジの効果はない。逆に、リターンのレバレッジを効かすことになる。

● オプションのペイオフダイアグラム

　オプションを理解するうえで役に立つのが、オプションのペイオフダイアグラム（Payoff Diagram）と呼ばれる図である。これは原資産（ここでは株式とする）の価格変動に伴うオプションのペイオフ（手取り）を図に表したものである。

　先ほどの行使価格が100円のオプションのケースを使って、プットとコールのペイオフラインについて説明しよう。プットオプションの場合、株価が0円から100円の間に100円で売る権利から得られる手取りは、「100円－株価＝手取り」となる。株価が100円を超えるとオプションを行使する意味がなくなるので、手取りはゼロとなる。

　コールオプションの場合、株価が100円以下の場合は、100円で買う権利は意味がないのでその価値はゼロだが、100円を超えると、100円で買う権利から得られる手取りは、「株価－100円＝手取り」となる。これを図で表すと**図表10－1**のようになる。オプションの手取りを図で把握することは、オプションの本質的理解に直結するので、非常に重要である。オプションの議論を深めるに当たっては、常にこの図が基本となる。

図表10－1　オプションのペイオフライン

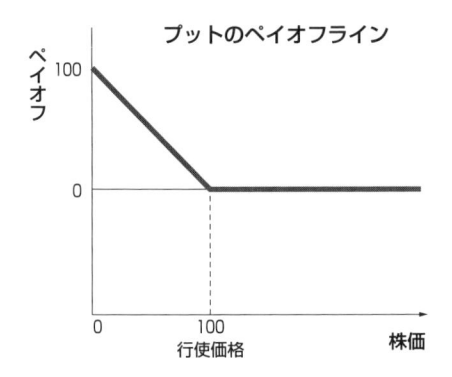

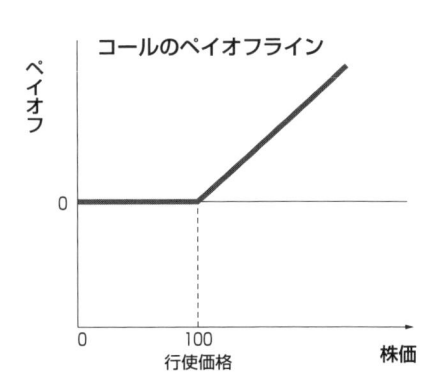

プットのペイオフライン／コールのペイオフライン（縦軸：ペイオフ、横軸：株価、行使価格100円）

　プットオプションの買い手がいるということは、同時に売り手がいるということである。プットの売り手は、買い手がオプションを行使した場合は、それに応じる義務がある。先ほどの例で言えば、株価が80円に下がると買い手がプットオプションを行使するので、売り手は買い手から100円で株を買い取らなければならない。買い取った株式を市場で売ると、80円－100円＝▲20円の損失が出ることになる。したがって、オプションの売り手のペイオフラインはちょうど買い手と正反対の形状になる。当然のことながら、オプションの売り手は値段を付けてオプションを売らないとやっていけな

い。したがって、オプションの売り手の実際のリターンのペイオフを表現すると、点線のようになる。実線と点線のギャップがオプションの価格である。コールも同様である。

図表10-2　オプションの売り手のペイオフライン

（プットの売り手のペイオフライン：プットの売り手のリターン、プットの売り値、プットのペイオフ）
（コールの売り手のペイオフライン：コールの売り手のリターン、コールの売り値、コールのペイオフ）

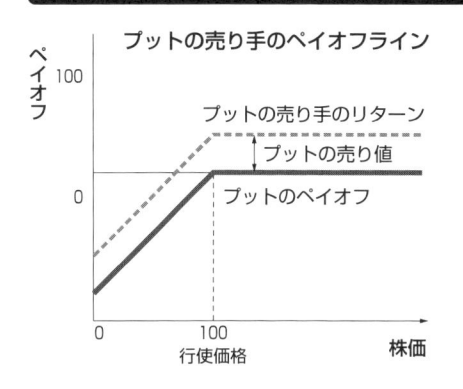

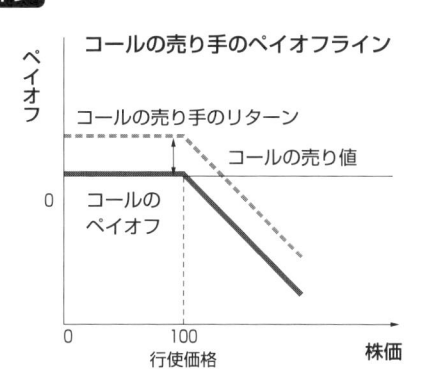

3 ● オプション価格の算定

それでは、オプションの価格を算定するオプション価格モデルについて説明しよう。オプションの価格を決定するのは、次の5つの要素である。

①原資産の時価
②オプションの行使価格（ストライクプライスとも言う）
③オプションの満期までの期間
④原資産の価格の分散（価格の変動性を表すのでボラティリティと呼ばれる）
⑤オプションの満期までの期間に対応したリスクフリーレート

実務の世界では、この情報をオプション価格モデルにインプットすることでオプション価格が求められるようになっている。モデルの中身は極めて専門的で、それについて語れるのは投資銀行の中でも限られた部門だけである。理論的なオプション価格モデルとしては、1973年に発表されたブラック-ショールズの公式（200ページ参照）が有名である。開発者の一人のマイロン・ショールズはその功績によって1997年のノーベル経済学賞を受賞している（共同開発者のフィッシャー・ブラックは1995年に死去）。

その後1970年代後半から1980年代にかけて、実務への応用を狙ったさまざまな

モデルが開発されている。その中でも考え方として重要なのが、「二項過程モデル」である。二項過程モデルはブラック-ショールズの公式とは違って偏微分を使わなくてもよいので、オプションの価格決定メカニズムを理解しやすいという利点がある。そこで、二項過程モデルを使って、オプション価格を算定してみよう。

● 二項過程モデルによるオプション価格の算定

簡単なケースを使ってコールの価格の算定を行おう。ケースの前提は次の通りである。

- 原資産の株式に配当はない。
- 税金と取引費用はない。
- 株価は1年後に次のように変化する。

現在	1年後
100	200
	50

- 国債の金利（リスクフリーレート）は11.1111……%とする。
- リスクフリーレートで借入が可能とする。
- 行使価格が100円のコールオプションを考える。

この前提で、次の2つのアクションを考える。
（1）コールを価格Cで3単位発行し、100円で株式を2株買う。
（2）90円で国債の購入（預金）をする。

それぞれのケースのペイオフは次のようになる。

	現在	1年後	
株価	100	50	200
・コール×3	3C	0	▲300
・株式×2	▲200	100	400
ケース(1)コール+株式	3C−200	100	100
		‖	‖
ケース(2)預金	▲90	100	100

ケース（1）は、コールオプションの売り手になるので、ただちに3単位×オプション価格＝3C円が手に入る。同時に、株式を2株買うので、200円の支払いが発生する。したがって、現在の手取りは、3C－200となる。1年後に株価が50円になった場合は、100円で株を買うというオプションは行使されないので、オプションに対する支払いは発生しない。同時に、保有する2株の価値は、2×50＝100円となる。

一方、株価が200円になった場合は、オプションの買い手が権利を行使するので、(100－200)×3単位＝▲300円の支払いが発生する。同時に、保有する2株の価値は、2×200＝400円となる。

この結果、株価が50円に下がっても、200円に上がっても、ペイオフは100円となることがわかる。

ケース（2）は、国債を買う（or預金する）ために90円を支払うと、1年後には株価がどうなろうとも100円が返ってくる。

（1）と（2）を比べると、両者とも1年後のペイオフは100円になる。1年後のペイオフが同じであれば、現時点における価値も同じになるはずである。したがって、次の式が成り立つ。

$$3C - 200 = ▲90 \Rightarrow C = 36.7 円$$

以上の計算結果から、このケースにおけるコールオプションの価格は36.7円になることがわかる。別の言い方をすると、100円の株価が1年後に200円か50円に変動する場合のリスクヘッジの対価（＝オプションの価値）は、36.7円ということである。

ここで注目すべきことは、オプションの価格は、株価が200円（あるいは50円）になる確率とは無関係ということである。つまり、値上がりの確率が90％であろうと、10％であろうと、オプションの価値には関係がないということである。オプションの価格は、あくまでも現在の価格（100円）に対してどれぐらい上下に振れるか、というばらつきの幅（＝分散）、つまりボラティリティで決まるということである。

◉────── **ヘッジレシオ**

このケースでは、たまたまコールを3単位、株式を2株と設定したからうまく行ったように見えるが、実はその設定には、ヘッジレシオというからくりがある。

$$ヘッジレシオ = \frac{オプション価値の想定変動幅}{株価の想定変動幅}$$

このヘッジレシオで定義された数の株式と、それに対応した預金（あるいは貸付）を組み合わせることで、必ずコールオプションと同じペイオフを得られるのである。先の事例に即して言えば、行使価格が100円のコールオプションの価値は株価が200円のときに（高）＝100円となり、株価が50円のときに（低）＝0円となる。

現在	1年後	コールオプション	コールオプションの価値
100	200	行使する	100
	50	行使しない	0

したがって、ヘッジレシオは次のようになる。

$$\text{ヘッジレシオ} = (100-0) / (200-50) = 2/3$$

ヘッジレシオの数である2／3株を100円の株価で買う（2／3株×100円＝200／3＝66.7円）。そうすると1年後のペイオフがコールと同じように100または0になる借入額が必ず存在することになる。実際にやってみると、次のようになる。

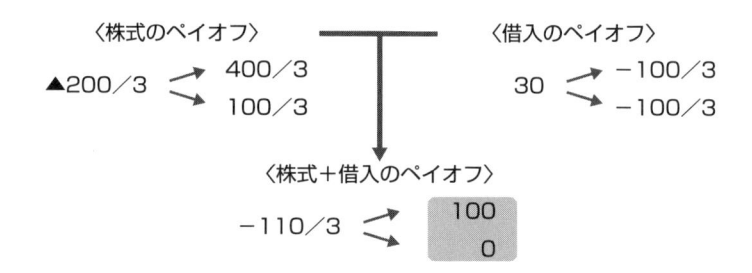

〈株式のペイオフ〉　　　　　　　　　〈借入のペイオフ〉

▲200／3　　400／3　　　　　30　　－100／3
　　　　　　100／3　　　　　　　　　－100／3

〈株式＋借入のペイオフ〉

－110／3　　100
　　　　　　0

株式と借入を、それぞれ2／3株と30円で組み合わせたポートフォリオの、1年後のペイオフは100円と0円になり、これはコールオプションのペイオフと同じになる。したがって、110／3＝36.7円がコールの価格となる。

オプションを3単位と株式を2株というケースの設定は、この2／3というヘッジレシオを基にして設定したというわけである。

◉─── **プットの価格の算出**

同じように、行使価格100円のプットオプションの価格を計算してみよう。

現在	1年後	プットオプション	プットオプションの価値
100	200	行使しない	0
	50	行使する	50

ヘッジレシオ ＝（0－50）／（200－50）＝ －1／3

1／3株を空売り（ショートポジション）*[注1]して、60円を預金すると、プットオプションと同じペイオフになる。したがって、プットの価格は、80／3＝26.7円となる。

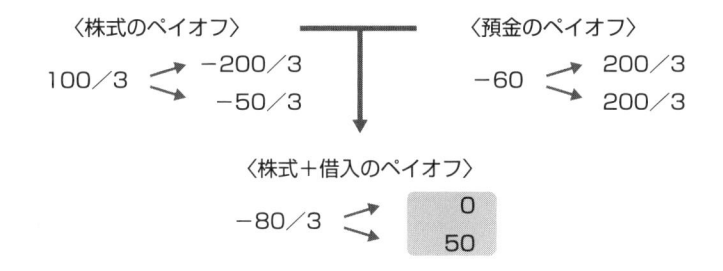

〈株式のペイオフ〉　　　　　　　　　　〈預金のペイオフ〉

100／3 → －200／3　　　　　　　－60 → 200／3
　　　　 －50／3　　　　　　　　　　　　 200／3

〈株式＋借入のペイオフ〉

－80／3 → 0
　　　　　50

● プット・コール・パリティ

以上の結果から、プットとコールの間には、一定の関係があることがわかる。それは、プット・コール・パリティと呼ばれているもので、次の式で表される。借入は、満期日における返済額が行使価格となる金額、つまり、行使価格の現在価値となる。

コールの価値 ＝ 株式の価値 ＋ プットの価値 － 借入〔PV（行使価格）〕
36.7　　　 ＝　　100　　 ＋　　26.7　　 －　　　　90

プット・コール・パリティが成り立つことは、ペイオフダイアグラムで確認できる。引き続き、ケースの数値を使って説明する。

満期日におけるペイオフを見てみよう。株式は、株価が0円になればペイオフはゼロ。株価が100円になれば、ペイオフは100円となる。したがって、株式のペイオフラインは次ページの**図表10－3**の左のようになる。

借入は、満期日に行使価格である100円を返済しなければならないので、借入のペイオフラインは**図表10－3**の右のようになる。

図表10-3　満期日における株式と借入のペイオフライン

株式のペイオフライン

借入のペイオフライン

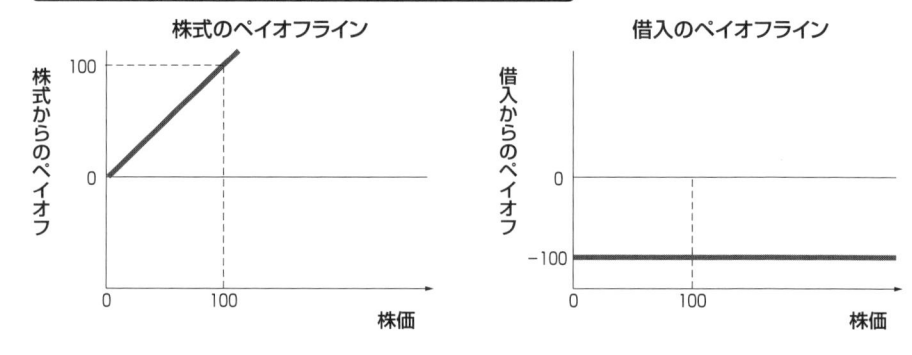

次に、株式と借入を組み合わせた場合のペイオフを考えると、それは両者を足したものになる。株価が0円の場合は、借金の返済の-100となり、株価が100円になると株の手取りで借金を返して手取りは0となり、株価が100円を超えると超えた分が手取りとなる。したがって、株式＋借入のペイオフは**図表10-4**のようになる。

図表10-4　満期日における株式＋借入のペイオフ

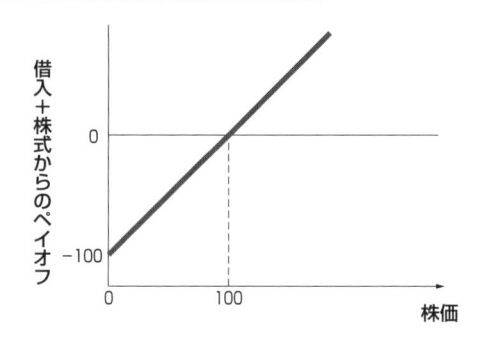

最後に、この株式＋借入にプットオプションを組み合わせてみよう。株式＋借入のペイオフラインとプットオプションのペイオフラインを合成すると（**図表10-5**）、コールオプションのペイオフラインになることがわかる。

以上の結果から、満期日においてプットとコールのオプションと原資産である株式の間には、次のような関係が存在することがわかる。

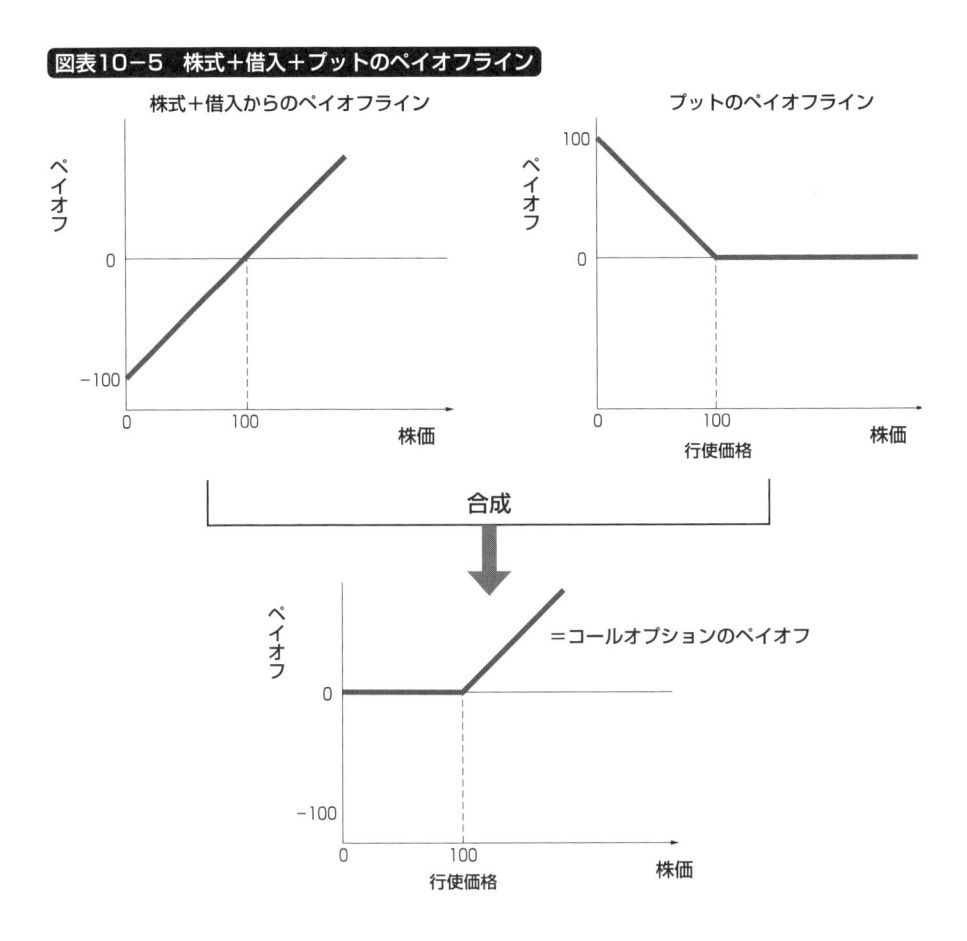

図表10-5　株式＋借入＋プットのペイオフライン

株式＋借入からのペイオフライン

プットのペイオフライン

合成

＝コールオプションのペイオフ

コール＝株式＋借入（＝行使価格）＋プット

　これは満期日におけるペイオフなので、時間軸を現在にして表現すると、コールとプットは現在におけるコールとプットの価値ということになる。また、借入の現在価値は、行使価格をリスクフリーレートで割り引いた現在価値ということになる（行使価格で表現しているので正負が逆になっている点に注意）。株式は現時点での株価ということになる。そうすると、次の式を導くことができる。これがオプションと原資産の関係を表すプット・コール・パリティの関係式である。

コールの価値 ＝ 株価（原資産の価値）＋プットの価値 － 行使価格の現在価値

プット・コール・パリティの関係式は、オプションの基本的な関係を表しているが、そこから負債コスト（r_D）の理論的根拠を導くこともできる。それについては後ほど説明をする。

● ブラック-ショールズの公式

二項過程モデルのケースでは、1年後の株価が高いか低いかという2通りのケースを想定した。この1年という期間はいくらでも細分化することができる。究極的には、連続するものと捉えることができる。また、株価の変動も2通りではなく、さまざまにばらつくものと想定することができる。究極的には、株価の分布を正規分布として捉えることができる。これを式で表したものが、有名なブラック-ショールズの公式である。これは一見したところ難解だが、その構造は二項過程モデルとまったく同じである。

二項過程モデルからコールの価値は次のように計算できることがわかったが、ブラック-ショールズの公式もこれと同じ構造を持つ。

$$\text{コールの価値} = \text{ヘッジレシオ} \times \text{株価} - \text{ヘッジレシオに対応した借入}$$
$$= (2/3) \times 100 - 30$$
$$= 36.7$$

[ブラック-ショールズの公式]

$$\text{コールの価値} = N(d_1) \times P - N(d_2) \times PV(EX)$$
$$= \text{ヘッジレシオ} \times \text{株価} - \text{ヘッジレシオに対応した借入}$$

$N(d)$ ＝正規分布の累積密度関数
  ＝正規分布に従う変数（株価）がd以下の値になる確率

$$d_1 = \frac{\log\{P/PV(EX)\}}{\sigma\sqrt{t}} + \frac{\sigma\sqrt{t}}{2}$$

$d_2 = d_1 - \sigma\sqrt{t}$

$N(d_1)$ ＝ヘッジレシオ

EX ＝オプションの行使価格

$PV(EX)$ ＝EXをリスクフリーレート（r_f）で割り引いた現在価値

> t ＝行使期日までの期間
> P ＝現在の株価（原資産の時価）
> σ ＝連続複利計算した株式の収益率の期間当たりの標準偏差
>   ＝ボラティリティ

注：数式や略語表記は、リチャード・ブリーリー、スチュワート・マイヤーズ、フランクリン・アレン著『コーポレート・ファイナンス第8版』に準拠。同書はeを底とする自然対数をlnではなく、logと表記している。なお、ブラック–ショールズの公式の表記については、以下のものが使われる場合も多い。表記の違いはあるが、数学的には上述の式と等価である。

$$C = SN(d_1) - e^{-rt}KN(d_2)$$

$$d_1 = \frac{Ln(\frac{S}{K}) + (r + \frac{1}{2}\sigma^2)t}{\sigma\sqrt{t}}$$

$$d_2 = d_1 - \sigma\sqrt{t}$$

> C ＝ コールオプションの価格
> K ＝ オプションの行使価格
> S ＝ 現在の株価（原資産の時価）
> r ＝ リスクフリーレート

◉ ── **オプションの価値を決める要因**

　一般的なビジネスプロフェッショナルがブラック–ショールズの公式を数学的に理解する必要はないが、それが何を意味しているかは理解しておこう。ブラック–ショールズの公式は、オプションの価値（コールの価値）がどのような要素で決まるかということを表している。つまり、現在の株価（P）と行使価格（EX）を所与とした場合、何がオプションの価格を決めるかということである。

　まず、株価が高くなる可能性が増すほどコールの価値は高くなる。それだけコールオプションのメリットが出るからだ。ブラック–ショールズの公式におけるN（d_1）×Pは、株価が高くなる可能性を表している。公式の要素に則して言うと、株価の変動を表すボラティリティ（σ）が高いとオプションの価格が上昇するということである。これはチャートにすれば直感的に理解できるはずだ（**図表10–6参照**）。

L社の株式とH社の株式のコールオプションを考える。説明を単純にするために、L社とH社の現在の株価は同じで、それぞれの行使価格も現在の株価と同じとする。ただし、ボラティリティについてはL社が低く、H社が高い。今後の株価がどうなるかは、現在の株価を中心として正規分布するというのが効率的市場仮説の考え方である。そうすると、ボラティリティの高いH社の株価のほうが大きく値を上げる可能性がある。したがって、ボラティリティが高いほどコールオプションのメリットが大きくなるので、価格も高くなる。

図表10-6　ボラティリティとオプションの価値

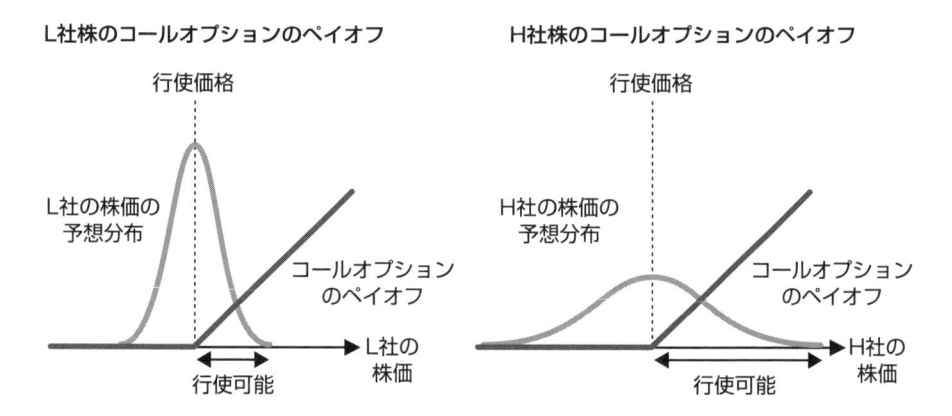

L社株のコールオプションのペイオフ

H社株のコールオプションのペイオフ

次に、期間（t）が長くなるほどコールの価値は高くなる。くじ引きに例えれば、期間が長いということはくじを引く回数が多いというのと同じである。回数が多ければ当たりくじを引く可能性も上がるということだ。

また、期間が長くなると、リスクフリーレートで割り引いたPV(EX)の値も小さくなる。PV(EX)の値については、割引率であるリスクフリーレートが高くなっても小さくなる。つまり、期間とリスクフリーレートの値が大きくなるとPV(EX)は小さくなるので、オプションの価格は高くなる。

コールオプションを買うということは、現時点でオプションの代金を支払うが、実際にオプションを行使するまでは行使価格の支払いは行わない。つまり、支払いを遅らせているので、実質的に借金をして株を手に入れていることと同じである。そのため、期間が長く、リスクフリーレートが高くなるとオプションのメリットが出る。そのため、コールオプションの価格は高くなる。ブラック–ショールズの公式の$-N(d_2) \times PV(EX)$

はそういうことを表している。

4 ● リアルオプション

● ── リアルオプションとは

　未来が確定していない実務の世界において、事業への投資プロジェクトはオプションとして捉えることができる。オプションと言うと通常は金融商品を指すので、事業の経済的価値の評価にオプションの考え方を適用することをリアルオプションと呼んでいる。

　プロジェクトの視点に立ってオプションを考えると、プロジェクトを立ち上げた時点で事業の未来の数字をコントロールすることはできない。そのため、走りながら市場の状況を見極め、オプション（＝戦略的な打ち手）を駆使する。ある時点においてダメと判断したら撤退し、行けると判断したら追加投資をして勝負に出る。前者はオプションを行使しないということであり（＝入門料だけ払って終結）、後者はオプションを行使するのと同じことである。

　逆に、オプションの視点に立ってプロジェクトを見ると、現時点でプロジェクトの未来のペイオフを確定して、リターンの経済的価値が投資金額よりも大きければ投資をするというNPVのアプローチは、行使価格＝投資金額というコールオプションが満期を迎える直前の状況と同じことになる。つまり、株価（＝プロジェクトの価値）が行使価格（＝投資金額）を上回っていれば（プロジェクトの価値－投資金額＝NPV＞0）、オプションを行使するというのと同じである。したがって、NPVとはオプション価格モデルにおいて満期を迎える直前という特定のタイミングに該当する特殊なケースであるということがわかる。

● ── リアルオプションの算定

　実際に、数字を使ってリアルオプションによる事業の経済的価値の評価方法を説明しよう。冒頭のケースで、伏見が策定した第2世代の事業計画は次ページの表の通りだったとしよう。

　第2世代の事業計画は、投資金額が100億円である。それによって形成される資産が生み出すFCFの現在価値が、事業資産の価値である。割引率を20%とすると、事業資産の価値は92億円となる。NPV＝－投資＋事業資産の価値＝▲8億円となるので、

<第2世代の事業計画>　　　　　　　　　　　　　　　　　　　　　　　（単位：億円）

年度	2010	2011	2012	2013	2014	2015
投資	100					
リターン（FCF）		10	20	40	80	20
事業資産の価値（@20%）	92					
NPV（@20%）	▲8					

このプロジェクトはペイしないことがわかる。

しかし、ここで日之出が電気自動車分野に参入しないと、先発メーカーに地盤を固められて、永久に参入する機会を失う危険性がある。そこで、この8億円は、日之出が電気自動車分野に参入するための入門料と捉え、第3世代で勝利を収めて元を取り返すというシナリオを検討する。

もちろん、現時点において日之出が第3世代で勝てるというめどが立っているわけではない。そこで、第2世代は準備期間と割り切り、第3世代が立ち上がる段階で、勝負に勝てるかどうかを判断すればよい。勝てると判断したら、本格的に勝負に出る。勝てないと判断したら、参入を見送る（＝8億円だけ支払って撤退する）。

このシナリオをオプションの用語を使って言うと、次のようになる。現時点で8億円を支払うと（＝第2世代への投資を決定する）、第3世代に本格参入するためのコールオプションを手に入れることができる。このコールオプションの条件は次の通りである。

　　　　満期日　　　：第3世代が立ち上がるタイミング
　　　　原資産の価値：第3世代の事業資産の現在価値
　　　　行使価格　　：第3世代の投資金額

第3世代が立ち上がる時点（満期日）において、第3世代の事業資産の価値（原資産）が投資金額（行使価格）を上回っていれば、コールオプションを行使する（本格参入する）。事業資産の価値が投資金額を下回っていれば、オプションは行使しない（8億円だけ支払って撤退する）。

言い換えると、8億円で手に入れることができるコールオプションの価値が8億円以上であれば、電気自動車向け新規参入のプロジェクトにGoサインを出してもよいことになる。

コールオプションの価値を計算するためには、第3世代の事業計画を策定する必要が

ある。現時点において、日之出が第3世代で競争優位を築けるという確信はないので、楽観的な数字を置いてもリアリティのない事業計画になってしまう。そこで、第2世代の事業計画の数字を単純に2倍にする。当然のことながら、NPVは再びマイナスになる。だからやらない、というのが静学的なNPVの考え方である。

一方、事業資産の価値は変動するので(ボラティリティ)、投資金額以上の価値になる可能性もある。その場合は、投資をすればよい、というのが動学的なオプションの考え方である。したがって、事業計画は次のようになる。

割引率＝20%、リスクフリーレート＝5%とすると、第2世代と第3世代の投資金額と事業資産の価値は次のようになる。

<電気自動車向け新規参入の事業計画>　　　　　　　　　　　　　　　(単位：億円)

年度	2010	2011	2012	2013	2014	2015	2016	2017	2018
第2世代									
投資	100								
リターン(FCF)		10	20	40	80	20			
第3世代									
投資				200					
リターン(FCF)					20	40	80	160	40

● 第2世代
　　投資金額（2010年）＝100
　　事業資産の価値（2010年）＝PV(@20%)＝92
　　NPV（2010年）＝▲8
● 第3世代
　　投資金額(2013年)＝200
　　事業資産の価値(2013年)＝PV(@20%)＝184
　　NPV(2013年)＝▲16
第3世代のプロジェクトを2010年の現在価値で表すと次のようになる。

　　投資金額(2010年)＝投資金額(2013年)の現在価値＝PV(@5%)＝173
　　事業資産の価値(2010年)＝事業資産の価値(2013年)の現在価値
　　　　　　　　　　　　　＝PV(@20%)＝106

投資金額は、あくまでも2013年時点におけるお金なので、時間的価値を反映するリスクフリーレートの5%で割り引けばよいが、事業資産の価値はビジネスリスクを反映した20%で割り引かなければならない。

この計算結果から、8億円を支払って手に入れるのは、時価が106億円の事業資産（原資産）に対して行使価格が200億円のコールオプションであることがわかる。現時点で106億円の価値のある資産が、満期日の2013年において200億円を超えていればオプションを行使する。その場合の手取りは、事業資産の価値－200億円＝NPV＞0となる。200億円を下回っていれば、オプションは行使せず、新規参入を断念するということになる。オプションを行使しない場合は、日之出にとって入門料として8億円の損失が発生する。

したがって、コールオプションの価値が8億円以上であれば、このプロジェクトはプラスの経済的価値を日之出にもたらすことになる。

これまでの情報に、事業資産のボラティリティ（σ）がわかれば、ブラック–ショールズの公式を使ってオプションの価格を計算できる。仮に$\sigma=50\%$[注2]としよう。そうすると、計算結果は次のようになる。

$$
\begin{aligned}
&\text{EX} &&= \text{オプションの行使価格} = 200\text{億円} \\
&r_f &&= 5\% \\
&\text{PV(EX)} &&= \text{EXをリスクフリーレート}(r_f)\text{で割り引いた現在価値} = 173\text{億円} \\
&t &&= \text{行使期日までの期間} = 3\text{年} \\
&P &&= \text{原資産の時価} = 106\text{億円} \\
&\sigma &&= \text{ボラティリティ} = 50\% \\
&d_1 &&= \log\{P/\text{PV(EX)}\}/\sigma\sqrt{t} + \sigma\sqrt{t}/2 = -0.126 \\
&d_2 &&= d_1 - \sigma\sqrt{t} = -0.992 \\
&N(d_1) &&= 0.450\text{[注3]} \\
&N(d_2) &&= 0.161
\end{aligned}
$$

$$
\begin{aligned}
\text{コールオプションの価値} &= N(d_1) \times P - N(d_2) \times \text{PV(EX)} \\
&= 48 - 28 \\
&= 20
\end{aligned}
$$

コールオプションの価値は20億円となる。つまり、8億円を支払うことで20億円の

価値のあるコールオプションを手に入れることになる。したがって、電気自動車向けの新規参入プロジェクトにGoサインを出してよいことになる。第3世代の見通しは決して楽観できないが、追い風が吹く可能性もあるので（ボラティリティの存在）、挑戦してみる価値はあるということだ。

◉── NPV vs リアルオプション

ここでは第3世代における追加投資のオプションを例に挙げたが、リアルオプションには様子見のオプション、進路変更のオプション、縮小のオプションなど、いろいろなバリエーションが考えられる。リアルオプションの考え方を応用することで、投資の意思決定をより柔軟に行うことが可能になると言えよう。

NPVを計算するときに使う事業計画の数字は、あくまでも現時点における最も確からしい期待値である。NPVのアプローチはその数字で未来を確定して、事業の経済的価値を評価する。一方、実際のビジネスにおいては風向きが変わって期待値を超えるような追い風を受けることもある。その場合は、NPV＜0と見込まれたプロジェクトも、プラスの経済的価値を持つことがある。そこまで評価するのがリアルオプションの考え方である。

NPVが静学的なアプローチであるのに対して、リアルオプションは動学的なアプローチと言える。したがって、理論的にはリアルオプションに軍配が上がると言えよう。しかし、ボラティリティの測定をどうすればよいかということについては、まだ実務における統一的な見解はない。リアルオプションが本格的に実用化されるのはこれからである。

5◉負債コスト（r_D）をオプションの考え方で捉える

資本コスト（WACC）は、株主の期待リターンであるr_Eと債権者の期待リターンであるr_Dで決まる。これまでr_Eについて議論してきたが、ここでr_Dについて考えてみよう。負債コスト（r_D）がオプションを扱う本章で出てくるのは意外かもしれないが、負債コストがどのようにして決まるかということについても、オプション理論を応用することができるのである。

負債コストという捉え方は、事業の経済的価値を創造する債務者側に立った見方である。資本を提供する債権者側からこれを見れば、債券（社債）の価格ということになる。債券の価格が決まれば、r_Dが決まるということである[注]。簡単なケースを使って説明

しよう。

注：満期をTとすると債券の価格は次のように定義されるので、債券の価格が決まればr_Dが決まる。

$$債券の価格 = \sum_{t=1}^{T} \frac{利息}{(1+r_D)^t} + \frac{額面価格}{(1+r_D)^T}$$

鈴木氏がオーナーである鈴木商店は、100億円の借入をして事業活動を行っている。鈴木商店の企業価値（＝資産の価値）が100億円以上の場合は、企業価値と負債の差額が株主資本の価値となる。例えば、**図表10－7**の左図のように企業価値が120億円のとき、株主資本の価値は、120－100＝20億円となる。

逆に、企業価値が100億円を下回ってしまうと、株主資本の価値はなくなる。負債の全額返済ができなくなるので、債権者は鈴木商店を倒産に追い込み、事業資産を差し押さえる。これを株主である鈴木氏の立場から見ると、債権者に事業資産を引き渡せば、100億円の債務を解消できるということになる。仮に、企業価値が**図表10－7**の右図のように90億円になって倒産すると、鈴木氏は90億円の価値のある事業資産を債権者に引き渡し、それによって100億円の債務を解消する。株主の有限責任ということである。

図表10－7　企業価値と株主のペイオフ

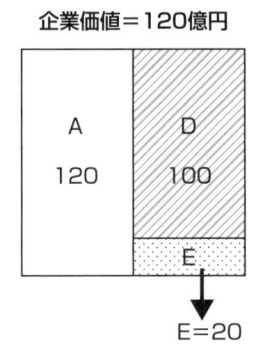

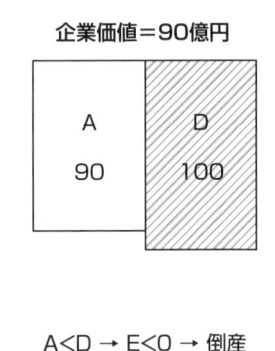

企業価値＝120億円	企業価値＝90億円
A 120 ／ D 100 ／ E	A 90 ／ D 100
E＝20	A＜D → E＜0 → 倒産

このような企業価値と株主のペイオフの関係をチャートに表すと、おもしろいことがわかる。株主である鈴木氏のペイオフは、100億円の企業価値を境にして、本章で見慣れたホッケースティック型のラインになる。企業価値が100億円を上回れば、上回った分が株主のリターンになる。逆に、企業価値が100億円を下回った場合は、事業資産を手離すだけでよい。企業価値がどんなに下がろうとも、ペナルティの支払いは発

生しない。

そうすると、このケースにおいて、株主のペイオフは、行使価格が100億円のコールオプションのペイオフと同じであることがわかる。非常に興味深いことに、株主資本の価値というのは、実はコールオプションの価値と同じことなのである。

図表10-8　株主のペイオフとコールオプション

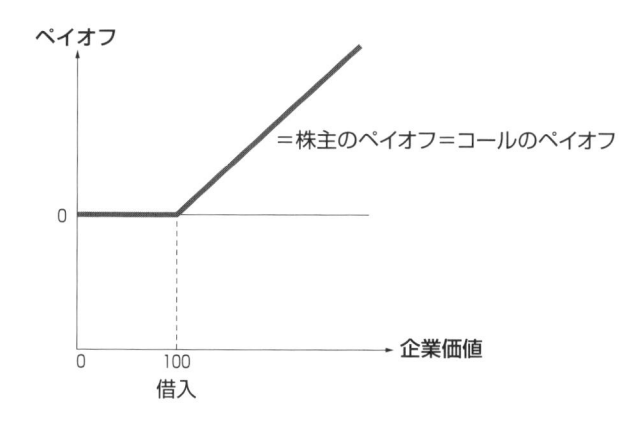

株主資本の価値がコールオプションの価値に等しい、ということがわかると、B/Sの左側（＝Aの価値）と右側（＝D＋Eの価値）は等しい、という関係を次のように展開することができる。

$$\text{事業資産の価値（A）} = \text{借入の価値（D）} + \text{株主資本の価値（E）}$$
$$= \text{借入の価値} + \text{コールの価値} \quad \cdots\cdots(1)$$

ここで、プット・コール・パリティを再び登場させよう。

$$\text{コールの価値} = \text{原資産の価値} + \text{プットの価値} - \text{行使価格の現在価値}$$

プット・コール・パリティにおける「原資産の価値」は、鈴木商店のケースでは事業資産の価値のことで、「行使価格の現在価値」は、借入金額の100億円をリスクフリーレートで割り引いたもの（@r_f）となる。したがって、プット・コール・パリティは次のように表すことができる。

$$\text{コールの価値} = \text{事業資産の価値} + \text{プットの価値} - \text{借入の価値}(@r_f) \quad \cdots\cdots(2)$$

一方で、(1) 式における「借入の価値」は、借入金額を実際の金利であるr_Dで割り引いたものである。したがって、(1) 式と (2) 式を展開すると、次のようになる。

$$\begin{aligned}\text{借入の価値}(@r_D) &= \text{事業資産の価値} - \text{コールの価値} \\ &= \text{借入の価値}(@r_f) - \text{プットの価値}\end{aligned} \quad \cdots\cdots(3)$$

(3) 式の意味するところは、プットの価値が上昇すると、借入の価値 ($@r_D$) が低下する、つまり、r_Dが上昇するということである。企業が実際に負っている負債コスト(r_D) は、最も低い金利であるリスクフリーレートにスプレッドを乗せたレートになっているが、(3) 式から、スプレッドの正体はプットの価値であることがわかる。

つまり、債権者は企業が破綻するリスクがあることを承知で貸付を行うので、リスク対策として貸付と同時にプットオプションも売っているということである。当然のことながら、鈴木商店の信用リスクが高くなれば（＝ボラティリティが高くなれば）、プットオプションの価値は上昇し、それによって負債コストも上昇する（＝借入の価値（$@r_D$）が下落する）。

債権者が債務者である株主にプットオプションを売っているということは、株主は金利の一部を使ってプットオプションを買っているということである。鈴木氏が買うのは行使価格が100億円のプットオプションである。企業価値が100億円を下回ると鈴木商店は倒産するが、事業資産を引き渡すことで100億円の債務を解消することができる。これは、債権者に対して事業資産を100億円で売るプットオプションを行使するということを意味している。もちろん、事業資産の価値が100億円を超えていれば、プットオプションは行使しない。

満期日におけるプット・コール・パリティが、次のように成り立っていることがわかるだろう。

- 満期日のプット・コール・パリティ
    コール ＝ 借入 ＋ 原資産＋ プット
- 原資産＝120億円のときの鈴木氏のペイオフ
    20（行使する）＝ －100＋ 120 ＋ 0（行使しない）

- 原資産＝90億円のときの鈴木氏のペイオフ
  0（行使しない）＝ －100 ＋ 90 ＋ 10（行使する）

　このようなオプション理論を使った負債コストの評価（債券価格の評価）は、理論的にはエレガントだが、実用化という点では問題もある。特に、企業は満期の異なるさまざまな債務を抱えているのが普通なので、オプションの評価が非常に複雑になるという悩ましさがある。

　当然のことながら、実務の世界においてはオプション理論が登場するはるか以前から、負債コストの評価は行われていた。オプション理論を使った負債コストの評価を家賃収入の予測からマンションの価値を算定するアプローチに例えれば、伝統的なアプローチは、不動産屋に行って相場を確認するというやり方である。
　一般的には、金利の支払能力、事業の収益性、会社の負債比率などの財務指標と、過去の債務不履行の事例との関連性を基にして信用リスクを推定する。ムーディーズやS&Pなどの格付け機関による評価が代表的である。格付けに応じて、負債コストの水準が設定される。マンションの査定と同様に、負債コストの評価については、オプションのアプローチと格付け機関の評価を補完的に捉えることが現実的であろう。格付けについては本章末の補論で取り上げる。

　本書の主要なテーマである事業の経済性評価という観点からコメントすると、負債コストについては実務上は大きな問題にはならない。なぜならば、債券市場が機能していれば、類似の債券には同じような価格が付くので、自社だけが不当に高いr_Dを課せられるということはありえないからだ。
　したがって、財務戦略において、r_Dの水準についてはそれほど心配するには及ばないのである。

補論●格付け

　格付けは、社債などに対する評価の指標である。個別の債券に対して、約定通り元本と利息が支払われる確実性を、AAAやAa1などの符号で表示する（格付け会社ごとに表記ルールは異なるので注意が必要）。
　格付けには、企業（発行体）が格付け会社に格付けを依頼して取得するものと、格付け会社が独自の判断で格付けをするもの（いわゆる勝手格付け）とがある。また、長期

債と短期債は、別々に評価される。格付け会社としては、アメリカのムーディーズ・インベスターズ・サービス、スタンダード・アンド・プアーズ・サービス（通称S&P）が有名である。日本にも日本格付研究所、格付投資情報センター（通称R&I）などがある。

格付けは、高くなるほど債券の金利が低くなる（企業側にとって有利な調達ができる）。また、債券の金利だけでなく、銀行から資金を借り入れる際の金利にも影響する。あまり格付けが下がってしまうと、社債の発行ができなくなってしまうこともある。

格付けを理解するうえで注意しなければならないのは、格付け会社が評価しているのは、あくまで「信用リスク」、すなわち債務を履行する能力がどれだけあるかということである。決して企業の全体的な経営能力を評価しているものではない。判断の基準として実際に用いられているのは、元利金の支払いに充当されるであろうキャッシュフローのレベル、安定性、収益性、成長性などの指標のほか、現預金、短期有価証券の金額などである。

このため、格付けは必ずしも企業価値とは結び付いていない。例えば、企業が新しい技術に投資し、将来大きなリターンを得られる可能性が出れば、企業価値が上がり株価も上昇するだろう。しかし、投資がキャッシュフローを圧迫すると、債務履行の確実性を下げてしまうから、格付けの観点からはマイナスだ。確固たる規制に守られ、変化の少ない事業を運営している企業のほうが、格付けは高くなる傾向があるといえる。

加えて、格付けに関してしばしばなされる批判として、格付けは市場リスクを十分に織り込んでいない、というものがある。つまり、債務の不履行（倒産）は個別企業のユニークリスクだけではなく、市場リスクによっても起きるにもかかわらず、後者が十分には反映しきれていないということである。また、本来中立的であるべき格付け会社が、特定の市場関係者に有利になるように格付けを行う危険性も指摘されている（2007年から顕在化したサブプライム問題の原因を、そうした格付けの不備に求める向きもある）。

いずれにせよ、効率的な市場が価格を決定する株価と、特定の機関が自己の判断で行う格付けの差異は明確に意識しておくべきであろう。

注1：空売りについては72ページ参照。
注2：『ハーバード・ビジネス・レビュー』の論文でリアルオプションの考え方を紹介したTimothy A. Luehrman は、特定の情報がない場合は、ボラティリティを30%から60%の範囲で設定して分析を始めるとしている。Timothy A. Luehrman, "Investment Oppotunities as Real options: Getting Started on the Numbers," *Harvard Business Review*, July-Aug. 1998.

注3：N(d) はエクセルのNORMDISTという関数で求めることができる。

第11章 経営戦略とファイナンス

POINT

ファイナンスと経営戦略は密接にかかわり合っている。ファイナンス理論と経営戦略論を統合的に理解することで、ビジネスの本質を洞察することができる。

CASE

　日之出製作所の経営会議では、ある投資プロジェクトの説明が行われていた。事業計画の説明は淡々と進行し、最後に「NPVがプラスなので、このプロジェクトを了承いただきたい」と所管の事業部長が締めくくった。経営会議のメンバーは一様に浮かない表情を浮かべていた。心の中では「退屈な説明だ」と不満を感じていたのだが、精緻な数字で経済的メリットを主張されると面と向かって反対するのもいかがなものか、というもどかしさを感じていたのだった。

　司会役の経営企画部長が「それでは質疑をお願いします」と促しても「うーん」という声が聞かれるばかりだった。それは「このプロジェクトには積極的に乗りたくない」という経営会議のメンバーの気持ちを表していた。気まずい沈黙が支配する中、会長の城山が「ちょっといいかな」と発言を求めてきた。最近では社長の小坪に遠慮してあまり発言のない城山であるだけに、メンバーの視線が集まった。

　会長の城山は、名門企業の日之出にあって大学を出ないでトップになったという、異色の経歴の持ち主である。その凄みのある経営手腕から「事業の鬼」と社内では呼ばれており、10年以上も前に審議されたアメリカ企業のM&A案件を一発で「高すぎる」と見抜いた眼力は、今も伝説として語り継がれている。米系の一流投資銀行をアドバイザーに起用したバリュエーションの結果を見て、「NPVとは何だ？」と戸惑う経営会議メンバーを尻目に、NPVの知識を持たない城山はあっさりとこう言ってのけたのだ。
「2年前にアメリカでこれと同じ事業をやっている会社を、ヨーロッパのA社は80億円で買っただろう。あの会社の生産能力はこの会社の1.2倍だった。また、日之出がアメリカでこの会社と同じ規模の工場をゼロから作ったとしても100億円もあればやれる

はずだ。それに対して、この案件の値段は90億円だ。それじゃA社には勝てない。それに、アメリカ企業を買った後のもろもろの大変さを考えれば、10億円のメリットなどないも同然だ。君たちはこんな簡単なこともわからないのかね」

城山は往年を髣髴とさせるような眼光で次のように言った。
「数字の良し悪しは私にはよくわからん。事業部で練った数字なのだから、私のほうからとやかく言うことはない。しかし、数字よりも大事なことは、その戦略で勝てるのか、ということだ。この事業計画を競合他社に見せてみろ。彼らが顔面蒼白になるという自信があるかね」

それを聞いて顔色を失ったのは事業部長のほうだった。城山は発言を続けた。
「だからといって数字が無意味だと言っているわけではない。数字なくして事業を語る資格はない。ただ、計画が計画通りに行かないのは世の常だから、数字だけを頼りにしてはいかんということだ。勝負を決めるのはあくまでも事業戦略だ。立派な数字よりも、競合他社が『参りました』と言うような迫力のある絵を描いてきたまえ」

理論

本書のまえがきでも述べたように、ビジネスを理解するためには、経営戦略論（定性的分析）とファイナンス（定量的分析）を統合的に理解することが必須となる。それなくしては、儲けるためにどうすればよいか、必要な元手はいくらか、要するにどれだけ儲かるのか、という実務家に求められる具体策を用意できないからである。そこで、本書の締めくくりとして、経営戦略とファイナンスを統合的に理解することについて論じよう。

1●経営戦略とファイナンス

次のような事業計画が経営会議に提出されたとしよう。製品はXOという名称の化学薬品である。
数字の前提は次のようになっている。
- 販売数量は、1年目が100トンで、7年目まで年率5%の成長を見込む。8年目からは定常状態に移行するとする。
- 販売単価は、30百万円／トンで、この価格を維持する。
- 製造にかかわる費用から減価償却費を除いたコスト（＝キャッシュコスト）は、年

率2%の上昇を想定する。
- 一般管理費(主として販売費)は年率3%の上昇を想定する。
- 運転資本は売上高の20%を要するとする。
- 設備投資の金額は20億円で、償却方法は5年定額とする。
- 償却終了後の6年目からは、設備の保守費用として毎年200百万円を計上する。
- 割引率は社内レートとして設定されている10%を使用する。
- 8年目のキャッシュフローが永続するものとして残存価値を算定する。

(単位:百万円)

	Yr0	Yr1	Yr2	Yr3	Yr4	Yr5	Yr6	Yr7	Yr8
売上		3000	3150	3308	3473	3647	3829	4020	4020
・数量(ton)		100	105	110	116	122	128	134	134
・単価		30	30	30	30	30	30	30	30
売上原価		2400	2440	2481	2522	2565	2408	2452	2452
・製造コスト		2000	2040	2081	2122	2165	2208	2252	2252
・減価償却費		400	400	400	400	400			
・修繕費							200	200	200
・一般管理費		800	824	849	874	900	927	955	955
営業利益		−200	−114	−22	76	181	493	613	613
税金(40%)		−80	−46	−9	31	72	197	245	245
税引後営業利益		−120	−68	−13	46	109	296	368	368
運転資本		600	630	662	695	729	766	804	804
△運転資本		600	30	32	33	35	36	38	0
投資	2000								
FCF	−2000	−320	302	355	413	474	259	329	368
残存価値								3676	
FCF合計	−2000	−320	302	355	413	474	259	4006	
NPV(@10%)	1003								

　事業計画に基づいて計算したXOプロジェクトのNPVは約10億円となる。それでは、NPVがプラスなので経営会議のメンバーとしてこのプロジェクトを承認してもよいだろうか。承認する場合は、ある条件が必要となる。それは、「プロジェクトがこの事業計画通りに展開する」ということである。

　しかし、ビジネスは予定通りには行かないものである。計画と現実との間には必ずギャップが発生する。そこで、ギャップが発生した場合のNPVに対するインパクトを念のために確認してみよう(こうした分析を感度分析と言う)。

（1）計画では売上数量の伸び率を5％と見込んでいるが、これが4％になったとしよう。そうすると、下記のようにNPVは10億円から1億円以下に減少する。売上数量が計画をわずか1％下回るだけで、プロジェクトを実施する意義が失われるレベルになってしまう。

（2）販売単価は30百万円を維持できると見込んでいるが、競争が行われる中で価格の維持は難しいことが考えられる。当初価格を6年目までは維持できるが、7年目から27百万円になるとする。そうすると、7年目から価格が10％下がるだけで、NPVはマイナスとなる。

（3）8年目のキャッシュフローの水準が永遠に維持できるという前提で残存価値を算定しているが、競争的な市場環境においてはそのリアリティに疑問符が付いてもおかしくない。そこで、8年目以降のキャッシュフローは競争激化によって、それまでの半額になると想定して残存価値を見込む。そうすると、NPVは1億円を切って、プロジェクトを実施する意義が問われるレベルになってしまう。このプロジェクトは、8年目以降という遠い将来のCFに依存しているプロジェクトとも言える。

	事業計画	想定される変化	NPV（百万円）
（1）販売数量の伸び	5％	4％	78
（2）販売単価	30百万円	7年目以降▲10％	▲317
（3）残存価値	8年目のCFを維持	その半額にダウン	60

この程度の計画数字の変動は十分に起こりうる、というのが実務家の肌感覚ではないだろうか。数字が想定よりも少し変化しただけで、事業計画ではGoのプロジェクトもNo Goになってしまうのである。

だからと言って、ダウンサイドリスクが心配なのでXOプロジェクトを断念する、というわけにも行かないはずだ。そのような消極的な判断をしてしまうと、会社をダイナミックに成長させていくことなど不可能になってしまうからだ。

また、楽観的なケースと悲観的なケースを想定した感応度分析をしても、大きな助けにはならないこともわかる。技術的な観点から言うと、楽観的と悲観的というのが何を意味するかを正確に定義することが難しい。また、変数はお互いに関係しているので、特定の変数に注目してその影響を独立して見ることはできないのが普通だ。例えば、需要が減少すれば販売数量は減少するが、そうすると販売価格も低下する。したがって、販売数量がこれだけ減ったらキャッシュフローも単純にこれだけ減るということにはならない。さらに、実務の観点から重要なこととして、悲観的なケースの分析結果がわかったところで、効果的な対策が明らかになるわけではない。

● 戦略分析

　以上の議論から、事業計画の数字を計算してNPVを求めるだけでは実際のビジネスの意思決定などできない、ということがわかるだろう。そこで不可欠となるのが経営戦略論のスキルである。なぜならば、NPVの信頼性は事業計画の数字に依存しているが、事業計画の数字に信頼性があるかどうかは、事業戦略でしか確認できないからである。XOプロジェクトの事業戦略に説得力がなければ、誰も事業計画の数字など信用しないだろう。それとは逆に、事業戦略に説得力があれば、事業計画の数字とそれに基づくNPVも信頼できるものになるはずだ。

　経営戦略論を武器として使うときに頼りになるのが、経営戦略論の基本中の基本である3C分析だ。3Cとは、Customer（顧客）、Competitor（競合）、Company（自社）のことである。ビジネスは顧客と競合と自社の3者が、市場において相互に関係しながら行われる。そのため、ビジネスを分析するときは、常にこの3つのCを対象として分析するのである。

　3C分析は次のようにして行う。まず、手順としては顧客から始める。顧客が存在しなければビジネスが成り立たないから、それは当然であろう。Customer分析の目的は、「市場は魅力的か」、という問いに答えるものである。それに答えるためには、市場の規模、成長性、不確実性を判断する必要がある。そして、誰が自社の顧客か、ということを明確にする。顧客の定義は、ソニー、トヨタ、というような具体的な顧客名の場合もあれば、樹脂市場における耐熱性樹脂というような市場セグメントの場合もある。また、顧客が購入の決め手とする要素（KBF：Key Buying Factors）を特定することも不可欠である。KBFとしては、価格、品質、機能、性能、サービス、ブランドなど、さまざまな要素がありうる。
　次に、競合他社を分析する。Competitor分析の目的は、「競合他社の脅威はいかほどのものか」という問いに答えるものである。それに答えるためには、競合他社の特定から行う。そして、競合他社がどのような戦い方で顧客のニーズに応えようとしているかを分析する。
　顧客分析と競合分析の帰結として、そのビジネスで勝つための成功の鍵（KSF：Key Success Factors）を洞察する。KSFは3C分析の中核をなすものなので、この洞察の良し悪しが3C分析の品質を左右することになる。
　最後に自社である。Company分析の目的は、「わが社は勝てるか」、つまり、KSFを

モノにしているか否かを判断することである。KSFに対してギャップがあれば、何らかの対策を講じる必要がある。ビジネスの現場ではついつい自社のことを中心に考えがちだが、孫子が「敵を知り、己を知れば百戦殆うからず」と言っているように、自社のことは競合の後に分析するというのは、2500年前からの戦略分析の掟である。

3C分析の帰結として、市場が魅力的で、競合の脅威はコントロールできる範囲内にあり、自社がKSFをモノにしている、ということがわかれば、プロジェクトに対してGoという仮説を構築できるはずだ。そして、NPVの数値によってその仮説を検証する。そのような事業戦略に基づいた事業計画の数字の信頼性は、高いと判断できるはずだ。

XOプロジェクトの事業計画を手にしたならば、経営会議のメンバーは、少なくとも次のような問いかけをすべきであろう。

- 市場規模の見通しはどうなっているか。そのように判断する根拠は何か。
- ターゲットセグメントは明確か。
- XOを買ってくれる顧客は具体的に決まっているか。
- ユーザー業界におけるリーディング企業が、わが社の顧客になるか（顧客の質）。
- 競合各社の戦い方はどうなっているか。
- XOビジネスのKSFは何か。
- わが社はKSFをモノにしているか。
- わが社の競争優位の相対的ポジションと目標シェアに整合性があるか。

これらの質問に対して納得の行く答えが返ってきたならば、事業計画の数字に対しても納得感が得られるはずだ。戦略分析の結果、競合の脅威が強いことが判明したら、販売価格を維持するという事業計画の数字は見直すという判断になるはずだ。同様に、8年目のCFに基づいた永続価値の算定についてもリアリティを喪失するはずだ。

◉ オプションの視点

また、第10章で説明したオプション理論も、プロジェクトを評価するうえで重要な視点を提供する。ビジネスが計画通りに行かないのは世の常である。想定外の事態が発生して、計画との間にはギャップが生じるものである。そのため、プロジェクトチームに対して「事業計画はコミットメントだ。約束を破ることは許されないからな」と迫ったところで、虚しいだけである。ビジネスは計画通りには行かないという現実を冷徹に認識したうえで、プロジェクトを評価しなければならない。

そこで注目すべき点は、プロジェクトチームが想定外の事態に対してどれだけ戦略的な打ち手を用意しているか、つまり、オプションである。

不確実性がビジネスの本質である以上、想定外の事態は競合他社にも同じように発生しているはずである。自社だけが特別に不利な影響を受けるわけではない。したがって、競争に勝てるかどうかは、競合他社よりも戦略のオプションを用意できているかどうかで決まることになる。

例えば、216ページの事業計画に対して「石にかじりついてもこの数字を達成します」というプロジェクトチームと、「市場が予想通り立ち上がらなかった場合はAという手を打ちます。予想以上に需要が発生した場合はBという手を打ちます。競合他社が本格的に参入してきた場合はCという打ち手を打ちます」というプロジェクトチームのどちらを評価するだろうか。

常識的には、後者であろう。なぜならば、リアルオプションで説明したように、戦略的な打ち手はオプションと同じことであり、オプションには経済的価値があるからである。戦略的オプションについて評価することは、事業戦略の品質を評価しているだけでなく、事業の経済的価値を評価していることになるのである。

リアルオプションが示唆するオプションとしては次のようなものが挙げられる。

- 延期のオプション
  今参入することもできるが、市場の状況を見極められるまで、参入のタイミングを遅らせることもできる。
- 拡張のオプション
  一気に大規模投資をして勝負を賭けることもできるが、最初から決め打ちをするのではなく、うまく行くと判断できるようになった段階で、規模を拡大することもできる。
- 切り替えのオプション
  当初の計画通りに事業を進めることもできるが、状況によっては異なる技術や製品あるいは市場に切り替え・転進を図ることもできる。
- 撤退のオプション
  仮に事業がうまく行かなかった場合に、事業を売却できるような手を打っておくこともできる。
- 選択のオプション
  拡張、切り替え、撤退などのオプションを用意しておき、状況に応じてその中から最も有利なオプションを選択することもできる。

経営会議のメンバーとしては、事業計画に対してこのような視点からも評価をする必要がある。

● リスクの本質

ここまでは経営会議のメンバーの視点で事業計画を見てきたが、今度は、プロジェクトチームの立場から経営会議への対応を考えてみよう。事業計画の審議をすると、「あれは大丈夫なのか、こうなったらいったいどうするんだ」と言い出す「悪魔の代弁人」というか心配性の権化のような意地悪な役員が一人か二人はいるものだ。XOプロジェクトのケースでも、次のような「ご下問」が考えられる。

- 本当に最初から100トンも売れるのか。
- 売上が毎年5％も伸びるのか。
- 主要顧客が製造方法を変更したらXOを使わなくなる。その点は大丈夫か。
- 円高になって安価な輸入品が流入してきたらどうするんだ。
- 誰かが新規参入して競争が激化しないか。
- 代替品が登場して、XOの需要が減ったらどうするんだ。
- XOに環境規制が加えられたらどうするんだ。
- 資源価格が高騰したら、2％以上のコストアップでは済まないはずだ。

例えば、「本当に100トンも売れるのか」という指摘を考えてみよう。プロジェクトチームが100トンという数字を設定した根拠は、事業戦略にある。もっと正確に言えば、100トンという数字の正当性は、事業戦略でしか確認できないはずだ。プロジェクトチームが立案した事業戦略の品質が悪いので100トンという数字が納得できない、ということであれば、その指摘はリーズナブルである。その場合は、納得のいくまで事業戦略の品質を追求すればよい。

しかし、「悪魔の代弁人」の問題意識はそれとは別のところにあるので、事業戦略を論じても納得を得られる保証はない。とにかく損をしたくない、というのが彼らの本音なのだ。もちろん、100トンの売上が危うくなるような事態が見込まれるのであれば、事業計画の数字を100トン以下に設定すればよいだけの話だ。しかし、そのような事態が現時点で見込まれないのであれば、根拠なしに事業計画の数字を変更するわけにもいかない。したがって、プロジェクトチームとしては「本当に大丈夫なのか」と言われても、「そんなことを言われても困ります」ということになるはずだ。

一方で、指摘された不幸な事態がありえないと断定することができないのも事実であ

る。ビジネスにおいて不測の事態は発生するものである。そこで、プロジェクトチームとしてこのような「悪魔の代弁人」の指摘に対してどのように対処すればよいかということが課題になる。

この課題に対して頼りになるのが、実はファイナンス理論なのである。ファイナンス理論の心得があると「悪魔の代弁人」の指摘の本質がどこにあるかが理解できるはずだ。

ファイナンス理論は、ビジネスのリスクの本質は不確実性であると教えている。その観点から「悪魔の代弁人」の指摘を見ると、それは必ずしもリスクとは言えないことがわかる。

例えば、本当に100トンも売れるのか、という指摘の裏には、100トン以下、例えば70トンぐらいしか売れないのではないか、という含みがある。その可能性は否定できない。しかし、それを言うなら、130トン売れる可能性も否定できないことになる。需要がなくなるという可能性もある。しかし、新しい需要が発見されるという可能性もある。円高で輸入品が流入する可能性があるのは事実だが、円安になって輸出できるチャンスが発生する可能性だってある。

つまり、「悪魔の代弁人」が言っていることは、リスクではなくて、Bad News（悪い知らせ）なのである。Bad Newsを事業計画に反映するのであれば、同時に、Good News（よい知らせ）も反映させなければ偏った見方になる。Bad Newsはある一定の確率で発生するが、Good Newsもある一定の確率で発生する。何が起こるかわからない未来においてはBad Newsが発生する確率とGood Newsが発生する確率は50％対50％になる。その結果、Bad NewsとGood Newsは相殺される。したがって、事業計画はあくまでも事業戦略に基づいたMost Likely（最もありうる）な数字を設定すればよいのである。

図表11－1　事業計画の数字の意味合い

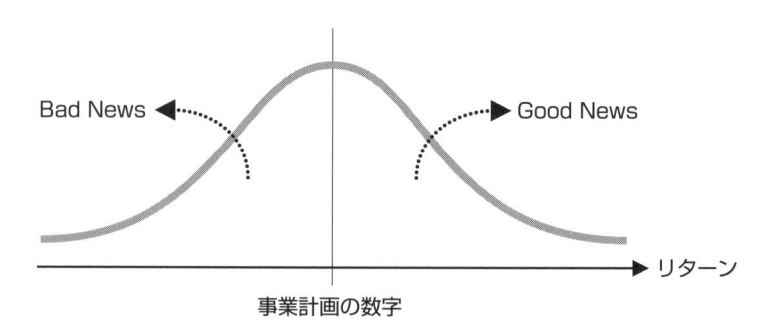

マクロ経済学の創始者であるケインズは、ビジネスの本質は事業家の血気にあると主張した。したがって、血気盛んなプロジェクトチームはGood Newsを重視する傾向があるのは当然と言えよう。それに対して冷静な経営陣がBad Newsを考慮してブレーキをかける。その結果、バランスのとれた数字に落ち着く。これが経営会議における投資プロジェクトの意思決定の健全な姿であろう。

　しかし、このような健全な意思決定を行うことはそれほど容易なことではない。損失を出すと責任問題になりかねないので、経営陣は慎重な経営判断を行う動機を持つ。そのため、Bad Newsを重視した意思決定を行う可能性もある。このような経営判断は、一見したところ手堅い事業運営と言われるかもしれないが、会社の成長に対して機会損失を発生させることになる。読者が株主だったら、そのような手ぬるい経営者を容認するわけにはいかないだろう。
　それとは逆に、経営陣がGood Newsを過大評価して、冒険策を推進することもある。1980年代の後半のバブル期などその典型である。その結果、数多くの野心的なプロジェクトが挫折し、会社の成長の足を引っ張ることになった。どちらのケースも望ましいものではない。そこで、企業価値の創造のためには、経営のチェック&バランスが必要になることがわかる。それが、コーポレートガバナンス（企業統治）である。

2● コーポレートガバナンス（企業統治）

　経営のチェック&バランスの課題は、一般的にはコーポレートガバナンス（企業統治）と呼ばれている。コーポレートガバナンスとは、「企業は誰のものかを明確にし、所有者の意思、権利、および利益を企業の経営に反映させる手続きとシステム」のことである。経営に対するチェック&バランスのメカニズムが働かないと、経営者は容易に専制君主となってしまい、その結果、業績が停滞する、という問題意識がその背景にある。

　世界的にコーポレートガバナンスが注目されるようになった背景には、2つの潮流がある。
　一つは、経済のグローバル化である。機関投資家はリスクの地理的分散を図るために、国内市場の枠を超えて魅力的な投資機会を追求するようになる。効果的な投資を追求する投資家は、財務報告（ディスクロージャー）と株主利益の取り扱いについて、高度かつ統一的な基準を企業の取締役会に求めるようになる。一方、企業側もグローバルに事業を展開するために、国際資本市場で資金を調達する必要に迫られるようになる。

そのため、世界の投資家を説得する必要が生じ、コーポレートガバナンスの高度な基準を採用することが不可避となってきたのである。
　もう一つの潮流は、機関投資家の巨大化である。高齢化の進展とともに年金ファンドが世界的に拡大し、それを運用する機関投資家の持ち株比率が高水準になった。例えば、年金ファンドを中心とした機関投資家は、すでにアメリカの大企業の50％を超える株式を持つようになっている。その結果、投資先企業の経営に不満があれば株式を売ればよい、という伝統的なアプローチ（ウォールストリートルールと呼ばれている）が通用しなくなってきた。つまり、機関投資家の持ち株がそこまで巨額になると、経営を信頼できなくなったとしても簡単に株式を売却できないようになったのである。
　そこで、機関投資家は株主としての影響力を行使して、企業にパフォーマンスの改善を要求するようになってきた。つまり、株を売れないのなら面倒を見ざるをえないということである。

　このような潮流を背景として、アメリカでは1990年代前半に業績の上がらないGMやIBMなどでCEOの解任劇が起こった。株主の代表である取締役が取締役会で業績を好転できない経営者を解任するのは、代表として当然の行動である。また、機関投資家の代理人とも言える証券アナリストとのミーティングは、アメリカ企業のCEOの仕事の中でも重要視されるようになった。
　事業の将来性についてアナリストを説得しきれなかった会社の株価は、市場で厳しい評価を受けることになる。それは、株価に連動した経営陣の報酬に対して打撃となる。さらに、企業価値を極大化できない凡庸な経営を続けていると、敵対的買収の標的にされるようになる。そうなると、経営陣も解任されることになる。
　アメリカではこのような形でコーポレートガバナンスが機能していると見なされていた。しかし、2001年から立て続けに起こったエンロンやワールドコムの巨大倒産事件によって、コーポレートガバナンスのメカニズムの信頼性に対して疑問符が付けられることになった。その結果、2002年に企業の内部統制を規定したSOX法*[注1]が制定され、コーポレートガバナンスの改革が行われることになったのだ。

● ──── **日本のコーポレートガバナンス**

　日本のコーポレートガバナンスについては、ハーバード・ビジネススクールのマイケル・ジェンセンが興味深い指摘を行っている*[注2]。高度成長期においては設備投資のための資金調達ができるかどうかが日本企業にとって大きな課題だった。その資金を提供したのは銀行だったので、銀行の力は強かった。資金が使われる事業計画に対するチェ

ックを行うのはもちろんのこと、業績が悪化すると銀行は経営者の更迭を迫ったり、行内の人材を経営陣に送り込んで建て直しを図ったりした。

このように、高度成長期は銀行が日本企業の経営のガバナンスの役割を担っていたことになる。経営のチェック＆バランスが有効に働いたから高度成長が維持できたというわけだ。

その後、力を付けてきた企業は銀行に頼らなくても資金調達ができるようになった。それとともに銀行のガバナンス機能も低下した。また、この間に株式の持ち合いが進んだので、株主によるガバナンスもうまく働かなくなってしまった。こうして1980年代に入ってから日本のコーポレートガバナンスは根本的な脆弱性を抱えるようになった。日本企業の経営のチェック＆バランスが機能不全に陥っていることを見抜いたジェンセンは、1980年代後半の絶頂期の日本企業に対して、早晩没落するであろう、という予言をした。

残念ながらこの予言は的中することになる。バブルが崩壊するまでは持続的な株価の上昇が潜在的な問題を覆い隠していたが、バブルの崩壊によって日本企業の構造的な弱点が一気に露呈するようになった。そのため、不採算事業や余剰人員を抱えながらも、経営体質を積極的に変革しようとした日本企業は少数派にとどまった。こうして日本は失われた10年を迎えることになったのだ。

●── 株主重視の経営の背景

株主によるコーポレートガバナンスと言うと、「それは株主のことしか考えない特殊なアメリカ的経営だ。日本の経営はそんなに単純なものではなく、従業員に対する雇用責任、顧客に対する供給責任、下請けの保護責任など、総合的な観点から経営を捉えなければならないのだ」という意見が出てくる。

このような見解の中には、アメリカというユニークな文化においてこそ株主重視の経営が成り立つのであって、それとは異なる文化を持つ日本では株主重視の経営は成り立たない、という認識も見られる。この点について考えてみよう。

実を言うと、アメリカももともとは株主重視の経営ではなかったのである。例えば、1950年代のアメリカを代表する経営者だったGEのラルフ・コーディナーは、「経営者は、株主、顧客、従業員、供給業者、そして工場のあるコミュニティの利害を最もよい形で均衡させるように企業を経営する責任がある」と主張していた*[注3]。これはまさに日本流である。

ところが、このような考え方は歴史の試練に耐えることができなかった。なぜならば、

「最もよい均衡とは何か」ということを定義できなかったからである。

　株主や従業員といった立場の異なるステークホルダー（利害関係者）同士の利害が完全に一致することは通常はありえない。例えば、工場の海外移転は競争力を向上するため株主と顧客にとってはプラスだが、従業員とコミュニティにとってはマイナスとなる。競争力が万全ではない事業からの撤退は株主にとってはプラスでも、従業員と下請け、場合によっては顧客にとってもマイナスである。野心的な投資は従業員に夢を与えるが、株主にとっては必要以上のリスク負担となるかもしれない。

　このように、必ずしも利害が一致しないすべてのステークホルダーに対して責任を負うということは、結局のところ、誰に対しても責任を負わないということになる。その結果、1950年代型の経営者は業績を持続的に向上させることができなかった。最終的に、1980年代に入ってから増加し始めた敵対的買収が1950年代の考え方を粉砕したのだった。その結果、経営者の株主に対する責任が前面に押し出されてきたのである。

　日本ではアメリカ流の株主重視の経営に対して否定的な意見も多いが、以上のような経緯があることは認識しておく必要があるだろう。

●────　敵対的買収を巡る論点

　株主重視の経営の延長線に、日本では特に評判の悪い敵対的買収がある。敵対的買収とは、対象企業の経営陣の同意を得ずに市場で株を買い集め、それによって会社の支配権を取得することを指す。その意味の通り、敵対的買収とはあくまでも現行の経営陣に対して敵対的ということである。

　しかし、企業のステークホルダーは経営陣以外にも複数存在するので、経営陣の視座だけで事態を捉えて、それに同調することは危険である。敵対的買収は、経営陣に対しては敵対的だが、それ以外のステークホルダーに対しては敵対的というわけではないからだ。

　実際に、経営陣以外のステークホルダーにとってはプラスの面も多い。既存の株主にとってみれば、現在の株価にプレミアムを付けた価格で株式を売却することができる。また、凡庸な経営を続けているからこそ買収の標的にされるわけで、有能な経営者に交代すれば会社は成長するだろう。それは従業員や下請け、さらに顧客にとって歓迎すべきことである。

　もちろん敵対的買収が常によいというわけではない。その是非はあくまでも結果で判断しなければならない。また、結果については、ファイナンス理論だけで決まるわけで

はない。そこには、戦略、ヒト、組織文化といったさまざまな要素が総合的に絡んでくる。そこで、敵対的買収の是非について、次のような仮想事例を考えてみよう。

　金属製品のメーカーであるA社に対して、ファンドのSアセットが敵対的買収を仕掛けたとする。ファンドの軍門に降ることを潔しとしなかったA社の経営陣は、買収防衛策を発動して買収を阻止したとする。A社の買収に失敗したので、SアセットはA社のライバルであるB社を新たなターゲットにし、今度は買収に成功したとする。買収価格よりも高い価格で株式を売却するのがファンドの仕事なので、SアセットはB社の株価を上げるべくさまざまな手を打つことになる。典型的には、経営陣の交代、不採算事業からの撤退、余剰人員の整理、主力事業の強化、などである。

　その結果、B社の株価が上昇するか、Sアセットが株を高値で売り抜けることができるか、ということが注目されがちである。しかし、これも買収に反対する経営陣と同じで、ファンドという視座だけに立った偏った見方である。それよりも大事なことは、金属製品市場におけるA社とB社の競争はどうなるかということである。買収防衛策を発動したA社のほうが勝てば、敵対的買収は非ということになり、ファンドを受け入れたB社が勝てば、敵対的買収は是と判断してもよいだろう。

　さて、読者が金属製品のユーザーだとしたら、A社とB社のどちらから買うことになるだろうか。より良質でコスト競争力のある製品を提供する会社から買うことになるはずだ。したがって、その会社が勝者ということになる。また、勝った会社のほうが企業価値を創造し、社会の富の形成に貢献したことになる。

　株主を重視した株価至上主義の経営はけしからんと言うのは自由だ。しかし、株価が上がらないとわれわれの年金も安心ではなくなる、ということも覚えておこう。なぜならば、年金の原資は株式にも投資されており、年金もその運用益に依存しているからである。まさにカネは天下の回りモノである。第2章で「在庫を減らせ。しかし、利益は増やせ」という指示が矛盾していることを説明したが、それと同様に、「株主のことを考えるよりも、われわれに手厚い年金を」と言うのは矛盾していると言えよう。

　最後に、アメリカ流の株主重視のコーポレートガバナンスがベストであるとは断言できないことも強調しておきたい。重要なことは、事業の経済的価値を極大化するために最適な経営のチェック&バランスは何かということを考えて、それを実行することである。時価総額を見れば、アメリカ型のコーポレートガバナンスを採用しているゼネラル・モーターズ（GM）よりも、トヨタのほうがよっぽど株主の利益を実現しているという事実が、それを雄弁に物語っている。

コラム：買収劇の鑑賞の手引き

　企業の買収劇はだいたいがもめるものである。しかも、エキゾティックな用語が飛び交う。そのため、なかなか展開が理解しづらい。そこでドラマを鑑賞するための手引きを用意しよう。世界中の英雄伝説が必ず出発、冒険、帰還というパターンをとるのと同様に、買収劇のパターンもだいたい決まっている。

　買収劇には2人の主人公がいる。一人は、経営がぱっとしない会社である。輝いている会社は主人公にはなれない。なぜなら、そのような会社の株価をさらに上げることは難しいからだ。しかし、ぱっとしないだけでは主人公にはなりにくい。衰えたりとはいえ、何か光るものを持っていることが条件である。それは、ブランドだったり、一部の特徴ある商品、特定の優良顧客とのパイプだったりする。このようなキラリと光るものをクラウンジュエルと呼ぶ。王冠に付いている宝石という意味だ。

　そこにもう一人の主人公が登場する。経営がぱっとしない会社を買収しようとする投資ファンドである。彼らはしばしばハゲタカと呼ばれる。狙いを定める相手の多くが衰弱した会社であることから、屍肉を漁るハゲタカと同じというわけだ。

　ファンドがぱっとしない会社の買収を画策し、これに対して経営陣が買収を拒否するところからドラマは盛り上がる。経営陣はファンドをグリーンメーラーだと非難する。グリーンメーラーとは、大量に取得した株式の量的威力を背景にして会社に対して高値での引き取りを迫る輩を指す。ドル紙幣の色が緑色で、脅迫状をブラックメールと言うので、この2つを組み合わせてグリーンメーラーと言う。

　ハゲタカに対して経営陣はいくつかの買収防衛策を採ることができる。ポイズンピル（毒薬）は、ハゲタカが買収しようとしたときに新株を発行することで買収側の持ち株比率を下げる仕組みである。会社を買ったら毒薬を飲まされるということである。焦土化作戦は、単にクラウンジュエルと言うこともあるが、王冠（会社）から宝石を外して第三者に譲渡したり、分社化したりすることである。王冠から宝石を外すことによって、自社を買収対象として魅力のない焦土にするわけだ。

　ハゲタカによる買収に賛成するか否か、ポイズンピル（毒薬条項）を発動するか否か、といった問題は株主総会で決定される。そこでプロキシーファイトが繰り広げられる。これは自らの株主提案を可決させるために他の株主の委任状（プロキシー）を争奪する多数派工作のことである。

　こうして両者のにらみ合いが続いている中に、第三の登場人物が現れる。それがホワイトナイト（白馬の騎士）だ。ホワイトナイトは経営陣に対して友好的な会社

で、ハゲタカに対抗して窮地を救ってくれる役割だ。ホワイトナイトも買収者に変わりはないのだが、どうせ買収されるならファンドではなくて、こっちのほうがよいというわけだ。

　このように展開したドラマのフィナーレは、ファンドに買収されるか、買収防衛策を発動して買収を免れるか、ホワイトナイトに救われるか、のいずれかになる。しかし、価値創造という本当の勝負はそこから始まるのである。

注1：サーベンス・オクスリー法（The Public Company Accounting Reform and Investor Protection Act of 2002）
注2：Michael Jensen, "Eclipse of the Public Corporation," *Harvard Business Review*, Sept.-Oct. 1989.
注3：Ralph J. Cordiner, *New Frontiers for Professional Managers*, McGraw-Hill, 1956.

付録 ●資金調達

　本書では、資金調達については単純に負債（D）と株主資本（E）に分けて議論してきた。ファイナンス理論を理解するにはこの分け方で十分であるし、資金調達の実務は財務部や経理部の実務担当者に任せれば済む。とは言え、ジェネラルマネジャーもある程度の知識は必要である。ここでは、やや実務的な観点から一段ブレークダウンして、資金調達の方法について説明する。

1●資金調達方法を選ぶ基準

　企業が資金調達をする際に考慮すべきポイントとしては、以下が挙げられる。

①調達額：どのくらいの額の資金が必要か。
②期間：どのくらいの期間その資金が必要か。
③コスト：調達するのに、どれだけのコストがかかるか。資本のコストの他に、株式なら株式発行手数料、債券なら債券発行手数料なども必要となる。
④経営に対する安全性：資金の提供を受ける額によっては、経営の主導権を特定の投資家に握られる可能性がある。
⑤調達の容易さ：例えば、株式や債券によって資金を調達する場合、開示しなければならない情報も多く、手続きにも時間がかかる。

　一方、投資家側の判断基準としては以下の4点が考えられる。

①投資額：いくら投資したいか。
②期間：どのくらいの期間投資したいか。
③リスク／リターン：その投資により、どのくらいのリスクをとる意思があるか。そのリスクに対して、どのくらいのリターンを求めるか。これが企業にとっての資本コストとなる。

④コントロール：資金を提供することによって、企業の運営に影響力を及ぼすことも可能である。

両者のこれらのニーズが合致したときに、初めて資金調達が可能となる。

2● 負債による調達

負債による調達には、後述するように、大きく分けて金融機関（主に銀行）からの借入と債券発行の2種類があり、同じ負債でも異なる点がある。

①調達額／投資額
銀行借入は、小さな額から大きな額まで融通が利きやすい。債券は広く投資家から資金を集められる半面、多くの手間と時間が必要となるため、小規模の資金調達では割が合わないとも言える。

②期間
借入は融通が利くので、日常の資金需要（運転資本）を補うのに向いている。そのため期間は短期が中心になる。債券は発行時に償還日を決めるが、10年などの長期借入が可能である。

③コスト／リスク・リターン
投資家にとってのリスクが少ない分、また支払利息が損金算入される分、資本コストは割安になる。ただし、債券の場合は証券会社に発行手数料を払わなければならないし、情報開示等のコストや手間がかかる

④経営の安定／コントロール
株式と違って、投資家がいくら資金を投入しても、経営をコントロールする「権利」を手にすることはない。しかし借入額が増えれば、金融機関の企業に対するチェックは厳しくなる。金融機関が企業に役員を送り込むのも、よくある話である。

⑤調達の容易さ
金融機関からの借入は、株式の発行に比べて時間や手間がかからない。緊急に資金が必要な場合は、借入ができるかどうかをまず打診するのが順当だろう。債券発行には、株式発行と同じように手間と時間がかかる。

●──── 借入による調達のバリエーション

金融機関からの借入と、資本市場からの調達についてもう少し詳しく見てみよう。

❶金融機関からの借入

　金融機関（銀行・生命保険・損害保険など）からの借入は、手続きが簡単で、日常の資金繰りなどに機動的に利用することができる。銀行が決済機関となっていることを考えると、特に、日々の資金繰りの過不足を銀行借入や銀行預金によって調達・運用するのは、自然な形と言えよう。

　金融機関は、貸出に当たっては、企業の信用力を審査し、適用金利を決定する。必要に応じて担保を請求することも多い。

　金融機関からの借入には、一般資金借入と紐付け借入がある。一般資金借入は、日々の運転資金や営業費を賄うための借入で、紐付け借入は、設備投資や固定資産の取得、大規模プロジェクトなど、特定の用途に対する借入である。

　適用金利は、大きく分けてプライムレート借入とスプレッド借入の2種類がある。プライムレート借入は、短期・長期のプライムレート（最優良企業向け優遇貸出レート）をベースとして支払金利を決めるものだ。短期の場合は、各銀行が公表している短期プライムレートに、企業の信用力に応じて一定のプレミアムを上乗せする。

　スプレッド借入は、短期金融市場の実勢レートに、企業の信用力に応じた一定のプレミアムを上乗せして金利を決める方式だ。基準となる実勢レートには、ユーロ円のLIBOR（London Inter-bank Offering Rate）や、TIBOR（Tokyo Inter-bank Offering Rate）が用いられる。短期プライムレートを基準にした借入よりも割安となることが多く、信用力の高い企業を中心に増加している。

❷資本市場からの調達

　代表的なものとしては、コマーシャル・ペーパー（CP）と社債がある。

■コマーシャル・ペーパー（CP）

　CPとは、信用力のある企業が短期資金を調達するために発行する、一種の無担保約束手形である。無担保が原則なので、信用力を補完するために金融機関の保証を付ける場合がある。

■社債

　社債の発行で一番大きなポイントとなるのは利率である。利率が少し違うだけでも、毎年の利払いは大きく変わってくる。そして利率に大きな影響を与えるのが債券の「格付け」だ（211ページの「補論」を参照）。

　債券には、まったく利子を払わない「ゼロ・クーポン債」もある。これは、額面よりもかなり割り引いた価格で売り出し、償還時に額面価格で償還するもので、資金を調達

してからしばらくの間キャッシュフローが見込めないプロジェクトを実施するときなどに向いた調達方法である。

また、債券に担保を付けるかどうかによっても、利率は変わってくる。一般に無担保のほうが投資家にとってはリスクが高いので、要求される利率も高くなる。

このように債券は発行の条件を変えることにより、実質的な利回りを変えることもできる。基本的には、どのようなキャッシュフローを計画しているのかによって、設計を考える。

3● 株式発行による調達

株式発行による調達の特徴としては、以下がある。

①投資額／調達額
比較的規模の大きな資金調達が可能である。逆に、手間と時間が必要となるため、小規模の資金調達には向かない。

②期間
借入と違って、返済期限がない。長期にわたって安定した資金を確保したい場合に向いている。

③コスト／リスク・リターン
株式による調達は、借入による調達よりも割高である。企業は株価の上昇と配当という形で、このリスクに見合ったリターンを提供しなければならない。また、借入では利子が費用として損金算入されて税金の負担が軽減されるのに対して、株式の配当は税引後の利益から支払わなければならない。さらに、株式を発行する際には、証券会社に株式発行手数料を払わなければならないし、情報開示など株式発行に付随した費用も発生する。

④経営の安全性／コントロール
ある株主が50％を超える株式を取得すれば、その株主が経営をコントロールすることになる。50％まで達しなくても、大きなシェアを持つ株主は、役員を送り込むなどして、経営に強い発言権を持つようになる。

⑤調達の容易さ
株式による調達は、誰もができるというわけではない。一般の投資家から広く資金を集めるには、株式を公開しなければならない。

図表 付-1　株式発行による調達と、借入や債券発行による調達の違い

	調達／投資額	期間	コスト／リスク・リターン	容易さ	安全性／コントロール
株式発行	多額調達可	長期安定 返済義務なし	資本コスト高 ＋手数料等	条件多い	経営介入の可能性
銀行借入	柔軟に対応	短期中心 返済義務あり	資本コスト低	条件少ない	通常は経営介入の可能性なし
債券発行	多額調達可	中期～長期 返済義務あり	資本コスト低 ＋手数料等	条件多い	通常は経営介入の可能性なし

● ── 株式による調達のバリエーション

一口に株式による調達と言ってもさまざまなものがある。まず、対象とする投資家により、公募増資、第三者割当増資、株主割当増資に分かれる。

公募増資とは一般の投資家全般に向けて、株式を広く売り出すことであり、最も一般的な増資の形態である。第三者割当増資とは、ある特定の企業や機関投資家などに向けて株式を発行するもので、それらの企業と関係を深めたい場合などによく用いられる。株主割当増資とは、既存株主に向けて株式を発行するものだ。

株式を発行する際の価格によって額面発行増資、時価発行増資、中間発行増資に分類することもできる。既存の企業が新たに株式を発行する場合は、時価発行増資を行う場合が圧倒的に多い。

非上場であった企業が、初めて株式を公開するという株式公開（IPO：Initial Public Offering）も株式による重要な資金調達の方法である。その際、上場基準（Listing Standards）が各国の証券取引所によって異なるため、どの証券取引所に上場するかということも、大切な選択肢である。

● ── 株式関連調達

債券でありながら、株式関連調達と見なされているものもある。新株予約権付き社債だ。主なものとしては、狭義の新株予約権付き社債（ワラント債）と、転換社債型新株予約権付き社債（かつての転換社債）の2つがある（2002年4月の商法改正により、それまでの転換社債と非分離型のワラント債が「新株予約権付き社債」として統一された）。

❶新株予約権付き社債（ワラント債）

新株予約権付き社債は、「ある決められた価格（行使価格）で新株を買う権利（＝ワ

ラント)」が付いた債券である。株価が行使価格を上回ったら、投資家は権利を行使して株式を購入することができる。安く購入して市場で売却すれば、投資家は(株価-行使価格分の)利益を得る。ワラントには行使期限があり、債券も通常の債券と同じく、償還日が決まっている。

企業が新株予約権付き社債を発行する理由は、低利で資金が調達できるからである。例えば、信用力が低く、通常の債券では高い年利を払わなければならない企業でも、ワラントを付け、それに対して投資家が株価が行使価格以上に上がると考えれば、たとえ債券からは低い金利しか得られなくても魅力を感じるのである。さらに、投資家が権利を行使して株式を購入すれば、その分発行体である企業に資金が流入する。

一方で、仮に株価が行使価格以上に上がらなかったら、投資家は権利が行使できず、低い金利しか手にすることができない。企業も、株式が購入されないから、債券償還時の資金が手に入らない。結局、高い金利で借り換えなければならなくなるおそれもある。

❷転換社債型新株予約権付き社債

転換社債型新株予約権付き社債は、株式に交換することができる債券である。交換できる価格(転換価格)と株数、期間はあらかじめ決められている。株価が転換価格を上回ったら、投資家は株式に転換して市場で売却することにより、利益を得ることができる。株価が上がらなければそのまま債券として保有し、利子を受け取ることができる。新株予約権付き社債と違って、株式を入手するために新たにお金を払う必要はない。

企業が転換社債を使って資金調達をする動機は、主に2つある。1つ目は、新株引受権付社債と同じく、低利で資金を調達したい場合。2つ目は、株式で資金を調達したいのだが、現在の株価では低すぎると考えているような場合である。

しかし、意図通りに事が進まない可能性を認識しておく必要がある。例えば、低利の資金調達を意図して転換社債型新株予約権付き社債を発行しても、早めに転換が進んでしまうと短い間しか低利の恩恵が受けられない。また、高い株価での資金調達を意図して発行しても、転換が思うように進まなければ負債を抱えたままになる。

4●資金計画の立案

資金が必要なときだけ資金調達について考えるだけでは不十分である。日ごろから全社的な資金需要や資本構成について考え、計画的に資金調達を行っていくことが必要だ。

全社的な資金計画は、例えば次のようにして立てる。まず、計画をする期間の予測キャッシュフローステートメントを作成し、営業活動からのキャッシュフローがどのくら

いになるかを計算する。成長企業などであれば、この数字自体がマイナスになることも考えられる。さらに投資活動により、いつごろどのくらいの資金が必要かを考える。営業活動からのキャッシュフローと投資に必要な資金のネットが、資金調達しなければならない金額である。

　　　資金需要＝投資に必要な資金－営業活動からのキャッシュフロー

　次に、資金需要を長期と短期に区分する。日常のやりくりに必要な資金であれば短期資金だろうし、投資に必要な資金であれば長期資金だろう。
　続いて、株式と負債別に調達計画を立てる。まず、これまでに解説してきたような両者の特徴、第9章で述べた資本構成について検討し、どちらをどのくらい調達したらよいかを考える。負債については銀行からの借入と市場からの調達の大まかな比率を決める。そして、さまざまな金融商品の特性を考えながら、株式による調達の中でも具体的にどのような方法をとるのか、債券はどのような仕組みにするのかなどを決めていく。
　いずれにせよ、調達した資金を使って、より多くの価値を生み出していくこと、財務内容を改善していくことが、次のより有利な資金調達につながる。そこで重要になってくるのがIR活動である。

5●インベスター・リレーションズ（IR）

　IRにはいくつかの定義があるが、ここではIR発祥の地であるアメリカの全米IR協会（NIRI）のマニュアルから、IRの定義を紹介しよう（2003年に現行のものに変更）。

　　　IRとは、財務、コミュニケーション、マーケティング、そして証券法に関するコンプライアンス機能を統合し、企業と、金融市場や関係者との最も効率的な双方向コミュニケーションを可能にする、戦略的な経営の責務であり、企業の有価証券の公正な評価に寄与するものである。

　ここで注目されるのは、IRが「企業の有価証券の公正な評価に寄与する」と定義している点である。また財務、コミュニケーション、マーケティング、コンプライアンスを統合した活動であるとしている点も注目される。つまり、IR活動は単なる財務関連の活動ではなく、マーケティング活動でもあるのだ。
　IRが一種のマーケティング活動であるとすれば、明確に訴求対象を意識し、その対象

にメッセージを発信して、株式や債券の購買を促進しなくてはならない。IRのターゲットとなるのは、大口の投資家と、リポートの発表などを通じて個人や機関投資家の投資判断に影響力を持つ企業であり、さらに具体的には、これらの機関で企業分析をしている証券アナリストや格付けアナリストなどが主な対象となる。

近年この中で重要性を増しているのが、海外の機関投資家と言われる集団である。具体的には、カリフォルニア州公務員退職年金（CalPERS）に代表される、年金基金（ペンションファンド）や投資顧問、そして投資家からの資金を集めて運用する投資信託会社やファンドなどである。日本企業の株主の多くの部分は、今や彼らが占めている。このような状況から、国内のみならず、海外の投資家に対しても十分な情報を提供していくことが、IR活動において重要になってきている。

● IRの手法

IRの主な方法としては、以下のようなものがある。いずれも、証券アナリストや機関投資家、格付け会社の担当者などと直接対話し、企業に関する情報を伝えるものである。

❶決算説明会

半年、あるいは年に1回、決算の内容に関して詳しく説明する。企業によっては、社長が主催して説明を行うところもあるが、経理や財務、または広報担当の役員が主催するケースもある。ここで重要なのは、単に決算の結果を説明・報告するだけではなく、なぜそのような決算になったのか、今後どのような方向を目指すのか、といった会社の戦略の説明をすることである。

❷スモールミーティング

出席人数を絞り込み、トピックスも限定したスモールミーティングを開く企業も増えている。トピックスとしては、「大規模な組織変更」、「事業部ごとのビジネス」、「新規事業」、「大きな提携や買収」など、さまざまなものが考えられる。その際、当該トピックスを熟知している現場の責任者（本部長、部長クラス）が説明し、質疑にも答えることが望ましい。

❸見学会

製造業であれば、工場見学や新製品発表会、技術説明会などの形で、さまざまな見学会を開催する。アナリストや機関投資家は数字や文字で情報を得ることが多く、実際の製品や商品、製造プロセスなどを見る機会は少ない。実物を見てもらうことにより、技

術的な優位などについてより具体的に理解してもらうことができる。

❹外国投資家訪問

　ヨーロッパ、アメリカなどの機関投資家を経営トップ層が訪問し、企業の状況を説明すること。「ロードショー」とも呼ばれる。海外では手に入れにくい情報、海外の投資家には理解しにくい事情を説明する。

❺個別訪問

　証券アナリストは、業界および個別企業の業績予想を頻繁に更新しなくてはならない。したがって、最新の情報を得るために、かなり頻繁に担当企業を訪問してくる。IR担当者はこのようなニーズに応え、証券アナリストに正確かつタイムリーな情報を提供しなければならない。

　これらの対応で共通して心に留めておくべきことは、一部のアナリストだけを特別扱いしない、ということである。公開する情報はすべての投資家に公開し、公開しないと決めた情報はどの投資家にも公開しない。すべての投資家に公平でなければ、市場からの信頼も得られないし、インサイダー取引につながるおそれもあるからだ。

　なお、直接対面して情報を提供する前に、企業の状況の概要を理解してもらうための資料を用意することも必要だ。概況を説明する資料としては、以下のものがある。近年、多くの上場企業は、これらをWEB上で公開している。

- 制度開示関連資料（株式公開企業として、開示しなければならないもの。決算短信、公表財務諸表、有価証券報告書など）
- 決算説明会用資料
- アニュアルリポート、セミアニュアルリポート
- インベスターガイド（財務面のデータを集めたデータブック）
- 会社案内（映像なども含む）
- プレスリリース

6◉証券化

　ここまでは伝統的な資金調達方法について説明してきた。これらに加え、近年、新しい資金調達方法として注目を集めているのが証券化だ。証券化とは、キャッシュフロー

を生み出す資産(不動産債権やリース債権など)を保有する企業が、当該資産をSPC (Special Purpose Company:その事業目的と運営を、証券化の遂行のみに制限している会社)等に売却し、SPC等が、その資産が生み出すキャッシュフローを裏付けとして(つまり、発行される証券の利払いや元本の償還に充てることで)資金調達を行うことを指す。

証券化の技術により作られた証券を「ABS(Asset Backed Securities:資産担保証券)」と言う。ABSは、企業全体の信用ではなく、当該資産の信用を反映する。言い換えれば、証券化とは、企業の信用力から分離して、資産そのものの信用を基に資金を調達する技術である。企業全体の信用が低くても、資産が確実にキャッシュフローを生み出すことが見込めるならば、通常の社債発行などよりも有利な条件で、資金調達を行うことも可能である。

図表 付-2 証券化の仕組み

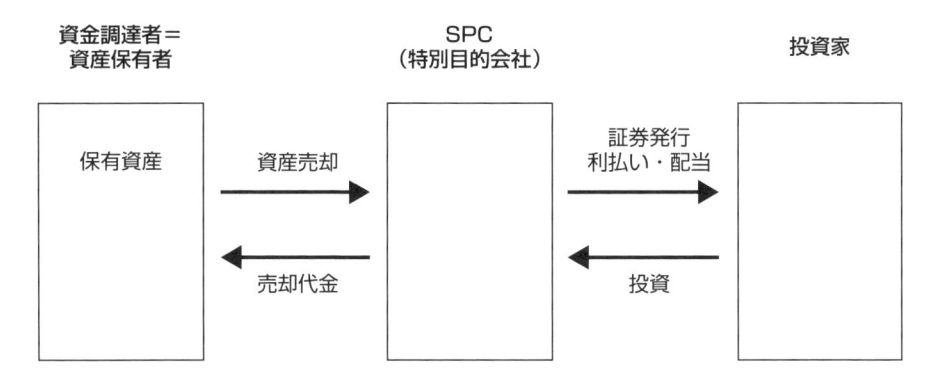

```
資金調達者=              SPC
資産保有者            (特別目的会社)             投資家

                                         証券発行
              資産売却                     利払い・配当
保有資産    ─────────→              ─────────→
            ←─────────              ←─────────
              売却代金                        投資
```

通常、証券化しやすい資産の条件は以下の通りである。

- 資産の性格や証券化の構造が投資家にとってわかりやすい。
- キャッシュフローの確実性が高い。
- 債務者が多数にわたるなど、リスクが分散されている。
- 通常の投資対象と同じような満期(1年から10年程度)の債権にできる。

具体的には不動産債権、リース債権、クレジットカード債権、オートローン債権、企業向け貸出債権などが証券化しやすい資産とされる。

◉――― **証券化のメリット、デメリット**

　証券化のメリット、デメリットを、資金調達を行う企業（オリジネーターと呼ぶ）と投資家の立場の両方から整理すると以下のようになる。

❶オリジネーターにとってのメリット、デメリット

メリット：資金調達手段の多様化と資本収益率の向上
　第1に、資金調達の方法が多様化できる。新たな調達方法としての期待は高い。
　第2に、原資産が売却され、B/Sがスリムになる結果、ROE等の資本収益率の向上が期待される。

デメリット：手間とコスト
　第1に、証券化には手間がかかる。組織的な管理体制やシステムなど、多くのものを証券化に合わせて準備しなければならない。
　第2に、金銭的な費用がかかる。弁護士や証券会社などに支払う手数料等の費用は少なくない。
　第3に、証券化対象資産の債務者との関係に注意しなければならない。証券化の仕組み次第では、SPCに資産を売却する場合に債務者の承認を得る必要があったり、債務者に債権者が変わる旨を通知する必要が出てきたりする。そうした労力も証券化のコストとして認識しておくべきである。

❷投資家にとってのメリット、デメリット

メリット：高いリターン、多彩なポートフォリオの構築
　ABSは通常、同じ格付けの企業が発行する債券に比べて若干利回りが高い。また、投資家のポートフォリオ管理に積極的に利用することも可能である。例えば不動産投資をポートフォリオに組み込みたいが、ポートフォリオがビル1棟を買うほどの規模ではない場合に、不動産を証券化したABSを買うのだ。

デメリット：投資判断の難しさ
　ABSは一般に、通常の債券に比べると仕組みが複雑であり、投資判断が難しい。一般には、格付け会社による格付けを参考にする場合が多いが、それをうのみにするのは

危険である。証券化の構造や損失発生の前提、原債権保有者の管理能力などについて主体的に研究したうえで、投資対象として十分な期待追加利回りがあるかどうかを、的確に判断しなければならない。

● あとがき

　本書は、今からちょうど10年前に出版された『MBAファイナンス』に大幅に加筆修正を加えた新版である。グロービスMBAシリーズは、MBAカリキュラムで教えられる企業経営の各分野について、実践的で役に立つ情報を教科書形式で提供しようとするものだ。1995年の第1弾の『MBAマネジメント・ブック』上梓以来、延べ110万人以上に愛読されている。
　今回の改訂は、ファイナンスに対する世間の認知が高まるとともに、その理論をより平易かつエレガントに書いた改訂版へのニーズが高まったことを受けて出版することにしたものである。その基本方針に従って、専門家が知っていれば十分と思われるテクニカルな箇所（資金調達の具体的手法やデリバティブの商品説明など）は思い切って割愛もしくは圧縮し、コーポレートファイナンスの柱となるコアの部分に絞っていねいに説明するよう心がけた。もちろん、ファイナンスの意義とその可能性を、経営に関連付けながら理解したいと考えるビジネスパーソンに対し、わかりやすく示した参考書にしたいとの願いは旧版以来何ら変わっていない。

　グロービスは1992年に社会人を対象としたビジネス・スクール「グロービス・マネジメント・スクール（GMS）」を開校し、以来、一貫して実践的な経営教育を行ってきた。受講生の方々に支えられ、現在では年間延べ1万人を超える方が受講する、日本でも最大規模の経営教育機関に成長した。
　2003年4月には独自の修了証書であるGDBA（Graduate Diploma in Business Administration）を授与する「社会認知型ビジネススクール」をスタートさせた。その後、小泉内閣により構造改革特別区制度が創設されて教育特区が誕生し、また「専門職大学院制度」が創設されたのを受け、2005年春には東京都千代田区と大阪市に特区申請を行い、2006年4月よりMBAが取得できる「グロービス経営大学院」を開学した。さらにグロービス経営大学院は、2008年4月からは、学校法人立の経営大学院へと移行した。現在は、International MBA Program（IMBA）という、英語で取得できる

MBAプログラムも展開している。これからも「アジアNo.1のビジネススクール」を目指して邁進していくつもりだ。

　グロービスではまた、1993年から企業の組織能力強化を手助けすることを目的に、実践的なトレーニング・プログラムをさまざまな企業に提供するグロービス・オーガニゼーション・ラーニング（GOL）事業を開始し、企業の要望に応じてMBAで学ぶ経営フレームワークや論理思考、リーダーシップ開発などの講座を開講している。

　グロービスはその他にも、第1号ファンド、第2号ファンド、第3号ファンドを手がけるベンチャー・キャピタル事業、実践的な経営に関する知を発信する出版やオンライン経営情報誌「GLOBIS.JP」といった事業を展開している。

　ファイナンスと言うと、数式にアレルギーのある方などは、それだけで避けてしまいたくなるかもしれない。しかし、「まえがき」にも書いたように、本来、数式は理論を補完するものにすぎない。重要なのは、ファイナンスの骨格となる考え方をしっかり理解することだ。それは、多少数学が不得意な方であっても、十分可能なことである。そのうえで、数式が使いこなせれば百人力と考えればよい。

　読者のみなさんには、本書の内容を十分に理解し、常にファイナンス的な発想を持ちながらビジネスを考えるようにしてもらいたい。次世代を担うビジネスパーソンが、一人でも多くこうした考え方を習得し、ビジネスの実務に当たられることを切に願う次第である。

　2009年5月

グロービス経営大学院

● 参考文献

- 本書の執筆にあたっては、シカゴ大学ビジネススクールの講義を参考にした。
  特に、以下の教授陣の講義や講義録を参考にした。
    - -Daniel B. Nelson
    - -Mark L. Mitchell
    - -George M. Constantinides
- リチャード・ブリーリー、スチュワート・マイヤーズ、フランクリン・アレン著『コーポレート・ファイナンス第8版』日経BP社、2007年
- A・ダモダラン著『コーポレート・ファイナンス 戦略と応用』東洋経済新報社、2001年
- Zvi Bodie, Alex Kane, Alan J. Marcus, *Investments 8th Edition*, McGraw-Hill Higher Education, 2008
- 本多俊毅著『企業価値評価と意思決定』東洋経済新報社、2005年
- Burton G. Malkiel, *A Random Walk Down Wall Street*, W.W. Norton & Co.Inc., 2007
- 相田洋ほか著『NHKスペシャル マネー革命1～3』日本放送出版協会、2007年
- ピーター・L・バーンスタイン著『証券投資の思想革命(普及版)』東洋経済新報社、2006年
- アビームM&Aコンサルティング編『M&Aにおけるプライシングの実務』中央経済社、2008年
- 山本和隆、石丸政行著『経営戦略』ファーストプレス、2007年
- 山本和隆、伊藤良二著『アカウンティング』ファーストプレス、2008年
- ジョナサン・マン『実践 リアルオプションのすべて』ダイヤモンド社、2003年
- G・ベネット・スチュワート著、河田剛ほか訳『EVA創造の経営』東洋経済新報社、1998年
- 井手正介、高橋文郎著『ビジネス・ゼミナール 企業財務入門(2版)』日本経済新聞社、1997年

●索引

■A
ABS（資産担保証券）……………239
APV（調整現在価値）……………132
Asset（資産）………………………10

■B
B/S（貸借対照表：バランスシート）……10

■C
Capital Market Line（資本市場線）……85
CAPM（資本資産評価モデル）………86,92
CFROI………………………………8
CP（コマーシャル・ペーパー）………232

■D
DCF（Discounted Cash Flow）………47
Debt（負債、借金）…………………11

■E
EBITDA（Earnings Before Interest, Tax, Depreciation & Amortization）………122
EBITDAマルチプル…………………122
Equity（株主資本）…………………11
EVA（Economic Value Added）……137

■F
FCF（フリーキャッシュフロー）………120
FFモデル……………………………102

■I
IPO（株式公開）……………………234
IR（インベスター・リレーションズ）……236
IRR（内部収益率）…………………136

■K
KBF（Key Buying Factors）………218
KSF（Key Success Factors）………218

■M
M&A（企業の合併・買収）…………164
MM理論……………………………174
MVA（Market Value Added）………138

■N
NPV（正味現在価値）………………10,120
NPV関数……………………………50

■P
Payback（回収期間）………………142
PER（株価収益率）…………………157
P/L（損益計算書）…………………19
PV（現在価値）……………………47

■R
ROA（総資産利益率）………………5,143
ROE（株主資本利益率）……………5,41
ROS（売上高利益率）………………4

■S
SML（Security Market Line、証券市場線）……………………………93
SPC（特別目的会社）………………239
Sunk Cost（埋没コスト）……………29

■T
Tax Shield…………………………115

■W
WACC（資本コスト）………………107
WC（運転資本）……………………17,26
With vs Without……………………28

■あ
アービトラージ………………………103
アンレバー……………………………154
アンレバードアセット…………………115
アンレバードβ（βu）………………114

■い
イナーシャ····················165
インベスター・リレーションズ（IR）····236
インベストメント（投資）···············ⅲ

■う
ウィークフォーム··················100
売上高利益率（ROS）··················4
売掛金·························17
運転資本（WC）····················17

■え
営業レバレッジ····················91
永続価値························50

■お
オプション·····················186
オプション価格···················193
オリジネーター···················240

■か
買掛金·························17
会計上の収益率（Accounting Rate of Return）
····························143
回収期間（Payback）················142
確実性等価······················86
格付け·····················211,232
格付け会社·····················211
価値の加法性····················163
株価収益率（PER）·················157
株式公開（IPO）··················234
株式市場価値····················155
株主資本（Equity）···············11,16
株主資本利益率（ROE）··············5,41
株主重視の経営···················225
空売り·························72
借入························16,231
間接費·························32
感度分析······················216

■き
機会費用（Opportunity Cost）··········31
企業価値······················153
企業の合併・買収（M&A）············164
期待値·························71
キャッシュフロー·················8,26
キャピタルゲイン·················106
共分散·························70

■く
クラウンジュエル·················228
グリーンメーラー·················228

■け
減価償却······················7,26
現在価値（PV）····················45
原資産·······················190

■こ
コアコンピタンス·················117
行使価格（ストライクプライス）········190
行使期間······················190
行動ファイナンス··················97
効率的市場仮説···················98
効率的フロンティア·················82
コーポレートガバナンス（企業統治）·····223
コーポレートファイナンス··············ⅲ
コールオプション·················191
国債··························83
固定資産······················16
固定負債······················16
コマーシャル・ペーパー（CP）·········232

■さ
最適資本構成·················108,173
財務レバレッジ················91,113
先物························189
砂上の楼閣理論····················97
3Ｃ分析······················218

残存価値（ターミナルバリュー）‥‥‥‥122

■し
時価総額‥‥‥‥‥‥‥‥‥‥‥‥‥‥‥122
シグナリング理論‥‥‥‥‥‥‥‥‥‥‥180
資産（Asset）‥‥‥‥‥‥‥‥‥‥‥‥‥10
資産β（Asset β）‥‥‥‥‥‥‥‥‥‥114
資産担保証券（ABS）‥‥‥‥‥‥‥‥‥239
自社株買い‥‥‥‥‥‥‥‥‥‥‥‥‥‥181
市場ポートフォリオ‥‥‥‥‥‥‥‥‥‥85
市場リスク‥‥‥‥‥‥‥‥‥‥‥‥‥‥67
システマティックリスク‥‥‥‥‥‥‥‥65
シナジー効果‥‥‥‥‥‥‥‥‥‥‥‥164
資本コスト（WACC）‥‥‥‥‥‥‥‥107
資本資産評価モデル（CAPM）‥‥‥‥‥86
資本市場線（Capital Market Line）‥‥85
社債‥‥‥‥‥‥‥‥‥‥‥‥‥‥‥‥‥232
証券化‥‥‥‥‥‥‥‥‥‥‥‥‥‥‥‥238
証券市場線（Security Market Line）‥‥93
焦土化作戦‥‥‥‥‥‥‥‥‥‥‥‥‥228
正味現在価値（NPV）‥‥‥‥‥‥‥‥120
新株予約権付き社債（ワラント債）‥‥234
信用リスク‥‥‥‥‥‥‥‥‥‥‥‥‥210

■す
ステークホルダー‥‥‥‥‥‥‥‥‥‥‥21
ストロングフォーム‥‥‥‥‥‥‥‥‥100
スピード経営‥‥‥‥‥‥‥‥‥‥‥‥‥37
スプレッド‥‥‥‥‥‥‥‥‥‥‥‥‥110
スプレッド借入‥‥‥‥‥‥‥‥‥‥‥232
スワップ‥‥‥‥‥‥‥‥‥‥‥‥‥‥189
スワップレシオ‥‥‥‥‥‥‥‥‥‥‥‥95

■せ
製造原価明細書‥‥‥‥‥‥‥‥‥‥‥‥20
成長永続価値‥‥‥‥‥‥‥‥‥‥‥‥‥52
節税効果‥‥‥‥‥‥‥‥‥‥‥‥6,133,174
セミストロングフォーム‥‥‥‥‥‥‥100
ゼロ・クーポン債‥‥‥‥‥‥‥‥‥‥232

■そ
相関係数‥‥‥‥‥‥‥‥‥‥‥‥‥‥‥70
総資産利益率（ROA）‥‥‥‥‥‥‥5,143
増配‥‥‥‥‥‥‥‥‥‥‥‥‥‥‥‥179
損益計算書（P/L）‥‥‥‥‥‥‥‥‥‥19

■た
貸借対照表（B/S）‥‥‥‥‥‥‥‥‥‥10
多角化‥‥‥‥‥‥‥‥‥‥‥‥‥‥‥160
たな卸資産‥‥‥‥‥‥‥‥‥‥‥‥‥‥17

■ち
調整現在価値（APV）‥‥‥‥‥‥‥‥132

■て
敵対的買収‥‥‥‥‥‥‥‥‥‥‥‥‥226
テクニカル分析‥‥‥‥‥‥‥‥‥‥‥‥97
デリバティブ‥‥‥‥‥‥‥‥‥‥‥‥189
転換社債型新株予約権付き社債‥‥‥‥235

■と
投資（インベストメント）‥‥‥‥‥‥‥iii
投資の時間的価値‥‥‥‥‥‥‥‥‥‥‥46
特別目的会社（SPC）‥‥‥‥‥‥‥‥239

■な
内部収益率（IRR）‥‥‥‥‥‥‥‥‥136

■に
二項過程モデル‥‥‥‥‥‥‥‥‥‥‥194

■は
配当‥‥‥‥‥‥‥‥‥‥‥‥‥‥106,178
配当政策‥‥‥‥‥‥‥‥‥‥‥‥‥‥178
バランスシート（B/S）‥‥‥‥‥‥‥‥10
バリュエーション‥‥‥‥‥‥‥‥‥‥118

■ひ
非上場企業‥‥‥‥‥‥‥‥‥‥‥‥‥111

標準偏差 ································69

■ふ
ファンダメンタル価値理論 ···············96
負債（Debt）····························11
負債コスト ····························207
プットオプション ······················190
プット・コール・パリティ···············197
プライムレート借入 ····················232
ブラック-ショールズの公式 ········200,206
フリーキャッシュフロー（FCF）·····120,148
プロキシーファイト ····················228
分散 ··································68

■へ
ペイオフ ······························192
ペイオフダイアグラム ··················192
ベースケース ··························134
β（ベータ）························88,92
β_L（レバードβ）····················114
β_u（アンレバードβ）················114
ヘッジレシオ ··························195
偏差 ··································68

■ほ
ポイズンピル ··························228
ポートフォリオ ························66
ポートフォリオ選択モデル ···············81
ボラティリティ ····················193,201
ホワイトナイト ························228

■ま
マーケットポートフォリオ（市場ポートフォ
　リオ）·····························67,85
マーケットリスク（市場リスク）··········67
マーケットリスクプレミアム ·············92
埋没コスト（Sunk Cost）·················29
満期日 ·······························190

■ゆ
ユニークリスク（アンシステマティックリス
　ク）··································65

■ら
ランダムウォーク ·······················98

■り
リアルオプション ······················203
リースファクター ·······················54
利益還元政策 ··························178
リスク ······························60,63
リスクフリー資産 ·······················83
リスクフリーレート ·····················92
リスクプレミアム ·······················92
リスクヘッジ ··························191
リストラ ······························33
流動資産 ······························15
流動負債 ······························16
リレバー ·····························154
理論株価 ·····························155

■れ
レバードβ（β_L）·······················114
連結経営 ·····························157
連結貸借対照表 ························23

■わ
ワラント ·····························234
割引率（ディスカウントレート）······47,121

索 引

執筆者紹介

【監修・執筆】
山本和隆（やまもと・かずたか）
山本和隆事務所代表。一橋大学経済学部卒業。シカゴ大学ビジネススクール経営学修士（MBA）、ファイナンス専攻。旭硝子（株）、モトローラ（株）、Rhodia Electronics & Catalysisなどにおいてゼネラルマネジャーを歴任。現在は経営コンサルタントとして、営業戦略の策定、営業戦力強化などをテーマにした活動をしている。グロービスでは、10年以上にわたりファイナンスを教えている。主な著書に『断られても成功──スピード勝負の法人営業』『マーケティング』『経営戦略』『アカウンティング』（いずれも共著、ファーストプレス）、『現場リーダーのための営業戦略のすべてがわかる本』（日本能率協会マネジメントセンター）がある。

【構成】
嶋田毅（しまだ・つよし）
グロービス メディア事業推進室マネジングディレクター。累計110万部を超えるベストセラー「グロービスMBAシリーズ」のプロデューサーも務める。
著書に『ビジネス仮説力を磨く』（ダイヤモンド社）、共著書に『グロービスMBAマネジメント・ブック 改訂3版』『グロービスMBAアカウンティング 改訂3版』『MBA定量分析と意思決定』（以上、ダイヤモンド社）など、共訳書に『MITスローンスクール戦略論』（東洋経済新報社）などがある。

■旧版（1999年4月発行）

【執筆】 井上直樹、安渕聖司

【執筆協力】 江口夏郎、芹沢宗一郎

編著者紹介

グロービス経営大学院

社会に創造と変革をもたらすビジネスリーダーを育成するとともに、グロービスの各活動を通じて蓄積した知見に基づいた、実践的な経営ノウハウの研究・開発・発信を行っている。

- ●日本語（東京、大阪、名古屋、仙台、福岡、オンライン）
- ●英語（東京、オンライン）

グロービスには以下の事業がある。(https://www.globis.co.jp)

- ●グロービス・エグゼクティブ・スクール
- ●グロービス・マネジメント・スクール
- ●企業内研修／法人向け人材育成サービス
  （日本、中国、シンガポール、タイ、米国、欧州）
- ●GLOBIS 学び放題／GLOBIS Unlimited（定額制動画学習サービス）
- ●出版／電子出版
- ●GLOBIS 知見録／GLOBIS Insights（オウンドメディア）
- ●グロービス・キャピタル・パートナーズ（ベンチャーキャピタル事業）

その他の事業：
- ●一般社団法人G1（カンファレンス運営）
- ●一般財団法人KIBOW（インパクト投資、被災地支援）
- ●株式会社茨城ロボッツ・スポーツエンターテインメント（プロバスケットボールチーム運営）

［新版］グロービスMBAファイナンス

1999年 4 月 8 日　初版第 1 刷発行
2009年 2 月 2 日　初版第18刷発行
2009年 5 月28日　新版第 1 刷発行
2024年 5 月16日　新版第12刷発行

編著者　グロービス経営大学院

©2009 Graduate School of Management, GLOBIS University

発行所　ダイヤモンド社　　郵便番号　　150-8409
　　　　　　　　　　　　　東京都渋谷区神宮前6-12-17
　　　　　　　　　　　　　編　集　03(5778)7228
https://www.diamond.co.jp/　販　売　03(5778)7240

編集担当／DIAMONDハーバード・ビジネス・レビュー編集部
製作進行／ダイヤモンド・グラフィック社
印刷／八光印刷（本文）・加藤文明社（カバー）
製本／ブックアート

本書の複写・転載・転訳など著作権に関わる行為は、事前の許諾なき場合、これを禁じます。落丁・乱丁本はお手数ですが小社営業局宛にお送りください。送料小社負担にてお取替えいたします。但し、古書店で購入されたものについてはお取替えできません。

ISBN 978-4-478-00876-8　Printed in Japan

大好評！グロービスMBAシリーズ

グロービス○問題解決や意思決定のためのビジネス・バイブル
MBAマネジメント・ブック 改訂3版
グロービス経営大学院 編著

グロービス○新たに注目される6分野
MBAマネジメント・ブックⅡ
グロービス経営大学院 編著

グロービス○財務会計と管理会計の基礎知識が身につく
MBAアカウンティング 改訂4版
グロービス経営大学院 編著

グロービス○意思決定に関わるビジネスリーダー必読
MBAファイナンス 新版
グロービス経営大学院 編著

グロービス○勝ち残るために「論理的思考力」を鍛える！
MBAクリティカル・シンキング 改訂3版
グロービス経営大学院 著

グロービス○論理思考をコミュニケーションで実践する！
MBAクリティカル・シンキング コミュニケーション編
グロービス経営大学院 著

グロービス○リーダーシップ研究の基本を網羅した決定版
MBAリーダーシップ 新版
グロービス経営大学院 編著

グロービス○すべては「ビジネスプラン」から始まった
MBAビジネスプラン 新版
グロービス経営大学院 著

グロービス○部下を持ったら、読むべき1冊
MBAミドルマネジメント
嶋田 毅 監修　グロービス経営大学院 編著

ダイヤモンド社

グロービス○読み継がれてきた"定評の書"を大改訂
MBAマーケティング 改訂4版
グロービス経営大学院 編著

グロービス○文章で人とビジネスを動かす
MBAビジネス・ライティング
嶋田 毅 監修　グロービス経営大学院 著

グロービス○グランド・デザイン構築の鍵
MBA経営戦略 新版
グロービス経営大学院 編著

グロービス○代表的な戦略理論を網羅
MBA事業戦略
相葉 宏二　グロービス経営大学院 編

グロービス○ビジネスを創造する力
MBA事業開発マネジメント
堀 義人 監修　グロービス経営大学院 編著

グロービス○プロフェッショナル化の時代に対応する
MBA組織と人材マネジメント
佐藤 剛 監修　グロービス経営大学院 著

○意思決定の質とスピードを高める！
MBA定量分析と意思決定
嶋田 毅 監修　グロービス・マネジメント・インスティテュート 編著

○業務連鎖の視点で生産性を向上させる！
MBAオペレーション戦略
遠藤 功 監修　グロービス・マネジメント・インスティテュート 編

○戦略的思考を鍛え、行動に活かせ！
MBAゲーム理論
鈴木 一功 監修　グロービス・マネジメント・インスティテュート 編

ダイヤモンド社

Harvard Business Review

DIAMOND ハーバード・ビジネス・レビュー

［世界50カ国以上の
ビジネス・リーダーが
読んでいる］

世界最高峰のビジネススクール、ハーバード・ビジネス・スクールが
発行する『Harvard Business Review』と全面提携。
「最新の経営戦略」や「実践的なケーススタディ」など
グローバル時代の知識と知恵を提供する総合マネジメント誌です

毎月10日発売

本誌ならではの豪華執筆陣
最新論考がいち早く読める

◎マネジャー必読の大家

"競争戦略"から"CSV"へ
マイケル E. ポーター

"イノベーションのジレンマ"の
クレイトン M. クリステンセン

"ブルー・オーシャン戦略"の
W. チャン・キム＋レネ・モボルニュ

"リーダーシップ論"の
ジョン P. コッター

"コア・コンピタンス経営"の
ゲイリー・ハメル

"戦略的マーケティング"の
フィリップ・コトラー

"マーケティングの父"
セオドア・レビット

"プロフェッショナル・マネジャー"の行動原理
ピーター F. ドラッカー

◎いま注目される論者

"リバース・イノベーション"の
ビジャイ・ゴビンダラジャン

"ライフ・シフト"の
リンダ・グラットン

日本独自のコンテンツも注目！

バックナンバー・予約購読等の詳しい情報は

https://dhbr.diamond.jp